Thematischer Grund- und Aufbauwortschatz Italienisch

von Luciana Feinler-Torriani
und Gunter H. Klemm

Ernst Klett Verlag
Stuttgart · Düsseldorf · Leipzig

Thematischer Grund- und Aufbauwortschatz Italienisch

von
Luciana Feinler-Torriani
Gunter H. Klemm

durchgeführt vom Büro für Lexikographie
Veronika Schnorr
Gabriele Forst
Annalisa Peisert-Covi

sowie

Raimund Drewek, text & tools (Sprachdatenverarbeitung)

Bildquellen
Gabriele Forst, Tübingen: 15 – Roger M. Gill, Tübingen: 15 – Annemarie Hopp, Tübingen: 29, 112, 120, 151, 160, 181, 266 – Klett-Archiv, Stuttgart: 90, 124, 199 – Andrea Scholtz, Filderstadt: 67, 194, 276 – Manuela Simon, Stuttgart: 259

Gedruckt auf Papier, welches aus Altpapier hergestellt wurde

1. Auflage 1 9 8 7 6 | 2004 2003 2002 2001

Alle Drucke dieser Auflage können im Unterricht nebeneinander benutzt werden, sie sind untereinander unverändert. Die letzte Zahl bezeichnet das Jahr dieses Druckes.

Internetadresse: http://www.klett-verlag.de

Umschlaggestaltung: Gebhardt, Aspach.
Druck: Clausen & Bosse, Leck. Printed in Germany.
ISBN 3-12-519580-2

Inhaltsangabe

Vorwort

Der Gesamtwortschatz des Italienischen sowie der anderen europäischen Kultursprachen bewegt sich im sechsstelligen Bereich. Etwa 16000 Vokabeln finden sich in Shakespeares Dramen, während sich ein Politiker bei seinen Wahlkampfreden mit rund 1000 Wörtern bescheiden kann. Ähnliches gilt für umsatzstarke Boulevardzeitungen.
Wie viele Wörter braucht der Mensch also?
Wir bieten einen goldenen Mittelweg an:
Aus einem Gesamtvolumen von anfangs vorgegebenen 7000 Stichwörtern haben wir zunächst rund 2500 weniger frequente ausgesondert, etwa 500 zusätzliche, besonders aktuelle Vokabeln aufgenommen und präsentieren dem Lerner insgesamt 5128 Stichwörter, aufgeteilt in 2778 Grundwortschatz und 2350 Aufbauwortschatz.
Die Beherrschung des Grundwortschatzes erlaubt es, sich in Alltagssituationen einigermaßen zurechtzufinden. „Mi arrangio", könnte es auf Italienisch heißen. Wer auch den Aufbauwortschatz beherrscht, wird womöglich schon erste Komplimente einheimsen: „Ma Lei parla proprio bene l'italiano, dove l'ha imparato?" Beide Teile zusammen decken 90% des Vokabulars der Alltagssprache ab und befähigen dazu, allgemeinsprachliche Texte problemlos zu bewältigen.
Es erscheint daher wenig sinnvoll, ein Lehrwerk von weit mehr als 5000 Stichwörtern anzubieten, da der effektive Zugewinn von weiteren 1–2% erfaßten Sprachschatzes in keiner sinnvollen Relation mehr zum zusätzlichen Aufwand stünde.
Natürlich reicht das Studium des vorliegenden Bandes nicht aus; er kann keine Sprachlehre ersetzen. Regelmäßige Übungen, schriftliche wie mündliche, möglichst viel Sprachpraxis also, sind die Basis des Erfolges. Besonders wichtig ist es, sich an den Klang der zu erlernenden Sprache zu gewöhnen. Wer die Kosten für Übungskassetten sparen will, sollte sich zum Beispiel italienische Radiosendungen anhören.
Der vorliegende „Thematische Grund- und Aufbauwortschatz Italienisch" wendet sich an Lehrende und Lernende. Die frühere alphabetische Gliederung des bei Generationen von Schülerinnen und Schülern bekannten hellblauen Klettschen Standardwerks wurde aufgegeben und durch eine assoziative Anordnung der Stichwörter ersetzt. Das häufig als lästig empfundene Einüben und Wiederholen von Vokabeln wird, so hoffen wir, erleichtert durch logische Sinnzusammenhänge, durch die Integration einzelner Wörter in grammatikalisch-syntaktische Strukturen unter Berücksichtigung idiomatischer Besonderheiten.
Dies mag vor allem der auf sich allein gestellte Autodidakt als hilfreich empfinden, doch glauben wir, daß unser Buch sowohl im Schulunterricht, wo immer häufiger Italienisch als zusätzliche Fremdsprache angeboten wird, als auch in den Kursen der Erwachsenenbildung, bei der Volkshochschule und der Dante-Alighieri-Gesellschaft sowie für die Studentinnen und Studenten an den Dolmetscherinstituten und in der Italianistik eine sinnvolle Ergänzung zu den übrigen Unterrichtsmaterialien darstellen wird. Das Vokabular ist repräsentativ und kann selbstverständlich in Verbindung mit allen gängigen Lehrbüchern eingesetzt werden.

Zum Aufbau:

Bei der Reihenfolge der einzelnen Kapitel haben wir den Menschen in den Mittelpunkt gestellt; von ihm als Individuum ausgehend, beschreiben wir seine Eigenschaften und Fähigkeiten, sein Denken und Handeln, bevor wir ihn dann als soziales Wesen im Kreis der Familie, bei Ausbildung und Arbeit, in der Freizeit, beim Sport und auf Reisen beobachten. Wirtschaft und Handel, Kultur und Politik, natürliche Umwelt und Umweltproblematik sind gebührend berücksichtigt.
Wir haben uns um aussagekräftige Kapitelüberschriften (insgesamt 41) bemüht, die die Orientierung erleichtern, und genügend Untergliederungen vorgenommen (insgesamt 129), um die einzelnen Lernabschnitte nicht zu umfangreich werden zu lassen. Zwar kommen idiomatische Redewendungen in den Beispielsätzen aller Kapitel vor, gleichwohl schien es uns sinnvoll, diesem Thema einen eigenen Abschnitt zu widmen. Die wichtigsten Begriffe linguistischer Fachterminologie sind ebenfalls angegeben.
Der grammatikalische Anhang konzentriert sich auf die Formenvielfalt des Verbs sowie auf einige formale Aspekte anderer Wortarten, die sich im schematischen Überblick unserer Meinung nach anschaulicher darstellen lassen als durch lexikalische Einzelbeispiele. Etwa zwanzig besonders frequente Verben mit teils sehr unterschiedlichen Einzelbedeutungen haben wir im letzten Kapitel in einem „Verbentopf" zusammengefaßt.
Die Einteilung der Kapitel verfolgt zwei Ziele gleichzeitig: Erstens spiegelt sie die Zuordnung der Stichwörter nach assoziativen Kriterien wider, und zweitens begrenzen die Unterkapitel die Anzahl der Vokabeln pro Lerneinheit. Den ursprünglich angenommenen Optimalwert von 30–40 Stichwörtern pro Unterkapitel, aufgeteilt in Grund- und Aufbauwortschatz, haben wir letztendlich oft überschreiten müssen; notwendige Begriffe wegzulassen kam nicht in Frage, im Gegenteil: häufig genug schienen uns Ergänzungen unumgänglich, ohne daß eine weitere Untergliederung inhaltlich möglich gewesen wäre. Eine Begrenzung der Abschnitte ist aus didaktischen Gründen geboten. Aus Erfahrung heraus raten wir, sich auf ein Tagespensum von 15–20 zu lernenden Vokabeln zu beschränken, notfalls also länger geratene Kapitel in mehrere Lernabschnitte zu unterteilen.
Der Aufmerksamkeit des Lernenden empfehlen wir auch die 3390 Beispielsätze. Da das Italienische eine eher abstrahierende Sprache ist, das Deutsche hingegen eine eher nuancierende, ist die Wiedergabe einzelner Vokabeln ohne Kontext nur begrenzt aussagefähig. Hier präzisiert der Beispielsatz die Bedeutung im Einzelfall: sbagliare – irren, also auch: sich verwählen, sich versprechen, sich verschreiben, sich verrechnen, etc. Auch die unterschiedliche Präferenz grammatikalischer Strukturen wird in den Sätzen deutlich, zum Beispiel: die italienischen Ersatzmöglichkeiten für das im Deutschen viel beliebtere Passiv.
In manchen der Beispielsätze werden mehrere Stichwörter gleichzeitig illustriert, andere wiederum stellen einen Dialog über mehrere Stichwörter hinweg dar. In den Beispielsätzen werden mit einigen wenigen Ausnahmen nur Wörter benutzt, die ihrerseits Bestandteil der 5128 Stichwörter

sind, und so wird Gelerntes oder zu Lernendes laufend wiederholt und vertieft.

Empfohlene Arbeitsweise:

Zum Umgang mit dem vorliegenden Werk mögen einige Tips hilfreich sein:
Zu Beginn der Arbeit sollte ein Zeitplan aufgestellt werden, der möglichst regelmäßig einzuhalten ist. Eine halbe Stunde pro Tag für eine Arbeitseinheit von etwa 15 Vokabeln dürfte genügen, doch sollte jeder sich an die eigenen Erfahrungswerte halten.
Zunächst sollten beide Spalten, die deutsche und die italienische, mehrfach durchgelesen werden, bevor man die erste Lernerfolgsprobe macht. Das Pensum einer Woche ist unbedingt zu wiederholen, da sich im ersten Anlauf erfahrungsgemäß durchaus nicht alle Vokabeln einprägen. Auch später, in längeren Zeitabschnitten, sollten die schon durchgearbeiteten Kapitel des öfteren wiederholt werden. Es empfiehlt sich, besonders schwer zu behaltende Vokabeln herauszuschreiben, zum Beispiel auf Karteikarten, oder in ein Vokabelheft einzutragen und ihnen besondere Aufmerksamkeit zu widmen. Auch beim Einprägen, so hoffen wir, werden die Beispielsätze von Nutzen sein.
Wichtig ist auf alle Fälle, sich von Anfang an auf eine längere Dauer einzurichten; das Erlernen einer Sprache ist kein Kurzstreckenrennen, sondern eher ein Marathonlauf. Man hüte sich davor, zu Beginn das Tempo allzusehr zu forcieren! Die Gefahr besteht, daß man durch die anfänglich von Tag zu Tag meßbaren Fortschritte dazu verleitet wird! Die Durststrecke aber kommt bestimmt: Man scheint nicht mehr recht weiterzukommen, es wird schwieriger, sich zur täglichen Arbeit zu motivieren. Deshalb: von Anfang an den „Trainingsplan" einhalten!
Zur Reihenfolge, in der man die Kapitel durchnimmt, läßt sich nichts Verbindliches sagen. Wenn im Einzelfall bestimmte Themen besonders wichtig erscheinen, spricht nichts dagegen, die entsprechenden Kapitel bevorzugt zu bearbeiten. Sie bauen nicht im didaktischen Sinne aufeinander auf.
Dem einen oder anderen geht es womöglich nur darum, Lücken in ganz bestimmten Bereichen zu schließen. Auch hierzu können wir das Buch empfehlen.
Wir empfehlen dem Lerner, in einem ersten Durchgang den Grundwortschatz zu lernen und danach den durch grauen Raster abgesetzten Aufbauwortschatz.
Im Normalfall jedoch wird der Benutzer bei Kapitel 1 beginnen und hinarbeiten auf Kapitel 41, das Ziel fest im Blick. Daß er es auch erreichen möge – dazu unsere besten Wünsche!

Die Autoren

Ausspracheangaben zum Italienischen

Betonung:

Bei der Betonung gehen wir davon aus, daß diese in der Regel auf der vorletzten Silbe liegt (z. B. padrone). Im Falle einer Abweichung haben wir die Betonung durch einen Punkt unter dem entsprechenden Vokal gekennzeichnet (z. B. ạbile). Diese Hilfe durch den Punkt wird auch dann gegeben, wenn die Betonung zwar auf dem zweitletzten Vokal liegt, dies aber für den Benutzer nicht sofort zu erkennen ist (z. B. polizịa, farmacịa). Bei den Wörtern, die mit zwei Vokalen enden, ohne daß einer davon betont ist, zählen die zwei letzten Vokale als eine Silbe, und es erfolgt keine Kennzeichnung (z. B. doppio). Ein Wort darf nur auf dem letzten Vokal betont werden, wenn dieser mit einem Akzent versehen ist (z. B. città).

Vokale:

Die betonten Vokale **e** und **o** werden entweder offen [ɛ], [ɔ] oder geschlossen [e], [o] ausgesprochen. Die offene bzw. geschlossene Aussprache dieser Vokale unterscheidet sich regional und spielt für den Nichtmuttersprachler kaum eine Rolle.

Konsonanten:

c vor **e** oder **i** wird [tʃ] ausgesprochen; vor anderen Buchstaben lautet die Aussprache [k].

ch wird [k] ausgesprochen.

g vor **e** oder **i** wird [dʒ] ausgesprochen.

gl vor **e** oder **i** wird in der Regel [ʎ] ausgesprochen, in Ausnahmefällen [gl].

gn wird [ɲ] ausgesprochen.

In allen anderen Lautverbindungen wird **g** [g] ausgesprochen.

qu wird [kw] ausgesprochen.

sc vor **e** oder **i** wird [ʃ] ausgesprochen; vor anderen Buchstaben lautet die Aussprache [sk].

z wird entweder [ts] oder [dz] ausgesprochen.

Die phonetische Umschrift wird nur bei Fremdwörtern angegeben, die von obigen Ausspracheregeln abweichen.

Lautschrift

[a]	mamm**a**	[m]	ra**m**o
[aː]	pag**a**re	[n]	**n**o
[ã]	coll**ant**	[ɲ]	co**gn**ome
[b]	**b**am**b**ino	[o]	p**o**nte
[d]	**d**ove	[oː]	af**o**so
[dʒ]	**g**iro, **gi**oco	[ɔ]	r**o**sa
[e]	st**e**lla	[ɔː]	gi**o**co
[eː]	cad**e**re	[p]	**p**adre
[ɛ]	b**e**ne	[r]	**r**ete
[ɛː]	b**ei**ge	[s]	**s**ano
[f]	a**f**a	[ʃ]	**sc**ena
[g]	**g**ola, un**gh**ia	[t]	**tutt**o
[i]	v**i**no	[u]	**u**tile
[iː]	fin**i**re	[uː]	chius**u**ra
[j]	bu**i**o, p**i**acere	[v]	bra**v**o
[k]	**c**ane, **ch**e	[w]	**u**omo, g**u**ai
[l]	**l**etto	[z]	e**s**ame, **s**vizzero
[ʎ]	**gli**	[ˈ]	Betonungszeichen

Abkürzungen

adm	Amtssprache
f	feminin
m	maskulin
mf	maskulin/feminin
pl	Plural
unv	unveränderlich

la **persona**	Person
chiamarsi	heißen
Come ti chiami? – Mi chiamo Raffaele Gallo.	Wie heißt du? – Ich heiße Raffaele Gallo.
il **cognome**	Familienname
il **nome**	Vorname
l'**indirizzo**	Adresse
Mi dai il tuo indirizzo?	Gibst du mir deine Adresse?
il **numero di telefono**	Telefonnummer
Mi dai il tuo numero di telefono?	Gibst du mir deine Telefonnummer?
abitare	wohnen
Dove abiti? – Abito a Roma in Via Giulia 5.	Wo wohnst du? – Ich wohne in Rom, Via Giulia 5.
Di dove sei?	Woher bist du?
nato, a	geboren
Sono nata in Sicilia ma vivo a Milano da 15 anni.	Ich bin auf Sizilien geboren, lebe aber seit 15 Jahren in Mailand.
Quanti anni hai?	Wie alt bist du?
Ho 18 anni, dunque sono già maggiorenne.	Ich bin 18 Jahre alt, also schon volljährig.
l'**età** *f*	Alter
Ho lasciato l'Italia all'età di 15 anni.	Ich bin mit 15 Jahren aus Italien weggegangen.
la **carta d'identità**	Personalausweis
La carta d'identità è scaduta.	Der Personalausweis ist abgelaufen.
scadere	verfallen; ablaufen
la **data di nascita**	Geburtsdatum
il **passaporto**	Reisepaß
Hai già il nuovo passaporto?	Hast du schon den neuen Reisepaß?
la **patente**	Führerschein
il **sesso**	Geschlecht
di sesso femminile	weiblich
di sesso maschile	männlich
celibe, nubile	ledig
Mario è celibe.	Mario ist ledig.
Maria è nubile.	Maria ist ledig.

sposato, a Giovanna e Carlo sono sposati da cinque anni.	verheiratet Giovanna und Carlo sind seit fünf Jahren verheiratet.
il **mestiere** Che mestiere fa tuo padre?	Beruf *(handwerklich)* Was ist dein Vater von Beruf?
la **professione** Andrea è di professione insegnante.	Beruf *(allgemein)* Andrea ist Lehrer von Beruf.

maggiorenne	volljährig
minorenne	minderjährig
la **residenza**	Wohnsitz
l'**individuo**	Individuum; Einzelwesen
il **luogo di residenza**	Wohnort
il **luogo di nascita**	Geburtsort
il **documento** Un documento, per favore!	Ausweis Ihren Ausweis bitte!
personale	persönlich
la **cittadinanza** Giuseppe ha la cittadinanza tedesca.	Staatsangehörigkeit Giuseppe hat die deutsche Staatsangehörigkeit.
la **nazionalità**	Nationalität
la **confessione** Qual'è la confessione più diffusa in Italia?	Konfession Welche ist die am weitesten verbreitete Konfession in Italien?
lo **stato civile**	Familienstand
coniugato, a *adm*	verheiratet
divorziato, a	geschieden
divorziare Puoi divorziare anche in Italia, ma dura di più.	sich scheiden lassen Du kannst dich auch in Italien scheiden lassen, nur dauert es länger.
il **divorzio**	Scheidung
separato, a Essendo separati da tre anni, possiamo chiedere il divorzio.	getrennt lebend Da wir seit drei Jahren getrennt leben, können wir die Scheidung beantragen.
la **separazione**	Trennung

il **vẹdovo,** la **vẹdova** Anna è vedova già da sette anni.	Witwer, Witwe Anna ist schon seit sieben Jahren Witwe.
il **biglietto da vịsita** Puoi farmi vedere il biglietto da visita di quella persona simpatica?	Visitenkarte Kannst du mir die Visitenkarte dieses sympathischen Menschen zeigen?

2 Der menschliche Körper

Körperteile und Organe

la **vita**	Leben
il **corpo**	Körper
l'**osso** Quante ossa ti sei rotto? Sono per il cane questi ossi?	Knochen Wie viele Knochen hast du dir gebrochen? Sind diese Knochen für den Hund?
la **pelle** Desidero una crema per la pelle.	Haut Ich hätte gern eine Hautcreme.
i **capelli** *pl* Mi tagli i capelli molto corti, per favore.	Haare Schneiden Sie mir bitte die Haare ganz kurz.
la **testa** Ora pieghiamo la testa a sinistra. Mi gira la testa.	Kopf Wir bewegen jetzt den Kopf nach links. Mir ist schwindelig.
la **faccia** Hai una bella faccia abbronzata.	Gesicht Du bist schön braun im Gesicht.
la **fronte**	Stirn
la **bocca** Respiri con la bocca chiusa, per favore!	Mund Atmen Sie bitte mit geschlossenem Mund!
sentire Non sentite freddo?	fühlen Ist euch nicht kalt?
il **collo** Si copre sempre fino al collo.	Hals Sie deckt sich immer bis zum Hals zu.
la **gola**	Hals; Kehle; Rachen
la **spalla** Mettiti uno scialle sulle spalle.	Schulter Leg dir einen Schal um die Schultern.
il **petto**	Brust
il **braccio** Anna tiene il bambino sulle braccia.	Arm Anna hält das Kind in den Armen.
la **mano** Hai le mani calde.	Hand Du hast warme Hände.

il **dito** Porta gli anelli in tutte le dita.	Finger; Zeh Sie trägt an allen Fingern Ringe.
la **gamba** Daniele si è rotto una gamba.	Bein Daniele hat sich ein Bein gebrochen.
il **ginocchio** piegare le ginocchia/i ginocchi	Knie die Knie beugen
il **piede** Preferisco stare in piedi.	Fuß Ich stehe lieber.
il **cervello**	Gehirn
il **dente** Alberto deve togliersi un dente.	Zahn Alberto muß sich einen Zahn ziehen lassen.
tọgliere	ablegen; ziehen; wegnehmen
la **lingua** Tiri fuori la lingua e dica: “aaaaaa”.	Zunge Strecken Sie die Zunge heraus und sagen Sie: “aaaah”.
il **cuore** Dopo cinque espressi il cuore mi batteva come un matto.	Herz Nach fünf Espressi schlug mein Herz wie verrückt.
il **polmone**	Lunge
respirare Respirare l’aria pulita fa bene ai polmoni.	atmen Reine Luft zu atmen, ist gut für die Lungen.
il **respiro**	Atem
il **fẹgato** Antonio si è rovinato il fegato con l’alcol.	Leber Antonio hat sich durch den Alkohol die Leber ruiniert.
lo **stọmaco** Ho mangiato troppo ed ho lo stomaco pesante.	Magen Ich habe zuviel gegessen und habe ein Völlegefühl im Magen.
il **sangue** Vorrei fare l’analisi del sangue.	Blut Ich möchte eine Blutuntersuchung machen lassen.
il **mụscolo** Non posso più tendere i muscoli del collo.	Muskel Ich kann die Halsmuskeln nicht anspannen.

il **capello**	Haar
il **viso**	Gesicht
abbronzato, a	braun(gebrannt)
il **labbro** Lisa aveva le labbra blu dal freddo.	Lippe Lisas Lippen waren blau vor Kälte.
la **pạlpebra** Ha spesso le palpebre gonfie?	Lid Haben Sie oft geschwollene Lider?
il **sopracciglio**	Augenbraue
gonfio, a	geschwollen
gonfiare	blähen; aufblasen
la **guancia** Gli ha dato un bacio sulla guancia.	Wange Sie hat ihm einen Kuß auf die Wange gegeben.
il **mento**	Kinn
il **pugno** Cosa tieni nel pugno?	Faust Was hältst du in der Faust?
la **schiena** L'operaio piegava la schiena sotto il carico.	Rücken Der Arbeiter beugte den Rücken unter der Last.
l'**anca**	Hüfte
il **torace** Questo esercizio è utile per un torace robusto.	Oberkörper Diese Übung ist nützlich, um einen kräftigen Oberkörper zu bekommen.
la **colonna vertebrale** Il bambino di Anna è nato con un difetto alla colonna vertebrale.	Wirbelsäule Annas Kind kam mit einer Schädigung der Wirbelsäule zur Welt.
il **seno**	Brust, Busen
il **ventre** Quella verdura fa gonfiare il ventre.	Bauch Dieses Gemüse verursacht Blähungen.
l'**intestino**	Darm
la **pancia** Hai di nuovo mal di pancia?	Bauch Hast du schon wieder Bauchschmerzen?
il **sedere** Carlino ha battuto il sedere per terra.	Hintern Carlino ist auf den Hintern gefallen.

il **gomito**	Ellenbogen
l'**unghia**	Fingernagel
Luciana cerca le forbici per le unghie.	Luciana sucht die Nagelschere.
la **coscia**	Oberschenkel
il **calcagno**	Ferse
il **rene**	Niere
Anna ha un rene solo.	Anna hat nur eine Niere.
la **vena**	Vene, Ader
il **nervo**	Nerv
Per questo lavoro bisogna avere buoni nervi.	Für diese Arbeit braucht man gute Nerven.
soffocare	ersticken
Mi manca il respiro e mi sento soffocare.	Ich bekomme keine Luft und glaube zu ersticken.

Sinne und Sinneswahrnehmungen

l'**occhio**	Auge
Apri gli occhi!	Mach die Augen auf!
vedere	sehen
Non ho visto né l'uno né l'altro.	Ich habe weder das eine noch das andere gesehen.
gli **occhiali** *pl*	Brille
la **vista**	Sehkraft
Il nonno non ha più la vista buona.	Großvater sieht nicht mehr gut.
il **naso**	Nase
Mi devo soffiare il naso.	Ich muß mir die Nase putzen.
sentire	riechen
Senti che buon profumo/odore!	Riech mal, wie gut das duftet!
l'**orecchio**	Ohr
Mi fanno male le orecchie.	Mir tun die Ohren weh.
sentire	hören
Avete sentito cosa ha detto Roberto?	Habt ihr gehört, was Roberto gesagt hat?
il **gusto**	Geschmack
Senti se la salsa è di tuo gusto.	Probier, ob die Soße nach deinem Geschmack ist.

cieco, a Quei due ragazzi sono ciechi dalla nascita.	blind Die beiden Jungen sind von Geburt an blind.
muto, a Orlando è muto, ma si fa capire molto bene con i gesti.	stumm Orlando ist stumm, aber er macht sich sehr gut durch Zeichensprache verständlich.
il **gesto**	Geste; Zeichen
lo **sguardo** Il suo sguardo è sempre pieno d'amore. Getta uno sguardo a quella pagina, per favore!	Blick Sein Blick ist immer noch voller Liebe. Wirf bitte einen Blick auf diese Seiten!
gettare	werfen
l'**intesa** Si sono scambiati uno sguardo d'intesa.	Einverständnis Sie wechselten einen Blick stummen Einverständnisses.
scambiarsi	wechseln
l'**udito** Gustavo ha l'udito debole.	Gehör Gustavo hört schlecht.
sordo, a Con l'età siamo diventati un po' sordi anche noi.	taub Mit zunehmendem Alter sind auch wir ein bißchen taub geworden.
il **tatto** Senti come è morbido al tatto!	Tastsinn Fühl mal, wie weich das ist!

Aktivitäten

muọvere Provi a muovere la testa/le braccia/le gambe.	bewegen Versuchen Sie, den Kopf/die Arme/die Beine zu bewegen.
il **movimento**	Bewegung
andare Che ne dici di andare a piedi? – Preferisco andare in tram.	sich fortbewegen; gehen *(allgemein)* Was hältst du davon, zu Fuß zu gehen? – Ich fahre lieber mit der Straßenbahn.
cọrrere Mario è corso a casa.	laufen, rennen Mario ist nach Hause gerannt.

alzare	hochheben
Non posso alzare la testa.	Ich kann den Kopf nicht heben.
alzarsi	aufstehen
A che ora ti alzi?	Wann stehst du auf?
sedersi	sich setzen
girare	drehen
Scusa se ti giro le spalle.	Entschuldige, daß ich dir den Rücken zuwende.
salire	hinaufgehen; einsteigen
Ubriaco come sei, non puoi salire le scale.	Betrunken wie du bist, kannst du nicht die Treppe hochgehen.
scẹndere	hinuntergehen; aussteigen
Perché non siete scesi alla stazione?	Warum seid ihr nicht am Bahnhof ausgestiegen?
venire	kommen
Verremo a piedi.	Wir werden zu Fuß kommen.
cadere	fallen
la **caduta**	Fall, Sturz
Giovanni ha fatto proprio una brutta caduta.	Giovanni ist wirklich schlimm gestürzt.

muọversi	sich bewegen
Non muoverti!	Beweg dich nicht!
immọbile	unbeweglich
Va bene, resterò immobile.	In Ordnung, ich werde mich nicht bewegen.
mọbile	beweglich; mobil
camminare	gehen
Ho camminato due ore.	Ich bin zwei Stunden gelaufen.
il **passo**	Schritt
Non faccia i passi così lunghi, non riesco a seguirla.	Machen Sie nicht so lange Schritte, ich kann Ihnen nicht folgen.
saltare	springen
Carla è saltata dal letto.	Carla ist aus dem Bett gesprungen.
agitare	schütteln
Agitava le braccia come un pazzo.	Er gestikulierte herum wie ein Verrückter.
scuọtere	schütteln
Il padre scosse la testa.	Vater schüttelte den Kopf.
strịngere	drücken; pressen
L'ha stretta forte fra le braccia.	Er hat sie fest in den Arm genommen.
stringere la mano	die Hand schütteln

afferrare	ergreifen; erfassen
la **stretta** Ci siamo salutati con una stretta di mano. Quando l'ho visto ho sentito una stretta al cuore. Basta con le discussioni, è ora di venire alle strette!	Druck Wir haben uns mit Handschlag gegrüßt. Als ich ihn sah, zog es mir das Herz zusammen. Schluß mit den Diskussionen es ist Zeit, zum Kern zu kommen.
sollevare Ora deve sollevare tutte e due le gambe.	(an)heben; aufheben Nun müssen Sie beide Beine anheben.
tẹndere la mano	die Hand ausstrecken; die Hand reichen
pọrgere	reichen; geben
girarsi Francesco si girò di scatto, pallido come un morto.	sich umdrehen Francesco drehte sich abrupt um, bleich wie der Tod.
di scatto	plötzlich; abrupt

Aussehen

la **barba** Gianni ha perso la scommessa e deve tagliarsi la barba.	Bart Gianni hat die Wette verloren und muß sich den Bart abnehmen.
i **baffi** *pl* Hai i baffi troppo lunghi.	Schnurrbart Dein Schnurrbart ist zu lang.
bello, a	schön
brutto, a La faccia di Liliana non è brutta.	häßlich Lilianas Gesicht ist nicht häßlich.
alto, a Franco è diventato molto alto.	groß Franco ist sehr groß geworden.
basso, a Sei troppo basso per questo sport.	klein Du bist zu klein für diesen Sport.
grasso, a Alessandra non è né grassa né magra.	dick Alessandra ist weder dick noch dünn.
magro, a	dünn
robusto, a	kräftig

biondo, a Da piccolo era biondo, ora è castano.	blond Als Kind war er blond, jetzt hat er kastanienbraune Haare.
castano, a	kastanienbraun
grigio, a I primi capelli grigi mi sono venuti a 30 anni.	grau Ich habe die ersten grauen Haare mit 30 bekommen.
nero, a	schwarz
azzurro, a Rossella ha gli occhi azzurri come il mare.	blau Rossella hat Augen so blau wie das Meer.
cambiare Ti trovo molto cambiato.	sich verändern Ich finde, du hast dich sehr verändert.
crẹscere Perché non ti fai crescere i capelli?	wachsen Warum läßt du dir nicht die Haare wachsen?

la **statura**	Statur; Größe
normale Paola è di statura normale.	normal Paola ist von normaler Körpergröße.
l'**aspetto** Giovane di bell'aspetto cercasi!	Aussehen Gutaussehende junge Dame gesucht!
esteriore	Außen-; äußerlich
carino, a La tua ragazza è proprio carina.	hübsch Deine Freundin ist wirklich hübsch.
snello, a Umberto ama le donne snelle.	schlank Umberto mag schlanke Frauen.
pạllido, a	blaß; bleich
bruno, a Maria è bruna ed ha gli occhi neri.	braun; dunkel Maria hat braune Haare und dunkle Augen.
ovale Il ladro aveva un viso ovale, i baffi e la barba castani.	oval Der Dieb hatte ein ovales Gesicht und einen braunen Vollbart.
la **mascella** L'uomo che ho visto io aveva le mascelle quadrate.	Kiefer Der Mann, den ich gesehen habe, hatte eckige Kieferknochen.

(as)somigliare	ähneln, ähnlich sein
Tu assomigli molto a tua nonna.	Du ähnelst deiner Großmutter sehr.
la **somiglianza**	Ähnlichkeit
E' vero, tutti si meravigliano di questa somiglianza così grande.	Stimmt, alle wundern sich über diese große Ähnlichkeit.
meravigliarsi	sich wundern
dimagrire ‹dimagrisco›	abnehmen
Sono dimagrita due chili.	Ich habe zwei Kilo abgenommen.
ingrassare	zunehmen
Quanto sei ingrassato!	Du bist ganz schön dick geworden!
il **fianco**	Hüfte
Carolina ha i fianchi molto larghi.	Carolina ist ziemlich breit in den Hüften.
rimediare	Abhilfe schaffen; wiedergutmachen
Lo so, devo rimediare subito con una buona dieta.	Ich weiß, und ich muß sofort mit einer wirksamen Diät etwas dagegen tun.

Kosmetik und Körperpflege

lavarsi	sich waschen
Ti sei già lavato i denti?	Hast du dir schon die Zähne geputzt?
asciugarsi	sich abtrocknen
Vuoi asciugarti i capelli?	Willst du dir die Haare trocknen?
fare la doccia	duschen
Appena alzato mi faccio la doccia.	Gleich nach dem Aufstehen dusche ich.
fare il bagno	baden
nudo, a	nackt
il **massaggio**	Massage
Questi massaggi vi fanno proprio bene.	Diese Massagen tun euch wirklich gut.
farsi la barba	sich rasieren
Cesare non si fa la barba da tre giorni.	Cesare hat sich seit drei Tagen nicht rasiert.
l'**acqua**	Wasser
Non faccio il bagno perché l'acqua è fredda.	Ich nehme kein Bad, weil das Wasser kalt ist.

il **sapone**	Seife
la **crema**	Creme
Questa crema da barba mi provoca un'allergia.	Diese Rasiercreme verursacht bei mir eine Allergie.
il **pẹttine**	Kamm
l'**asciugamano**	Handtuch
Vorrei un asciugamano asciutto, questo è bagnato.	Ich möchte ein trockenes Handtuch, dieses ist naß.
lo **shampoo** ['ʃampo]	Shampoo
Luca cerca uno shampoo alle erbe.	Luca sucht nach einem Kräutershampoo.
lo **spazzolino da denti**	Zahnbürste
il **dentifricio**	Zahnpasta
Giorgio ha dimenticato il dentifricio.	Giorgio hat die Zahnpasta vergessen.
il **rasoio (elẹttrico)**	(Elektro)rasierer
le **fọrbici** *pl*	Schere

pettinarsi	sich kämmen
pettinare	kämmen
Prima di uscire voglio pettinare i bambini.	Bevor wir gehen, will ich die Kinder kämmen.
truccarsi	sich schminken
Non ti truccare troppo!	Schmink dich nicht zu stark!
prepararsi	sich vorbereiten; sich fertigmachen
Mi sto preparando, abbi un attimo di pazienza.	Ich mache mich gerade fertig, hab einen Augenblick Geduld.
rinfrescare	erfrischen; frisch machen
tagliarsi	sich schneiden
Mi sono tagliato le unghie.	Ich habe mir die Fingernägel geschnitten.
abbronzarsi	sich bräunen
Vorrei un prodotto per abbronzarmi senza pericolo.	Ich hätte gerne ein Produkt, um gefahrlos braun zu werden.
spazzolare	bürsten
il **parrucchiere,** la **parrucchiera**	Friseur, Friseuse
Se fossi in te non andrei più da questo parrucchiere.	An deiner Stelle ginge ich nicht mehr zu diesem Friseur.
l'**igiene** *f*	Hygiene
L'igiene non va trascurata.	Man muß auf Hygiene achten.

trascurare	vernachlässigen
igiẹnico, a	hygienisch
la **carta igiẹnica** Hai visto che la carta igienica è finita?	Toilettenpapier Hast du gesehen, daß kein Toilettenpapier mehr da ist?
la **saponetta** Uso una saponetta medicinale perché è più igienica.	Toilettenseife Ich verwende eine medizinische Seife, weil sie hygienischer ist.
medicinale	medizinisch
il **borotalco**	Körperpuder
il **profumo** Vorrei provare un profumo nuovo, quale mi consiglia?	Parfüm; Duft Ich möchte ein neues Parfüm probieren; zu welchem raten Sie mir?
il **rossetto** Angela preferisce un rossetto più chiaro, del colore dello smalto.	Lippenstift Angela bevorzugt einen helleren Lippenstift, in der Farbe des Nagellacks.
lo **smalto (per unghie)**	Nagellack
la **spạzzola** Grazia ha perso la spazzola per i capelli.	Bürste Grazia hat die Haarbürste verloren.
il **cotone idrọfilo** Ci vuole il cotone idrofilo per disinfettare la ferita.	Watte Man braucht Watte, um die Wunde zu desinfizieren.
il **fon(o)**	Haartrockner
gli **assorbenti** *pl* assorbenti interni	Binden Tampons

Fortpflanzung, Sexualität, Entwicklung

l'**amore** *m*	Liebe
il **sentimento** L'amore è il sentimento più bello.	Gefühl, Empfindung Die Liebe ist die schönste unserer Empfindungen.
far l'amore Vorrei far l'amore con te.	miteinander schlafen Ich möchte mit dir schlafen.

sentimentale	gefühlvoll; sentimental
innamorarsi	sich verlieben
innamorato, a Raimondo è sempre innamorato di Barbara.	verliebt Raimondo ist immer noch in Barbara verliebt.
l'**uomo**	Mann
la **donna** Gli uomini maturano più tardi delle donne.	Frau Männer werden später reif als Frauen.
maturare	reifen
il **bambino** Michela aspetta un bambino da me.	Kind; Junge Michela erwartet ein Kind von mir.
la **bambina**	kleines Mädchen
la **pịllola (contraccettiva)** Per avere la pillola ci vuole la ricetta.	Antibabypille Für die Pille braucht man ein Rezept.
il **preservativo**	Kondom
il **sesso** Le donne non sono più il sesso debole.	Geschlecht Frauen sind nicht mehr das schwache Geschlecht.
la **nạscita**	Geburt
nạscere Vorrei sapere quanti bambini nascono ogni giorno in Italia.	geboren werden Ich möchte wissen, wie viele Kinder jeden Tag in Italien geboren werden.
morire D'amore non si muore. Il fratello di Carlo è morto in un incidente.	sterben An Liebe stirbt man nicht. Carlos Bruder ist bei einem Unfall ums Leben gekommen.
adulto, a	erwachsen
l'**adulto,** l' **adulta** Questo film è solo per adulti.	Erwachsene(r) Dieser Film ist nur für Erwachsene.
giọvane Sei ancora troppo giovane!	jung Du bist noch zu jung!
il, la **giọvane** Alla discussione hanno partecipato anche molti giovani.	Jugendliche(r) An der Diskussion haben auch viele Jugendliche teilgenommen.
vecchio, a	alt

vivo, a Ero più morto che vivo dalla paura.	lebendig Ich war vor Angst mehr tot als lebendig.
morto, a	tot
la **morte** Dopo la morte della moglie è tornato in Italia.	Tod Nach dem Tod seiner Frau ist er nach Italien zurückgekehrt.
la **tomba** La tomba di Dante si trova a Ravenna.	Grab Dantes Grab befindet sich in Ravenna.

generare	zeugen
incinta Mia sorella è incinta di tre mesi.	schwanger Meine Schwester ist im dritten Monat schwanger.
la **gravidanza**	Schwangerschaft
il **parto** Maria ha avuto un parto molto facile.	Entbindung Marias Entbindung ist völlig problemlos verlaufen.
l'**aborto**	Abtreibung
abortire ‹abortisco› Perché vuoi abortire?	abtreiben Warum willst du abtreiben?
il **rapporto sessuale**	Geschlechtsverkehr
gli **ọrgani genitali** *pl* In biologia abbiamo parlato degli organi genitali.	Geschlechtsorgane In Biologie haben wir die Geschlechtsorgane durchgenommen.
la **vẹrgine**	Jungfrau
omosessuale	homosexuell
la **mestruazione**	Periode
la **pubertà** La pubertà è un'età difficile.	Pubertät Die Pubertät ist ein schwieriges Alter.
la **menopausa**	Wechseljahre
la **gioventù** Ho passato la gioventù in Friuli.	Jugend Ich habe meine Jugend in Friaul verbracht.
la **vecchiaia** Desidererei passare la vecchiaia nel Lazio.	Alter Ich würde gerne meine alten Tage in Latium verbringen.

il **suicidio**	Selbstmord
uccidere	umbringen
il **funerale** Oggi c'è il funerale del mio amico Luciano.	Beerdigung Heute wird mein Freund Luciano beerdigt.
seppellire ‹seppellisco›	begraben
il **cimitero** Il vecchio cimitero protestante di Roma è bellissimo.	Friedhof Der alte protestantische Friedhof von Rom ist wunderschön.
mortale Due dei passeggeri hanno subito ferite mortali.	tödlich Zwei Passagiere haben tödliche Verletzungen erlitten.

3 Gesundheit und Medizin

Allgemeine Begriffe

la **salute**	Gesundheit
Non fare nulla che danneggi la salute.	Tu nichts, was deiner Gesundheit schaden könnte.
la **malattia**	Krankheit
grave	ernst; gefährlich
Questa malattia è sì contagiosa, ma non grave.	Diese Krankheit ist zwar ansteckend, aber nicht gefährlich.
il **male**	Krankheit; Schmerz
Per ora l'Aids è un male inguaribile.	Bislang ist Aids eine unheilbare Krankheit.
far male	weh tun
Ti fa sempre male la gola?	Hast du immer noch Halsschmerzen?
il **dolore**	Schmerz
Questo dolore al braccio non mi passa mai.	Dieser Schmerz im Arm geht einfach nicht weg.
la **febbre**	Fieber
Hai una febbre da cavallo e vuoi alzarti dal letto!	Mit diesem hohen Fieber willst du aufstehen!
debole	schwach
Sono già guarito, ma mi sento ancora molto debole.	Ich bin wieder gesund, aber ich fühle mich noch ziemlich schwach.
la **crisi**	Krise
Superata la crisi, il paziente è stato rimandato a casa.	Nachdem die Krise überwunden war, wurde der Patient nach Hause entlassen.
svenire	ohnmächtig werden
Aiutami, svengo!	Hilf mir, ich werde ohnmächtig!
guarire ‹guarisco›	genesen, gesund werden
la **guarigione**	Genesung
Buona guarigione!	Gute Besserung!
rimettersi	sich erholen
Dopo l'operazione il paziente si è rimesso molto presto.	Nach der Operation hat sich der Patient sehr schnell erholt.
la **cura**	Kur
Il medico mi ha prescritto una cura per il fegato.	Der Arzt hat mir für meine Leber eine Kur verschrieben.
malato, a	krank
Giuseppe è malato di cuore da cinque anni.	Giuseppe ist seit fünf Jahren herzkrank.

cronico, a Devi stare attento che la malattia non diventi cronica.	chronisch Du mußt aufpassen, daß die Krankheit nicht chronisch wird.
acuto, a	akut
la **condizione** Le mie condizioni di salute sono ottime!	Verfassung Mein Gesundheitszustand ist ausgezeichnet!
il, la **paziente**	Patient(in)
la **digestione**	Verdauung
digerire ‹digerisco› Non ho digerito bene quello che ho mangiato ieri sera.	verdauen Was ich gestern abend gegessen habe, habe ich nicht gut verdaut.

la **sanità** *adm* Deve andare all'ufficio della sanità.	Gesundheit Sie müssen zum Gesundheitsamt gehen.
foglio della mutua Il turista dovrebbe viaggiare con il foglio internazionale della mutua.	Krankenschein Touristen sollten auf Reisen den internationalen Krankenschein mitnehmen.
la **Croce Rossa** E' passata un'ambulanza della Croce Rossa.	Rotes Kreuz Ein Krankenwagen des Roten Kreuzes ist vorbeigefahren.
ammalarsi	krank werden
stroncare La malattia lo ha stroncato in poco tempo.	ein Ende bereiten; dahinraffen Die Krankheit hat ihn in kurzer Zeit dahingerafft.
la **vaccinazione** Prima del viaggio voglio fare tutte le vaccinazioni necessarie.	Impfung Vor der Reise will ich alle erforderlichen Impfungen machen lassen.
l'**allergia**	Allergie
stare male/bene Se stai male, non puoi nuotare.	in schlechter/guter Verfassung sein Wenn es dir schlecht geht, kannst du nicht schwimmen gehen.
il **disturbo** Con questo tempo si hanno facilmente disturbi di circolazione.	Beschwerde; Störung Bei diesem Wetter bekommt man leicht Kreislaufbeschwerden.
facilmente	leicht
inguaribile	unheilbar
le **vertigini** *pl*	Schwindelgefühl

il **polso** Non è normale che tu abbia sempre le vertigini, fammi sentire il polso.	Puls Es ist nicht normal, daß es dir ständig schwindlig ist, laß mich mal deinen Puls fühlen.
vomitare	sich übergeben
la **terapịa**	Therapie
efficace E' una terapia lunga, ma molto efficace.	wirksam Es ist eine lange aber wirksame Therapie.
danneggiare	schaden; schädigen
il **virus** Questa influenza è provocata da un virus molto resistente.	Virus Diese Grippe wird von einem sehr resistenten Virus verursacht.
resistente	resistent
handicappato, a Gli handicappati hanno bisogno di adeguate attrezzature.	körperlich/geistig behindert Die Behinderten brauchen geeignete Vorrichtungen.
l'**hạndicap** *m* Per il suo handicap gli è stata data una tessera speciale.	Behinderung Wegen seiner Behinderung hat er einen Spezialausweis bekommen.
la **dieta** Il dottore mi ha messo a dieta.	Diät Der Arzt hat mich auf Diät gesetzt.
dimagrante	Abmagerungs-

Krankheiten, Verletzungen, Symptome

sano, a — gesund
Non soffro di niente, sono sano come un pesce. — Ich habe kein Leiden, ich bin gesund wie ein Fisch.

la **malattịa** — Krankheit

ammalato, a — krank

la **frattura** — Bruch; Fraktur
Non sono ammalata, ho solo una frattura al braccio. — Ich bin nicht krank, ich habe nur den Arm gebrochen.

curarsi — sich auskurieren
Se siete ammalati, dovete assolutamente curarvi. — Wenn ihr krank seid, müßt ihr euch unbedingt auskurieren.

soffrire di — leiden an

la **sofferenza**	Leiden
il **mal di testa** Con la luna piena soffro di un terribile mal di testa.	Kopfschmerzen Bei Vollmond leide ich unter schrecklichen Kopfschmerzen.
terribile	schrecklich
il **mal di stomaco**	Magenschmerzen
il **mal di pancia**	Bauchschmerzen
il **mal di denti**	Zahnschmerzen
il **mal di gola**	Halsschmerzen
il **diabete** Lia soffre di diabete da molti anni.	Diabetes, Zuckerkrankheit Lia ist seit vielen Jahren zuckerkrank.
il **sintomo**	Symptom; Anzeichen
descrivere Mi può descrivere i suoi sintomi, per favore?	beschreiben Können Sie mir bitte Ihre Symptome beschreiben?
stanco, a	müde
stancarsi Sì dottore. Innanzi tutto mi stanco subito, e mi alzo già stanco la mattina.	ermüden, müde werden Ja, Herr Doktor. Vor allem werde ich sehr schnell müde; ich bin schon müde, wenn ich morgens aufstehe.
dormire Lei ha bisogno di dormire molto, appena ha sonno, vada subito a letto.	schlafen Sie brauchen viel Schlaf; sobald Sie müde werden, legen Sie sich sofort ins Bett.
addormentarsi	einschlafen
il **sonno**	Schlaf
sudare	schwitzen
il **sudore**	Schweiß
russare Se russi tanto divento nervosa e non dormo più.	schnarchen Wenn du so schnarchst, werde ich nervös und schlafe nicht mehr ein.
isterico, a Direi che diventi addirittura isterica!	hysterisch Ich würde sagen, daß du geradezu hysterisch wirst.
nervoso, a	nervös
l'**Aids** *m* [aidi'ɛsse]	Aids
la **tosse** Questa tosse mi dà molto fastidio.	Husten Dieser Husten ist sehr lästig.

il **fastidio**	Unannehmlichkeit; Verdruß
il **crampo** Stamattina ho avuto un crampo nella coscia destra.	Krampf Heute morgen hatte ich einen Krampf im rechten Oberschenkel.
il **cancro** Sono stata malata di cancro ma ora sono perfettamente guarita.	Krebs Ich war an Krebs erkrankt, jetzt aber bin ich vollständig geheilt.
il **tumore**	Tumor
maligno, a	bösartig
la **nevrosi** La paura di avere un tumore maligno gli ha fatto venire una nevrosi.	Neurose Die Angst vor dem Krebs hat bei ihm eine Neurose ausgelöst.
la **ferita** Stefania ha perso molto sangue dalla ferita.	Wunde Stefanias Wunde hat stark geblutet.
ferirsi ‹mi ferisco›	sich verletzen
ferire ‹ferisco› Lo ha ferito ad una gamba, ma senza volerlo.	verletzen Sie hat ihn am Bein verletzt, wenn auch ohne Absicht.
l'**infiammazione** *f* Hai davvero una brutta infiammazione alla gola.	Entzündung Du hast tatsächlich eine üble Halsentzündung.
rọmpersi Ho sentito che ti sei rotto la gamba a sciare.	sich brechen Ich habe gehört, daß du dir beim Skilaufen das Bein gebrochen hast.

contagioso, a	ansteckend
disinfettare Quella malattia è contagiosa, è meglio disinfettare tutto.	desinfizieren Diese Krankheit ist ansteckend, es ist besser, alles zu desinfizieren.
l'**infarto** Giulio è stato colpito da infarto a 34 anni.	Infarkt Giulio erlitt mit 34 Jahren einen Herzinfarkt.
il **raffreddore** Per fortuna è solo un raffreddore.	Erkältung Zum Glück ist es nur eine Erkältung.
raffreddarsi	sich erkälten
raffreddato, a Sei troppo raffreddato per fare il bagno.	erkältet Du bist zu stark erkältet, um ein Bad zu nehmen.

l'**influenza**	Grippe
la **bronchite**	Bronchitis
riguardarsi	sich schonen
Dopo quella brutta bronchite che hai avuto, devi riguardarti!	Nach der schlimmen Bronchitis mußt du dich schonen.
tossire ‹tossisco›	husten
Quel bambino tossisce troppo, dàgli le gocce!	Das Kind hustet zuviel, gib ihm seine Tropfen.
la **polmonite**	Lungenentzündung
La polmonite lo ha costretto a letto per un mese.	Die Lungenentzündung hat ihn einen Monat ans Bett gefesselt.
l'**appendicite** *f*	Blinddarmentzündung
subire ‹subisco›	erleiden
Questa è la seconda operazione che subisci, vero?	Dies ist die zweite Operation, die du über dich ergehen lassen mußt, nicht wahr?
la **paralisi**	Lähmung
In seguito alla paralisi non è più in grado di alzarsi dalla sedia a rotelle.	Wegen der Lähmung ist er nicht mehr imstande, sich vom Rollstuhl zu erheben.
la **diarrea**	Durchfall
Michele ha mangiato troppa frutta e gli è venuta la diarrea.	Michele hat zuviel Obst gegessen und davon Durchfall bekommen.
la **commozione cerebrale**	Gehirnerschütterung
L'infortunio sul lavoro gli ha causato una commozione cerebrale.	Er hat bei dem Arbeitsunfall eine Gehirnerschütterung erlitten.

Arzt, Praxis, Krankenhaus

il **medico**	Arzt, Ärztin
Se vuoi, ti posso chiamare il medico.	Wenn du willst, kann ich dir einen Arzt kommen lassen.
curare	pflegen; kurieren; behandeln
Ho curato la mia bronchite in montagna.	Ich habe meine Bronchitis in den Bergen kuriert.
l'**ospedale** *m*	Krankenhaus
Qual'è l'orario di visita all'ospedale?	Wie sind die Besuchszeiten im Krankenhaus?
l'**iniezione** *f*	Injektion
Sara deve fare tre iniezioni al giorno.	Sara bekommt drei Spritzen täglich.

l'**ambulatorio**	Behandlungszimmer; Praxis
Qual'è l'orario di ambulatorio? – L'ambulatorio è aperto tutti i giorni dalle 9 alle 13, escluso il giovedì.	Wann ist Sprechstunde? – Die Praxis ist jeden Tag, außer donnerstags, von 9-13 Uhr geöffnet.
l'**ambulanza**	Krankenwagen
il **pronto soccorso**	Erste Hilfe; Ambulanz
Scusi, dov'è il Pronto Soccorso?	Entschuldigen Sie, wo befindet sich die Ambulanz?
l'**infermiere,** l' **infermiera**	Krankenpfleger/-schwester
la **vịsita mẹdica**	ärztliche Untersuchung
Ti consiglio di sottoporti subito ad una visita medica!	Ich rate dir, dich sofort einer ärztlichen Untersuchung zu unterziehen!
il **letto**	Bett
Devo restare a letto ancora per tre giorni.	Ich muß noch drei Tage im Bett bleiben.
il, la **dentista**	Zahnarzt/-ärztin
Scusi, sa dirmi dove trovo un buon dentista?	Können Sie mir bitte sagen, wo ich einen guten Zahnarzt finde?
cavare	herausholen; herausziehen
Il dente non deve essere cavato, lo so con certezza.	Ich bin sicher, daß der Zahn nicht gezogen werden muß.
la **certezza**	Sicherheit
lo, la **specialista**	Facharzt/-ärztin
In quell'ospedale ci sono i migliori specialisti della città.	In diesem Krankenhaus arbeiten die besten Fachärzte der Stadt.
lo **psicọlogo,** la **psicọloga**	Psychologe, Psychologin
la **psicologịa**	Psychologie
lo, la **psichiatra**	Psychiater(in)
In questa città non ci sono psichiatri, ma diversi psicologi.	In dieser Stadt gibt es keinen Psychiater, aber etliche Psychologen.
pazzo, a	verrückt
E' veramente diventato pazzo dal dolore ed ora è in cura.	Er ist vor Schmerzen richtiggehend verrückt geworden und ist jetzt in Behandlung.
la **pazzịa**	Wahnsinn
l'**operazione** *f*	Operation
L'operazione ha luogo nel reparto del professor Petrelli.	Die Operation findet in der Abteilung von Professor Petrelli statt.

la **clinica** Preferisco essere ricoverata in un'altra clinica.	Krankenhaus, Klinik Ich möchte lieber in eine andere Klinik eingeliefert werden.
ricoverare	ins Krankenhaus einliefern
la **siringa** L'infermiera ha preso una siringa ed un ago più piccoli.	Spritze Die Krankenschwester hat eine kleinere Spritze und eine kleinere Kanüle genommen.
il **terrore** Quand'ero bambina avevo terrore delle iniezioni.	Schrecken Als Kind hatte ich panische Angst vor Spritzen.
le **analisi** *pl*	Laboruntersuchungen
l'**urina** Il medico ha consigliato di fare l'analisi dell'urina.	Urin Der Arzt hat zu einer Urinuntersuchung geraten.
la **radiografia** La radiografia ha confermato la diagnosi.	Röntgenuntersuchung Die Röntgenaufnahme hat die Diagnose bestätigt.
la **diagnosi**	Diagnose
la **barella** Gli infermieri arrivarono di corsa con la barella.	Bahre Die Krankenpfleger eilten mit der Tragbahre herbei.
il **reparto**	Abteilung
operare Devo farmi operare di appendicite.	operieren Ich muß mich am Blinddarm operieren lassen.
rivolgersi a	sich wenden an
l'**emergenza** In caso di emergenza rivolgersi a ...	Notfall In dringenden Fällen wenden Sie sich bitte an ...
la **sedia a rotelle**	Rollstuhl
depresso, a Da quando è costretto a vivere nella sedia a rotelle, Ferdinando è molto depresso.	depressiv; niedergeschlagen Seit er an den Rollstuhl gefesselt ist, ist Ferdinando sehr niedergeschlagen.

Apotheke, Medikamente, Drogen

la **farmacia**	Apotheke
Sbrigati, la farmacia chiude alle 20!	Beeil dich, die Apotheke schließt um 20 Uhr!
prescrivere	verschreiben
Mi dispiace, ma la medicina che Le ha prescritto il medico deve essere ordinata; venga domani mattina!	Tut mir leid, das Medikament, das Ihnen der Arzt verschrieben hat, muß erst bestellt werden; kommen Sie morgen früh wieder!
le **gocce** *pl*	Tropfen
il **cerotto**	Pflaster
Mi dia per favore cinque cerotti per pelli delicate.	Geben Sie mir bitte fünf Pflaster für empfindliche Haut.
il **veleno**	Gift
Il veleno della vipera richiede un intervento immediato.	Das Gift der Viper verlangt sofortige Maßnahmen.
la **camomilla**	Kamille
Se non riesci a dormire ti faccio una camomilla.	Wenn du nicht schlafen kannst, mache ich dir einen Kamillentee.
la **medicina**	Medizin; Medikament
Il signor Blandini è un famoso professore di medicina.	Herr Blandini ist ein sehr bekannter Professor der Medizin.
la **ricetta**	Rezept
Senza ricetta non te lo danno.	Ohne Rezept bekommst du es nicht.
la **droga**	Droge
Lo hanno condannato per spaccio di droga.	Er ist wegen Rauschgifthandels verurteilt worden.
drogarsi	Rauschgift nehmen
Lo ha lasciato perché si drogava.	Sie hat ihn verlassen, weil er Rauschgift nahm.
drogato, a	rauschgiftsüchtig

il, la **farmacista** Mi faccio misurare la pressione del sangue dal farmacista.	Apotheker(in) Ich lasse mir den Blutdruck vom Apotheker messen.
la **pasticca** Vuole una confezione da 10 o da 20 pasticche?	Tablette Möchten Sie eine Packung zu 10 oder 20 Tabletten?
la **confezione**	Packung; Verpackung
la **supposta** Vorrei delle supposte contro il mal di mare.	Zäpfchen Ich hätte gerne Zäpfchen gegen Seekrankheit.
il **mal di mare**	Seekrankheit
la **fascia** Mi fa male il ginocchio, mi serve una fascia elastica.	Binde Mir tut das Knie weh, ich brauche eine elastische Binde.
la **pomata**	Salbe
la **pressione (del sangue)**	(Blut)druck
il **tranquillante** Ti prego di fare attenzione con i tranquillanti.	Beruhigungsmittel Ich bitte dich, mit den Beruhigungsmitteln vorsichtig zu sein.
gli **stupefacenti** *pl* La cocaina è uno degli stupefacenti più pericolosi.	Rauschgift Kokain ist eines der gefährlichsten Rauschgifte.
la **cocaina**	Kokain
colpire ‹colpisco› La droga è come una disgrazia che colpisce tutta la famiglia.	schlagen; treffen Die Droge ist wie ein Schicksalsschlag, der die ganze Familie trifft.
la **disgrazia**	Unglück; Schicksalsschlag
distribuire ‹distribuisco› Bisogna trovare un modo concreto per fermare quelli che la distribuiscono ai ragazzi.	verteilen Man muß einen konkreten Weg finden, um denen das Handwerk zu legen, die sie an die Jugendlichen weitergeben.
concreto, a	konkret
il **ragazzo,** la **ragazza**	Junge, Mädchen

4 Ernährung

Nahrungsmittel

mangiare Vi posso offrire qualcosa da mangiare?	essen Kann ich euch etwas zu essen anbieten?
bere Che cosa hai bevuto ieri sera?	trinken Was hast du gestern abend getrunken?
il **latte**	Milch
l'**acqua (minerale)** Niente di speciale, solo dell'acqua minerale.	(Mineral)wasser Nichts besonderes, nur Mineralwasser.
il **pane** Ora è possibile comprare il pane nero anche in Italia.	Brot Jetzt kann man Schwarzbrot auch in Italien kaufen.
la **pasta** Che tipo di pasta vi piace di più?	Teigwaren Welche Sorte Nudeln schmeckt euch am besten?
l'**uovo** Le uova sode sono pesanti.	Ei Hartgekochte Eier sind schwer verdaulich.
la **farina** Non c'è più farina in casa.	Mehl Es ist kein Mehl mehr im Haus.
lo **zucchero**	Zucker
la **carne** Oggi rinunciamo alla carne e mangiamo un po' di pesce.	Fleisch Heute verzichten wir auf das Fleisch und essen lieber ein wenig Fisch.
il **pesce** Fai attenzione che il pesce sia fresco e non surgelato.	Fisch Achte darauf, daß der Fisch frisch und nicht tiefgefroren ist.
la **verdura** In Italia si trovano tantissime qualità di verdura.	Gemüse In Italien findet man eine Vielzahl von Gemüsearten.
l'**insalata** Al mercato ho trovato diverse qualità d'insalata.	Salat Ich habe auf dem Markt verschiedene Salatsorten bekommen.
trovare	finden; bekommen

la **frutta**	Obst
Conviene comprare la frutta di stagione.	Es empfiehlt sich, Obst je nach der Jahreszeit zu kaufen.
il **formaggio**	Käse
Il Parmigiano è il formaggio italiano più famoso.	Der Parmesan ist der bekannteste Käse Italiens.
le **conserve** *pl*	Konserven
Gli italiani consumano meno conserve dei tedeschi.	Die Italiener verwenden weniger Konserven als die Deutschen.
consumare	verwenden; verbrauchen

gli **alimentari** *pl*	Nahrungsmittel, Lebensmittel
Nella seconda strada a destra c'è un buon negozio di alimentari.	In der zweiten Straße rechts gibt es ein gutes Lebensmittelgeschäft.
i **gẹneri alimentari** *pl*	Nahrungsmittel
la **massaia**	Hausfrau
Quella massaia va sempre al supermercato, perché è più economico.	Diese Hausfrau geht immer zum Supermarkt, weil er preiswerter ist.
econọmico, a	wirtschaftich; preiswert; sparsam
la **bevanda**	Getränk
ghiacciato, a	eiskalt
Vorrei che le bevande non fossero ghiacciate.	Ich hätte die Getränke lieber nicht eiskalt.
potạbile	trinkbar
il **cibo**	Nahrung; Speise; Gericht
Non tocco cibo da tre giorni.	Ich esse seit drei Tagen nichts.
l'**alimentazione** *f*	Ernährung
la **cassetta**	Schachtel; Kistchen; Kassette
Dato il suo tipo di alimentazione è indispensabile comprare qualche cassetta di frutta.	Angesichts seiner Eßgewohnheiten müssen wir unbedingt ein paar Kistchen Obst einkaufen.
indispensạbile	unabdingbar; unverzichtbar
la **fame**	Hunger
Non ho né fame né sete.	Ich habe weder Hunger noch Durst.
la **sete**	Durst
la **bịbita**	(alkoholfreies) Getränk
Vuoi una bibita?	Möchtest du ein Erfrischungsgetränk?
la **cioccolata**	Schokolade
No, mi faccio una cioccolata calda.	Nein, ich mache mir eine heiße Schokolade.

il **burro**	Butter
Il burro italiano ha un sapore completamente diverso.	Die italienische Butter hat einen völlig anderen Geschmack.
la **margarina**	Margarine
i **salumi** *pl*	Wurstwaren
Al Sud si fanno salumi molto piccanti.	Im Süden werden sehr scharfe Wurstwaren hergestellt.
i **cereali** *pl*	Getreide
I cereali sono molto nutrienti ma anche leggeri.	Getreide ist sehr nahrhaft und doch leicht verdaulich.
nutrire	ernähren
nutriente	nahrhaft
leggero, a	leicht(verdaulich)
la **scaloppina**	Schnitzel
Mangeremo una scaloppina con un po' di verdura, non è pesante!	Wir werden ein Schnitzel mit ein wenig Gemüse essen; das ist nicht zu schwer.
pesante	schwer(verdaulich)
sodo, a	hartgekocht; fest

Einkauf

la **spesa**	Einkauf *(von Lebensmitteln)*
Se mi aspetti vengo a fare la spesa con te.	Wenn du wartest, gehe ich mit dir einkaufen.
il **portafoglio**	Brieftasche
mancare	fehlen
Ci manca il latte e ci mancano anche le uova.	Es fehlt Milch, und es sind auch keine Eier mehr da.
il **panino**	Brötchen
il **salame**	Salami
Anna vuole solo un panino con il salame.	Anna möchte bloß ein Salamibrötchen.
la **salsiccia**	(Schweine)würstchen
l'**oliva**	Olive
Comprami un etto di olive, per favore.	Kauf mir bitte 100 g Oliven.
il **mercato**	Markt
Veronica va tutti i giorni al mercato a prendere la verdura.	Veronica geht jeden Tag zum Markt, um Gemüse zu kaufen.

il **supermercato**	Supermarkt
Hanno aperto un nuovo supermercato in periferia.	Am Stadtrand ist ein neuer Supermarkt eröffnet worden.
il **barattolo**	Dose
i **surgelati** *pl*	Tiefkühlkost
Il consumo dei surgelati si è diffuso anche da noi.	Die Verwendung von Tiefkühlkost hat sich auch bei uns durchgesetzt.
surgelato, a	tiefgefroren
gli **spinaci** *pl*	Spinat
Gli spinaci freschi si comprano al mercato.	Frischen Spinat kauft man auf dem Markt.
il **fico**	Feige
Compra tu i fichi, io penso al prosciutto.	Kauf du die Feigen, ich besorge den Schinken.
il **cocomero**	Wassermelone
In Italia si può comprare il cocomero a fette per strada.	In Italien kann man Wassermelonen scheibenweise an der Straße kaufen.
il **melone**	Melone
il **peperone**	Paprika
Che peperoni desidera, signora? Quelli rossi, quelli verdi o quelli gialli?	Was für Paprikaschoten wollen Sie, meine Dame? Rote, grüne oder gelbe?
la **pera**	Birne
la **mela**	Apfel
la **pesca**	Pfirsich
l'**arancia**	Apfelsine
l'**albicocca**	Aprikose
Ci vogliono mezzo chilo di albicocche, due etti e mezzo di ciliegie, sette etti e mezzo di pesche e qualche arancia.	Man braucht ein Pfund Aprikosen, ein halbes Pfund Kirschen, anderthalb Pfund Pfirsiche und ein paar Apfelsinen.
la **ciliegia**	Kirsche
il **dolce**	Kuchen; Süßspeise
Il panettone è il classico dolce di Natale.	Der Panettone ist der klassische Weihnachtskuchen.
la **torta**	Torte
la **panna**	Sahne
il **biscotto**	Keks
Questi biscotti sono di produzione propria.	Diese Kekse sind aus eigener Herstellung.

il **portamonete**	Geldbeutel
la **salumeria** In quella salumeria trovi sicuramente anche le salsicce.	Wurstwarengeschäft In diesem Wurstwarengeschäft bekommst du sicher auch Würstchen.
sinceramente	sicher(lich)
il **cetriolo**	Gurke
il **macellaio** Il macellaio ha assicurato che questa carne di manzo è tenerissima.	Metzger Der Metzger hat versichert, daß dieses Rindfleisch sehr zart ist.
tenero, a	zart
duro, a	hart; zäh
la **carne di manzo** Vorrei mezzo chilo di carne di manzo per fare il bollito.	Rindfleisch Ich hätte gerne ein Pfund Rindfleisch zum Kochen.
la **carne di maiale** La carne di maiale è molto più cara in Italia che in Germania.	Schweinefleisch Schweinefleisch ist in Italien viel teurer als in Deutschland.
caro, a	teuer
la **carne di bue**	Ochsenfleisch
la **carne di vitello**	Kalbfleisch
il **fornaio** Se passi dal fornaio, non dimenticare i panini!	Bäcker Wenn du beim Bäcker vorbeikommst, vergiß die Brötchen nicht!
passare	vorbeigehen
la **panetteria** Non puoi pretendere di trovare una panetteria ad ogni angolo.	Bäckerei Du kannst nicht verlangen, an jeder Straßenecke eine Bäckerei zu finden.
la **pasticceria** Cristina, fai un salto in pasticceria e compra una torta.	Konditorei Cristina, lauf schnell zur Konditorei und kauf eine Torte.
la **pasta**	süßes Teilchen
il **cioccolatino** Che meraviglia, i cioccolatini al liquore!	Praline Großartig, diese Likörpralinen!
la **scatola** Ne voglio comprare una scatola anch'io.	Schachtel; Dose; Büchse Ich will mir auch eine Schachtel kaufen.

maturo, a	reif
la **prugna**	Zwetschge
il **mandarino** Ti piacciono le mele o vuoi un mandarino?	Mandarine Magst du Äpfel, oder willst du eine Mandarine?
la **fragola**	Erdbeere
il **budino** Vuoi gustare il mio budino alle fragole?	Pudding Willst du meinen Erdbeerpudding probieren?
gustare	schmecken; kosten

Genußmittel

il **caffè**	Kaffee
tiepido, a Ma questo caffè è tiepido, io lo voglio caldo!	lau(warm) Dieser Kaffee ist ja lauwarm, ich hätte ihn gern heiß!
caldo, a	warm; heiß
il **tè**	Tee
il **vino** Ho già ordinato un quarto di vino rosso.	Wein Ich habe schon ein Viertel Rotwein bestellt.
secco, a	trocken
il **cavatappi**	Korkenzieher
la **birra (alla spina)** Una buona birra alla spina è quello che ci vuole con la pizza. – Sì, ma ci sediamo a un tavolino.	Bier (vom Faß) Ein gutes Bier vom Faß ist zur Pizza genau das richtige. – Ja, aber setzen wir uns doch an einen Tisch.
freddo, a	kalt
la **birreria**	Brauerei
l'**apribottiglie** *m* Fatti dare un apribottiglie al bar.	Flaschenöffner Laß dir am Tresen einen Flaschenöffner geben.
lo **spumante** Questo spumante è secco come piace a me.	Sekt Dieser trockene Sekt ist ganz nach meinem Geschmack.
il **brindisi** Facciamo un brindisi alla salute di Wanda!	Trinkspruch Trinken wir auf Wandas Gesundheit!

cin cin	prost
ubriaco, a Erano tutti ubriachi e li hanno cacciati via.	betrunken Sie waren alle betrunken und sind rausgeschmissen worden.
fumare	rauchen
il **tabacco** Di che marca è questo tabacco da pipa?	Tabak Was ist dieser Pfeifentabak für eine Marke?
la **sigaretta**	Zigarette
la **pipa** Mi piacciono gli uomini che fumano la pipa.	Pfeife Ich mag Männer, die Pfeife rauchen.
il **portacenere** Fatti portare anche una bottiglia di acqua frizzante ed un portacenere.	Aschenbecher Laß dir auch eine Flasche Sprudelwasser und einen Aschenbecher bringen.
la **cenere**	Asche
i **fiammiferi** *pl*	Streichhölzer
l'**accendino**	Feuerzeug

il **liquore**	Likör; Spirituose
il **tappo** Dov'è il tappo della bottiglia di liquore?	Korken Wo ist der Korken der Likörflasche?
la **grappa** Qui si beve spesso una grappa dopo mangiato.	Grappa *(Tresterbranntwein)* Bei uns trinkt man häufig einen Grappa nach dem Essen.
frizzante	spritzig; sprudelnd
il **sigaro**	Zigarre
il **tabaccaio** Se vai dal tabaccaio, portami un pacchetto di sigarette e due francobolli da 700.	Tabakhändler Wenn du zum Tabakhändler gehst, bring mir ein Päckchen Zigaretten und zwei Briefmarken zu 700 Lire mit.

Kochen, Gerichte, Zutaten

la **cucina**	Küche
La cucina italiana è leggera e ricca di sapore.	Die italienische Küche ist leicht und vielfältig.
cucinare	kochen
Mia madre cucina molto bene.	Meine Mutter kocht sehr gut.
Voglio cucinare le patate al forno con rosmarino.	Ich will die Kartoffeln mit Rosmarin im Backofen zubereiten.
bollire	kochen
Invece di far bollire la carne, vuole stufarla.	Statt es zu kochen, will er das Fleisch schmoren.
preparare	zubereiten
condire ‹condisco›	würzen; anmachen
il **limone**	Zitrone
il **sugo,** la **salsa**	Soße
Come condisci la pasta? In bianco o con la salsa al pomodoro?	Wie machst du die Nudeln? Mit Butter und Käse oder mit Tomatensoße?
il **riso**	Reis
Per il risotto ci vuole un riso speciale.	Für Risotto braucht man eine besondere Reissorte.
il **prosciutto**	Schinken
Ho proprio voglia di un bel piatto di prosciutto con fichi. – Va bene, ma in casa ho solo quello cotto.	Ich habe wirklich Lust auf eine schöne Portion Schinken mit Feigen. – Meinetwegen, aber ich habe nur gekochten im Haus.
cotto, a	gekocht; gar
crudo, a	roh
la **fetta**	Scheibe
il **tonno**	Thunfisch
Con il tonno e le sardine si può fare un ottimo sugo.	Mit Thunfisch und Sardinen läßt sich eine hervorragende Soße machen.
il **pollo**	Hähnchen
Come cuciniamo il pollo? – Facciamolo arrosto.	Wie sollen wir das Hähnchen zubereiten? – Als Brathähnchen.
la **barbabiẹtola**	Rübe; rote Bete
pelare	schälen
Hai finito di pelare le patate?	Bist du mit dem Kartoffelschälen fertig?

il **cavolo**	Kohl
pulire ‹pulisco› Aspetta un attimo, devo prima pulire il cavolo.	putzen Warte einen Moment, ich muß erst den Kohl putzen.
il **pomodoro**	Tomate
la **carota** Puoi aggiungere le carote tagliate fini.	Karotte Du kannst die feingeschnittenen Karotten hinzugeben.
il **sale** Nell'insalata basta mettere sale, pepe, olio ed aceto.	Salz Es genügt, den Salat mit Salz, Pfeffer, Öl und Essig zu würzen.
il **pepe**	Pfeffer
l'**aceto**	Essig
l'**olio**	Öl
la **noce moscata** La noce moscata è un aroma molto usato in Italia.	Muskatnuß Die Muskatnuß ist ein in Italien häufig gebrauchtes Gewürz.
l'**aglio**	Knoblauch
la **cipolla**	Zwiebel
piccante	scharf
salato, a	salzig; versalzen

il **cuoco,** la **cuoca** Tonino e Rodolfo sono cuochi pieni di fantasia.	Koch, Köchin Tonino und Rodolfo sind sehr phantasievolle Köche.
cuocere Hai cotto male la carne, non è più tenera.	garen Du hast das Fleisch falsch gebraten, es ist zäh.
la **pentola**	Topf
il **coperchio** Questo coperchio non va bene per quella pentola!	Deckel Dieser Deckel paßt nicht zu diesem Topf.
il **sedano**	Sellerie
il **finocchio** Facciamo un'insalata di sedano e finocchi crudi?	Fenchel Machen wir uns einen Rohkostsalat aus Fenchel und Sellerie?
la **senape** Per favore, poca senape! Noi italiani l'usiamo pochissimo.	Senf Mit wenig Senf bitte! Wir Italiener verwenden ihn kaum.
il **rosmarino**	Rosmarin

la **salvia** Facciamo le tagliatelle con burro e salvia.	Salbei Wir machen die Tagliatelle mit Butter und Salbei.
le **tagliatelle** *pl*	Bandnudeln
il **prezzẹmolo** Metti un po' di prezzemolo, di aglio e una cipolla nella pentola!	Petersilie Gib ein wenig Petersilie, Knoblauch und eine Zwiebel in den Topf!
macinare Non potresti almeno macinare la carne?	mahlen, durch den Wolf drehen Könntest du nicht wenigstens das Fleisch durch den Wolf drehen?
l'**aroma** *m*	Aroma; Gewürz
assaggiare Ti conviene assaggiare, prima di aggiungere altro sale.	kosten; abschmecken Du solltest erst kosten, bevor du noch mehr Salz hinzugibst.
il **purè**	Püree
mescolare	umrühren; mischen
bruciarsi Devi mescolare bene, altrimenti il purè si brucia.	anbrennen Du mußt gut umrühren, sonst brennt das Püree an.
stufare	schmoren
l'**apriscạtole** *m*	Dosenöffner
l'**ingrediente** *m* Bisogna fare la spesa, mancano troppi ingredienti.	Zutat Wir müssen einkaufen gehen, es fehlen zu viele Zutaten.
la **sardina**	Sardine
la **trota**	Forelle
lesso, a Cuciniamo la trota lessa?	gekocht Machen wir Forelle blau?
la **sọgliola**	Seezunge
fritto, a Non fargli la sogliola fritta, la vuole alla griglia.	fritiert; gebacken Mach ihm keine gebackene Seezunge, er hat sie lieber gegrillt.

Espressobar, Gasthaus, Rosticceria

ordinare	bestellen
il **cameriere,** la **cameriera**	Ober, Kellnerin
Cameriere, senta per favore! Questa panna non è più buona!	Herr Ober, bitte! Diese Sahne ist sauer!
la **mancia**	Trinkgeld
il **bar**	Espressobar; Theke
Faccio sempre la prima colazione al bar con un caffellatte e una pasta.	Ich frühstücke immer in einer "Bar" und nehme einen Milchkaffee und ein Teilchen.
la **tazza**	Tasse
Anch'io, ma prendo solo un espresso o una tazza di tè.	Ich auch, aber ich nehme nur einen Espresso oder eine Tasse Tee.
la **limonata**	Limonade
la **consumazione**	Verzehr
Non dimenticarti di pagare anche la mia consumazione.	Vergiß bitte nicht, auch für mich mitzubezahlen.
la **(prima) colazione**	Frühstück
il **succo (di frutta)**	(Frucht)saft
Che succo di frutta vuoi? – Mi va bene tutto, basta che sia una spremuta.	Was für einen Fruchtsaft willst du? – Ist mir eigentlich egal, Hauptsache, er ist frisch gepreßt.
lo **yogurt**	Yoghurt
dolce	süß
amaro, a	bitter
il **gelato**	Eis
Quel bar fa degli ottimi gelati.	In dieser Bar gibt es hervorragendes selbstgemachtes Eis.
l'**aperitivo**	Aperitif
Mi fai assaggiare un sorso del tuo aperitivo?	Darf ich einen Schluck von deinem Aperitif probieren?
il **pasto**	Mahlzeit
la **rosticceria**	*Schnellrestaurant mit Speisen zum Mitnehmen.*
Ci procuriamo un pollo arrosto, pomodori e melanzane ripieni in rosticceria.	Ein Brathähnchen, sowie gefüllte Tomaten und Auberginen besorgen wir uns in der Rosticceria.
la **patata**	Kartoffel
Prendiamo un po' di patate al forno.	Nehmen wir überbackene Kartoffeln mit!

gli **zucchini** *pl* Occorrono almeno dieci zucchini.	Zucchini Man braucht mindestens zehn Zucchini.
occorrere	nötig sein
la **melanzana**	Aubergine
ripieno, a	gefüllt
la **pizza**	Pizza
il **bicchiere**	Glas
la **bottiglia**	Flasche

la **carta,** la **lista**	(Speise)karte
la **vivanda**	Speise
il **caffellatte**	Milchkaffee
la **tazzina**	Täßchen
la **spremuta (di frutta)** Vorrei una spremuta d'arancia, per favore.	frischgepreßter Fruchtsaft Ich hätte gerne einen frischgepreßten Orangensaft.
l'**aranciata** Mi dispiace, abbiamo solo l'aranciata.	(Orangen)limonade Tut mir leid, wir haben nur Orangenlimonade.
il **miele** Il miele dell'Abruzzo è molto buono.	Honig Der Honig aus den Abruzzen ist sehr gut.
la **caramella** Senti che buon sapore hanno queste caramelle al miele!	Bonbon Probier mal, wie gut diese Honigbonbons schmecken!
il **sapore**	Geschmack
l'**odore** *m*	Duft
la **marmellata** Questa marmellata di fragole è troppo dolce.	Marmelade Diese Erdbeermarmelade ist zu süß.
tostare Quel dolce è ricoperto di mandorle tostate.	toasten; rösten Dieser Kuchen ist mit gerösteten Mandeln bestreut.
ricoprire	bestreuen; bedecken
la **fetta**	Scheibe
la **fetta biscottata** Dammi solo una fetta biscottata, non ho tanta fame.	Zwieback Gib mir nur ein Stück Zwieback, ich habe keinen großen Hunger.

alla griglia	vom Grill
la **mandorla**	Mandel
la **noce**	Nuß
schiacciare	knacken; zerquetschen
Mi schiacci un po' di noci per favore? Io non ci riesco.	Knackst du mir bitte ein paar Nüsse? Ich kann das nicht.
il **tramezzino**	Sandwich
l'**osteria**	Gasthaus
Pietro va sempre all'osteria a bere un bicchiere di vino ed a giocare a carte.	Pietro geht regelmäßig ins Wirtshaus, um ein Glas Wein zu trinken und Karten zu spielen.
offrire	anbieten; einladen
Posso offrirti almeno un tramezzino?	Darf ich dich wenigstens zu einem Sandwich einladen?
stimolare	stimulieren; anreizen
Prendiamo un aperitivo per stimolare l'appetito?	Nehmen wir einen Aperitif, um den Appetit anzuregen?
stendersi	sich ausstrecken
Dopo mangiato vorrei stendermi un po' sul divano.	Nach dem Essen möchte ich mich ein wenig auf dem Sofa langlegen.
lo **stato**	Zustand
Dato il tuo stato, è bene che tu lo faccia.	In deinem Zustand tust du gut daran.
il **digestivo**	Verdauungsschnaps
il **sorso**	Schluck
Prendi anche un sorso di digestivo!	Nimm auch einen kleinen Verdauungsschnaps?
la **specialità**	Spezialität; Besonderheit
Quali specialità potete consigliarci?	Welche Spezialitäten können Sie uns empfehlen?
il **vassoio**	Tablett

Im Restaurant

il **ristorante**	Restaurant
Il ristorante è troppo caro, preferisco mangiare in una trattoria, costa meno.	Das Restaurant ist zu teuer, ich gehe lieber in eine Trattoria, dort ist es billiger.
riservare	reservieren
Faccio riservare un tavolo per sei o per otto persone?	Soll ich einen Tisch für sechs oder für acht Personen reservieren lassen?

la **tovaglia** Mi cambi la tovaglia per favore, questa è sporca.	Tischdecke Wechseln Sie bitte die Tischdecke, diese ist schmutzig.
il **piatto** Il minestrone alla casalinga è il piatto forte di questo locale.	Teller; Gericht Die Minestrone nach Hausfrauenart ist das beste Gericht dieses Lokals.
il **minestrone**	Gemüsesuppe
il **cucchiaio**	(Suppen)löffel
il **cucchiaino** Fatti portare un cucchiaino; Pierino non può ancora mangiare col cucchiaio.	Teelöffel Laß dir einen Teelöffel bringen; mit dem Suppenlöffel kann Pierino noch nicht essen.
la **forchetta**	Gabel
il **coltello**	Messer
il **menù** Io scelgo il menù di pesce e tu?	Speisekarte; Menü Ich wähle das Fischmenü und du?
prẹndere	nehmen
l'**appetito** Buon appetito!	Appetit Guten Appetit!
il **primo (piatto)** Come primo piatto prendo solo una minestra.	erster Gang Als ersten Gang nehme ich nur eine Suppe.
la **minestra**	Suppe
il **secondo (piatto)** Cosa desidera di secondo, signora?	Hauptgang Was wünschen Sie als Hauptgericht, meine Dame?
le **cozze** *pl* Per mangiare le cozze non occorre né coltello né forchetta.	Miesmuscheln Um Miesmuscheln zu essen, braucht man weder Messer noch Gabel.
la **bistecca**	Steak
ai ferri Mi faccia una bistecca ai ferri, ma ben cotta.	vom Grill Machen Sie mir ein Steak vom Grill, aber gut durchgebraten.
arrosto *unv*	gebraten
il **contorno** E di contorno?	Beilage Und als Beilage?
i **fagiolini** *pl* Vorrei dei fagiolini al burro.	grüne Bohnen Ich hätte gerne grüne Bohnen in Butter sautiert.

Antipasti

Insalata di mare	L.	9000
Cozze alla marinara	»	10000
Cozze ripiene	»	10000
Zuppa di cozze	»	10000
Polpo all'inferno	»	10000
Polpo alla marinara	»	9000
Miscuglio alla Ciccillo	»	10000
Cocktail di gamberetti	»	10000
Antipasto misto	»	10000
Salmone in carpaccio	»	9000

Primi piatti

Risotto alla marinara	L.	9000
Spaghetti ai frutti di mare	»	8000
Spaghetti "Bomba alla Ciccillo"	»	8000
Penne al pesto o pomodoro	»	7000
Penne "Bomba alla Ciccillo"	»	8000
Penne ai frutti di mare	»	8000

Secondi piatti

Fritto misto di pesce	L.	16000
Fritto di calamari	»	14000
Fritto di gamberi	»	15000
Fritto calamari - gamberi	»	15000
Zuppa di pesce	»	17000
Sogliola alla mugnaia	»	15000
Sogliola alla griglia	»	15000
Sogliola all'acqua pazza	»	16000
Misto di pesce alla griglia	»	22000
Spiedino di gamberoni	»	20000
Scampi ai ferri	»	18000
Scampi al vapore	»	18000
Zuppa di datteri	»	
Pesce ai ferri a porzione	»	(S.Q. PESCE)
	»	
	»	

Carni

Bistecca ai ferri	L.	14000
Cotoletta alla milanese	»	10000

la **cotoletta** Ho ordinato per me una cotoletta di agnello, per Giovanni le seppie, per Anna invece un filetto.	Kotelett Ich habe für mich ein Lammkotelett bestellt, für Giovanni Tintenfische und für Anna ein Filetsteak.
la **seppia**	Tintenfisch
il **filetto**	Filetsteak
il **dolce** Non ce la faccio più a mangiare anche il dolce.	Nachtisch Den Nachtisch schaffe ich nicht auch noch.

la **cena**	Abendessen
la **trattoria** No, grazie sono già stato a pranzo in trattoria.	Speiselokal Nein danke, ich habe heute schon in einer Trattoria zu Mittag gegessen.
il **pranzo**	Mittagessen
la **portata** Posso consigliarle un'ottima portata di pesce, signore!	Gang Ich kann Ihnen einen wundervollen Fischgang empfehlen, mein Herr!
il **locale**	Lokal
il **coperto** Pane e coperto sono compresi nel prezzo.	Gedeck Brot und Gedeck sind im Preis inbegriffen.
compreso, a	inbegriffen
il **tovagliolo** In questo locale hanno solo tovaglioli di carta.	Serviette In diesem Lokal gibt es nur Papierservietten.
la **lista delle bevande** Quando viene il cameriere con la lista delle bevande, possiamo già ordinare gli antipasti.	Getränkekarte Wenn der Kellner mit der Getränkekarte kommt, können wir auch gleich die Vorspeisen bestellen.
l'**antipasto** Perché non prendiamo tutti un bell'antipasto misto?	Vorspeise Warum nehmen wir nicht alle einen gemischten Vorspeisenteller?
misto, a	gemischt
i **frutti di mare** *pl* Attenzione, il piatto con i frutti di mare scotta!	Meeresfrüchte Achtung, der Teller mit den Meeresfrüchten ist sehr heiß!
scottare	sehr heiß sein

il **brodo** Qui fanno un ottimo brodo di pesce. – Lo so, ma preferisco una zuppa di fagioli.	Brühe; Suppe Die Fischsuppe hier ist ausgezeichnet. – Ich weiß, aber ich ziehe eine Bohnensuppe vor.
la **zuppa**	Suppe
i **piselli** *pl*	Erbsen
i **fagioli** *pl*	dicke Bohnen
il **bollito misto** Un bollito misto con salsa verde, per favore!	*verschiedene Sorten gekochtes Fleisch* Ein Bollito Misto mit grüner Soße bitte!
l'**agnello**	Lamm
alla casalinga	nach Hausfrauenart
il **fegato** Mi dispiace, signore, il fegato è finito.	Leber Tut mir leid, mein Herr, die Leber ist aus.
pranzare	zu Mittag essen
cenare Voglio cenare qui, perché fanno la migliore zuppa inglese della città.	zu Abend essen Ich will hier zu Abend essen, weil es hier die beste Zuppa Inglese der ganzen Stadt gibt.
la **zuppa inglese**	*Cremespeise mit likörgetränktem Löffelbiskuit*
il **dessert**	Dessert, Nachspeise
il **servizio** Qui si mangia ottimamente, ma il servizio è pessimo.	Bedienung Man ißt hier hervorragend, wird aber äußerst schlecht bedient.
servire	bedienen
lo **stuzzicadenti** Cameriere, potrei avere degli stuzzicadenti, per favore?	Zahnstocher Herr Ober, können Sie mir bitte Zahnstocher bringen?
il **conto** Il conto, per favore!	Rechnung Bezahlen bitte!

Kleidungsstücke

vestirsi	sich anziehen
Non ho ancora finito di vestirmi.	Ich bin noch nicht fertig angezogen.
la **biancheria**	Wäsche
Non ho più voglia di lavare la tua biancheria.	Ich habe keine Lust mehr, deine Wäsche zu waschen.
la **maglia**	Unterhemd
E' più igienico mettere una maglia anche se fa caldo.	Es ist hygienischer, ein Unterhemd anzuziehen, auch wenn es warm ist.
i **collant** *pl* [kɔ'lant, kɔ'lã]	Strumpfhose
la **calza**	Strumpf
il **pigiama**	Schlafanzug
Sei più bella con la camicia da notte che in pigiama.	Im Nachthemd siehst du besser aus als im Schlafanzug.
la **camicia**	Hemd
Cambiati e metti una camicia con le maniche corte.	Zieh dich um, und nimm ein Hemd mit kurzen Ärmeln.
elegante	elegant
l'**eleganza**	Eleganz
la **camicetta**	Bluse
Quella camicetta nera è molto elegante.	Diese schwarze Bluse ist sehr elegant.
i **pantaloni** *pl*	Hose
Giovanna aveva un bel paio di pantaloni blu con la giacca beige.	Giovanna hatte eine schöne blaue Hose und eine beige Jacke.
la **gonna (a pieghe)**	(Falten)rock
il **pullover**	Pullover
Devo comprarmi due pullover nuovi per l'inverno.	Ich muß mir zwei neue Winterpullis kaufen.
il **collo (alto)**	(Roll)kragen; (Steh)kragen
Si è comprato un pullover grigio con il collo alto.	Er hat sich einen grauen Rollkragenpullover gekauft.
la **giacca**	Sakko; Jacke
Porta, per favore, le mie giacche in lavanderia.	Bring bitte meine Jacken in die Reinigung.
il **cappotto**	Mantel
Con questo tempo è meglio se ti metti il cappotto.	Bei diesem Wetter ziehst du dir besser einen Mantel an.

mettersi	anziehen
il **vestito** Quanto costa questo vestito a scacchi?	Kleid; Anzug Was kostet dieses karierte Kleid?
il **costume da bagno** La piccola aveva un costume da bagno a fiori veramente carino.	Badeanzug Die Kleine trug einen wirklich reizenden, geblümten Badeanzug.
cambiarsi	sich umziehen
portare Anna porta abiti troppo seri per la sua età.	tragen Anna kleidet sich zu streng für ihr Alter.
il **paio**	Paar
la **scarpa** Quante paia di scarpe hai comperato in Italia?	Schuh Wieviel Paar Schuhe hast du in Italien gekauft?

spogliarsi	sich ausziehen
i **jeans** *pl* [dʒiːnz] Guarda per favore dove sono i miei jeans nuovi!	Jeans Sieh bitte nach, wo meine neuen Jeans sind!
guardare	(an)schauen; nachsehen
vestire Ti piace come veste Massimo? Ti prego di vestire la bambina, è ora di andare.	sich kleiden; anziehen Gefällt dir, wie Massimo sich kleidet? Zieh bitte das Kind an, es ist Zeit zu gehen.
a scacchi	kariert
il **vestiario** Se parti per il sud, ti serve il vestiario leggero.	Kleidung Wenn du in den Süden fährst, brauchst du leichte Kleidung.
buttare Questi vestiti non servono più, perché non li butti?	wegwerfen Diese Kleider sind nicht mehr zu gebrauchen, warum wirfst du sie nicht weg?
il **reggiseno**	Büstenhalter
le **mutande** *pl*	Unterhose
la **sottoveste** Monica non porta mai la sottoveste.	Unterrock Monica trägt nie einen Unterrock.
la **camicia da notte**	Nachthemd

la **manica**	Ärmel
il **maglione**	Pullover
il **golf**	Strickjacke
Cosa porti più volentieri, maglioni o golf?	Was trägst du lieber, Pullover oder Strickjacken?
l'**abito**	Kleid; Anzug
Maria porta un abito a righe.	Maria trägt ein gestreiftes Kleid.
la **riga**	Streifen
il **costume**	Tracht; (Faschings)kostüm
Il carnevale di Venezia è famoso per i suoi costumi.	Der Karneval von Venedig ist berühmt wegen seiner Kostüme.
il **soprabito**	Übergangsmantel
il **mantello**	Mantel
l'**impermeabile** *m*	Regenmantel
Preferisco l'impermeabile al soprabito.	Ich trage lieber einen Regenmantel als einen Übergangsmantel.
il **tacco**	Absatz
Luciana porta sempre i tacchi alti.	Luciana trägt immer Schuhe mit hohen Absätzen.
Io invece amo le scarpe senza tacco.	Ich trage eigentlich lieber Schuhe mit flachem Absatz.
lo **stivale**	Stiefel
il **sandalo**	Sandale
Ti piacciono quei sandali marrone?	Gefallen dir diese braunen Sandalen?

Einkauf

comprare	kaufen
Compra quegli articoli quando sono in svendita.	Kauf diese Teile lieber, wenn sie im Ausverkauf sind.
il **negozio**	Geschäft, Laden
il **sacchetto**	Tüte; Beutel
In quel negozio danno solo sacchetti di carta e non di plastica.	In diesem Geschäft bekommt man nur Papiertüten und keine Plastikbeutel.
costare	kosten
Il vestito di Luigi è veramente stupendo, ma costa troppo.	Luigis Anzug ist wirklich super, aber er ist zu teuer.

a buon mercato	billig
spẹndere Abbiamo speso troppo anche questa volta.	ausgeben Wir haben auch diesmal zuviel ausgegeben.
il **prezzo** Mi può dire il prezzo di questi stivali, per favore?	Preis Können Sie mir bitte sagen, was diese Stiefel kosten?
l'**etichetta**	Etikett; Preisschild
pagare In quel negozio paghi molto di più.	zahlen In diesem Geschäft zahlst du viel mehr.
la **svẹndita**	Ausverkauf
lo **sconto**	Preisnachlaß
il **reparto** Scusi, dov'è il reparto di abbigliamento per uomo, per favore?	Abteilung Entschuldigen Sie, wo ist bitte die Abteilung für Herrenoberbekleidung?
il **commesso,** la **commessa** Si rivolga a quel commesso e verrà consigliato bene.	Verkäufer(in) Wenden Sie sich an diesen Verkäufer, und Sie werden gut beraten.
il **nụmero** Che numero di scarpe porta? – Porto il 36.	Nummer; Größe Welche Schuhgröße haben Sie? – Größe 36.
provare Dove posso provare questo vestito?	anprobieren Wo kann ich dieses Kleid anprobieren?
la **cabina di prova**	Umkleidekabine
mẹttere	anziehen
cambiare Vorrei cambiare quest'articolo, è possibile?	ändern; umtauschen Ist es möglich, diesen Artikel umzutauschen?
stretto, a Cerco una gonna nera stretta.	eng Ich suche einen engen, schwarzen Rock.
largo, a Vorrei quella camicetta con il collo largo.	weit Ich hätte gerne diese Bluse mit dem breiten Kragen.
corto, a	kurz
lungo, a	lang

la **moda**	Mode
La moda italiana è famosa in tutto il mondo.	Die italienische Mode ist in der ganzen Welt berühmt.
la **pelle**	Leder
C'è una vasta scelta di borsette in vera pelle.	Es gibt eine reichhaltige Auswahl an Handtaschen aus echtem Leder.
vero, a	echt

le **spese**	Einkäufe
Vieni con me a fare le spese in centro?	Kommst du mit mir in die City zum Einkaufen?
gli **acquisti** *pl*	Anschaffungen
la **cassa**	Kasse
La prego di pagare all'altra cassa, questa è già chiusa.	Bitte bezahlen Sie an der anderen Kasse, diese ist schon geschlossen.
gli **spiccioli** *pl*	Kleingeld
il **cassiere,** la **cassiera**	Kassierer(in)
Ho l'impressione che la cassiera si sia sbagliata.	Mir scheint, die Kassiererin hat sich geirrt.
lo **scontrino**	Kassenbon
Da qualsiasi negozio si esca, si deve avere sempre lo scontrino, altrimenti si rischia una multa.	Beim Verlassen eines Ladens muß man immer den Kassenbon bei sich haben, sonst riskiert man eine Geldstrafe.
i **contanti** *pl*	Bargeld
Che sconto c'è, se si paga in contanti?	Wie hoch ist der Preisnachlaß bei Barzahlung?
a rate	Raten-, in Raten
Non mi piace pagare a rate.	Ich zahle nicht gerne in Raten.
valutare	bewerten
D'accordo, non hai già valutato cosa è meglio per te?	Einverstanden, aber hast du schon kalkuliert, was günstiger für dich ist?
l'**IVA** ['i:va]	Mehrwertsteuer
Hai chiesto se nel prezzo è inclusa l'IVA?	Hast du gefragt, ob die Mehrwertsteuer im Preis enthalten ist?
incluso, a	einbegriffen
l'**assegno**	Scheck
Mi dispiace, non accettiamo assegni.	Es tut mir leid, aber wir nehmen keine Schecks an.
l'**abbigliamento**	Kleidung

esporre In quel negozio d'abbigliamento hanno esposto bellissimi cappotti in panno.	ausstellen Dieses Bekleidungsgeschäft hat sehr schöne Stoffmäntel im Schaufenster.
il **panno**	Tuch; Kleidungsstück
l'**articolo**	Artikel
la **vetrina** Quel negozio ha sempre articoli molto interessanti in vetrina.	Schaufenster Dieser Laden hat immer sehr interessante Artikel im Schaufenster.
la **scelta**	Auswahl
pignolo, a Non essere sempre così pignolo nelle tue scelte!	kleinlich Sei nicht immer so kleinlich bei deinen Entscheidungen!
togliersi Togliti pure quei pantaloni, sono troppo larghi.	ausziehen; ablegen Zieh diese Hose nur aus, sie ist zu weit.
comodo, a Sì, ma sono molto comodi.	bequem Ja, aber sie ist sehr bequem.
star bene/male Questa camicia non sta bene con quei pantaloni. L'abito blu ti sta benissimo, quello giallo no.	gut/schlecht passen; gut/schlecht stehen Dieses Hemd paßt nicht zu der Hose. Das blaue Kleid steht dir sehr gut, das gelbe nicht.
combinare	kombinieren; zusammenstellen
il **gilè**	Weste
il **cuoio**	Leder

Beim Schneider

il **sarto,** la **sarta**	Schneider(in)
consigliare	raten; empfehlen
indossare	anziehen
le **misure** *pl* Il sarto deve prendere le misure a Giovanni.	Maße Der Schneider muß bei Giovanni maßnehmen.
la **taglia** Questo pullover mi piace, ma ho bisogno di una taglia più piccola.	Größe Dieser Pullover gefällt mir, aber ich brauche eine Nummer kleiner.

il **modello** Signora, Le consiglio questo modello, è stupendo!	Modell Meine Dame, ich rate Ihnen zu diesem Modell, es ist wundervoll!
il **taglio** Ma veramente preferirei un taglio classico.	Schnitt Aber ehrlich gesagt hätte ich lieber einen klassischen Schnitt.
la **qualità** La qualità è ottima, ma il modello non è di moda.	Qualität Die Qualität ist sehr gut, aber das Modell ist nicht modern.
la **seta**	Seide
la **lana**	Wolle
il **cotone** In estate è meglio portare abiti di seta o di cotone.	Baumwolle Im Sommer empfiehlt es sich, Kleider aus Seide oder Baumwolle zu tragen.
il **lino**	Leinen
la **meraviglia** Questa stoffa di lino è una meraviglia. Non capisco la tua meraviglia.	Wunderwerk; Verwunderung Dieser Leinenstoff ist ein Traum! Ich verstehe deine Verwunderung nicht.
il **velluto** Devo comprare un gilè di velluto per mia figlia.	Samt Ich muß für meine Tochter eine Weste aus Samt kaufen.
stupendo, a	wunderbar

Schmuck und Zubehör

la **borsetta**	Handtasche
il **bordo** Scegli un bordo a fiori per la camicetta.	Borte Wähl für die Bluse eine geblümte Borte.
il **bottone**	Knopf
il **cappello**	Hut
la **cintura** Gli ho regalato una cintura di cuoio nero.	Gürtel Ich habe ihm einen Gürtel aus schwarzem Leder geschenkt.
la **cravatta** Qui ci vuole una bella cravatta di seta e non una farfalla.	Krawatte Hierzu paßt eine schöne Seidenkrawatte und keine Fliege.

il **fazzoletto**	Taschentuch; Halstuch
il **foulard** [fu'laːr] Un foulard in tinta unita è quello che ci vuole.	Halstuch Hierzu ist ein einfarbiges Halstuch das richtige.
lo **scialle** Portati uno scialle, la sera fa fresco.	Schal Nimm einen Schal mit, abends ist es frisch.
il **guanto**	Handschuh
l'**ombrello**	Regenschirm
lo **spillo**	Stecknadel; Brosche
lo **spillo di sicurezza**	Sicherheitsnadel
la **tasca** La mia giacca ha quattro tasche.	Tasche *(am Kleidungsstück)* Mein Sakko hat vier Taschen.
il **gioiello**	Juwel; Schmuckstück
l'**argento**	Silber
l'**oro**	Gold
il **pl̩atino**	Platin
l'**anello** Quell'anello è di platino e non d'argento.	Ring Dieser Ring ist aus Platin und nicht aus Silber.
la **catena**	Kette
l'**orecchino** Vorrei degli orecchini con le perle.	Ohrring Ich hätte gerne Ohrringe mit Perlenbesatz.
l'**orologio (da polso)** L'orologio si è rotto, si può riparare subito?	(Armband)uhr Die Uhr ist kaputt, kann sie sofort repariert werden?
la **perla**	Perle

gli **accessori** *pl*	Zubehör
il **bastone** Quel vecchio signore cammina sempre col bastone.	(Spazier)stock Dieser alte Herr geht immer mit einem Stock.
la **cerniera** Si è rotta la cerniera, dammi uno spillo di sicurezza.	Reißverschluß Der Reißverschluß ist kaputtgegangen, gib mir bitte eine Sicherheitsnadel.
la **farfalla**	Fliege

la **tinta**	Farbe
la **stringa** Preferisco le scarpe senza stringhe.	Schnürsenkel Ich bevorzuge Schuhe ohne Schnürsenkel.
il **gioielliere,** la **gioielliera**	Juwelier(in)
il **braccialetto** Cristina ha un braccialetto in oro bianco e giallo.	Armband Cristina hat ein Armband aus Weiß- und Gelbgold.
la **fede**	Trauring
la **spilla** Su questa spilla ci sono molte pietre preziose.	Brosche Diese Brosche ist mit vielen Edelsteinen besetzt.
la **pietra preziosa**	Edelstein

Pflege und Reinigung

sporco, a Non indossare quella camicia, è tutta sporca!	schmutzig Zieh nicht dieses Hemd an, es ist ganz schmutzig!
la **macchia** Ho provato a lavare, ma la macchia non va via.	Fleck Ich habe es mit Waschen versucht, aber der Fleck geht nicht raus.
lavare	waschen
lavare a secco	chemisch reinigen
pulito, a	sauber
la **lavatrice** Non puoi mettere questi vestiti nella lavatrice, sono troppo delicati!	Waschmaschine Du kannst diese Kleider nicht in die Waschmaschine tun, sie sind zu empfindlich!
delicato, a	zart; empfindlich
spazzolare Spązzolami bene la giacca, per favore!	bürsten Bürste mir die Jacke bitte gründlich aus!
la **stoffa** Questa stoffa deve essere lavata a secco. Voglio un fazzoletto di stoffa e non di carta.	Stoff Dieser Stoff muß gereinigt werden. Ich will ein Stofftaschentuch und kein Papiertaschentuch.

il **filo**	Faden
l'**ago**	Nähnadel
le **fọrbici** *pl*	Schere
cucire	nähen
Non dimenticare ago e filo, altrimenti non posso cucire.	Vergiß nicht Nadel und Faden, sonst kann ich nicht nähen!
il **buco**	Loch
la **mạcchina da cucire**	Nähmaschine
Non posso aggiustare niente, ci vuole la macchina da cucire!	So kann ich nichts flicken, ich brauche eine Nähmaschine!
appẹndere	aufhängen
Se appendete subito i vestiti, non occorre stirarli.	Wenn ihr die Kleider gleich aufhängt, braucht ihr sie nicht zu bügeln.
stirare	bügeln
il **ferro da stiro**	Bügeleisen
Perché non ti sei portato il ferro da stiro da viaggio?	Warum hast du kein Reisebügeleisen mitgenommen?
il **calzolaio,** la **calzolaia**	Schuhmacher(in), Schuster(in)
Mi si è rotto un tacco, devo trovare assolutamente un calzolaio.	Mir ist ein Absatz kaputtgegangen, ich muß unbedingt einen Schuster finden.
aggiustare	reparieren; flicken

sporcare	beschmutzen
il **bucato**	Wäsche
Facciamo il bucato oggi o domani?	Machen wir heute Waschtag oder morgen?
il **sapone da bucato**	Kernseife
il **detersivo**	Waschmittel
Bisogna usare detersivo per biancheria delicata per questa camicetta di seta.	Diese Seidenbluse muß mit einem Feinwaschmittel gewaschen werden.
macchiare	beflecken
la **lavanderịa**	Wäscherei; Reinigung
Scusi, c'è una lavanderia da queste parti?	Verzeihung, gibt es hier in der Nähe eine Wäscherei?
il **tessuto**	Gewebe; Stoff
Può far tingere questo tessuto senza problemi.	Diesen Stoff können Sie problemlos färben lassen.
tịngere	färben; abfärben
Si può mettere nel bucato, non tinge.	Du kannst es in die Wäsche geben, es färbt nicht ab.

strappare	(zer)reißen
lo **strappo** Guarda che strappo ti sei fatto nella manica!	Riß Sieh mal, wie du dir den Ärmel zerrissen hast!
fare la maglia Sai fare la maglia?	stricken Kannst du stricken?
il **ferro da maglia**	Stricknadel
la **piega**	(Bügel)falte

Hausbau

il **terreno**	Grundstück
Cerco un terreno fabbricabile da queste parti.	Ich suche einen Bauplatz in dieser Gegend.
vẹndere	verkaufen
Sarà difficile, perché qui non vendono più niente.	Das wird schwierig, da hier nichts mehr zum Verkauf steht.
la **casa**	Haus
Voglio costruirmi una casa al mare.	Ich will mir ein Haus am Meer bauen lassen.
costruire ‹costruisco›	bauen
la **costruzione**	Bau; Konstruktion
La costruzione di questo edificio è durata tre anni.	Die Fertigstellung dieses Gebäudes hat drei Jahre gedauert.
la **pianta**	Plan
L'architetto ha preparato la pianta, ma non abbiamo ancora il permesso di costruire.	Der Architekt hat den Plan schon fertig, aber wir haben noch keine Baugenehmigung.
il **garage** [ga'raːʒ]	Garage
il **muro**	Mauer
il **tetto**	Dach
Durante il temporale sono cadute alcune tegole dal tetto.	Während des Unwetters sind einige Ziegel vom Dach gefallen.
il **terrazzo**	Terrasse
Giovanni costruisce un grande terrazzo per tenerci molti fiori.	Giovanni baut eine große Terrasse, um darauf viele Blumen zu halten.
il **materiale**	Material
il **cemento**	Zement; Beton
il **vetro**	Glas
Questo palazzo è tutto vetro e cemento.	Dieses Hochhaus ist nichts als Glas und Beton.
la **cạmera**	Zimmer
la **stanza**	Zimmer
Dobbiamo ancora rinnovare quattro stanze.	Wir müssen noch vier Zimmer renovieren.
la **porta**	Tür
sbạttere	schleudern; (zu)schlagen
Ti prego di non sbattere la porta in quel modo!	Knall bitte nicht die Tür zu!

la **finestra**	Fenster
La prossima estate farò mettere le porte e le finestre nuove.	Kommenden Sommer lasse ich neue Türen und Fenster einbauen.
la **scala**	Treppe; Leiter
Perché non costruisci una scala in metallo?	Warum läßt du nicht eine Treppe aus Metall machen?
lo **scalino**	Stufe
rinnovare	renovieren
ricostruire ‹ricostruisco›	wiederaufbauen
il **restauro**	Restaurierung
Chiuso per restauri.	Wegen Restaurationsarbeiten geschlossen.
la **ricostruzione**	Rekonstruktion, Wiederaufbau
Per la ricostruzione di quel palazzo ci vorranno almeno due anni.	Die Rekonstruktion des Palazzo wird mindestens zwei Jahre dauern.

l'**edilizia**	Bauwesen
fabbricabile	baureif; bebaubar
il **cantiere**	Baustelle
Le persone estranee non possono entrare nel cantiere.	Das Betreten der Baustelle ist Unbefugten verboten.
estraneo, a	fremd
il **palazzo**	Palast; Palazzo; Hochhaus
il **grattacielo**	Wolkenkratzer
Con questi grattacieli hanno proprio rovinato la città.	Mit diesen Wolkenkratzern haben sie die ganze Stadt verschandelt.
il **permesso (di costruzione)**	(Bau)genehmigung
l'**architetto**	Architekt(in)
la **maniglia**	Klinke
L'architetto mi ha consigliato di mettere le maniglie di ottone a tutte le porte.	Der Architekt hat mir geraten, alle Türen mit Messingklinken zu versehen.
il **muratore**	Maurer
Il materiale è finito, il muratore ha bisogno anche di mattoni.	Es ist kein Material mehr da, der Maurer braucht noch Backsteine.
il **mattone**	Backstein
la **tegola**	Ziegel
il **camino**	Kamin, Schornstein
In quella casa c'è un bellissimo camino di rame.	In diesem Haus gibt es einen wunderschönen Kamin aus Kupfer.

la **soglia**	Schwelle
Lo spazio davanti alla soglia di casa deve restare libero.	Die Fläche vor dem Hauseingang muß frei bleiben.
dipingere	malen; anstreichen
l'**intonaco**	Verputz
E' ora di dipingere la camera, l'intonaco cade già.	Es ist an der Zeit, das Zimmer zu streichen, der Verputz bröckelt schon ab.
la **corrente**	Strom
l'**illuminazione** *f*	Beleuchtung; Erleuchtung
Per questa stanza è necessaria un'illuminazione più forte.	Für dieses Zimmer braucht man eine stärkere Beleuchtung.
necessario	nötig, notwendig
la **necessità**	Notwendigkeit
Che necessità hai di illuminare tutto?	Warum mußt du alles hell erleuchten?
il **tubo**	Leitung
Hai chiuso bene il tubo del gas?	Hast du die Gasleitung ordentlich abgedreht?
l'**impianto**	Anlage
L'impianto elettrico non funziona più.	Die Elektroanlage funktioniert nicht mehr.
funzionare	funktionieren

Haus und Wohnung

abitare	wohnen
Ci piace molto abitare qui.	Wir wohnen sehr gerne hier.
l'**abitazione** *f*	Wohnung
L'abitazione non è molto grande, ma piena di luce.	Die Wohnung ist nicht sehr groß, aber schön hell.
l'**appartamento**	Wohnung
Cerchiamo un appartamento a pianterreno.	Wir suchen eine Wohnung im Erdgeschoß.
il **piano**	Stockwerk
Giulia abita al 5° piano.	Giulia wohnt im 5. Stock.
il **vicino,** la **vicina**	Nachbar(in)
I nostri vicini sono veramente gentili.	Unsere Nachbarn sind wirklich nett.

il **campanello**	Klingel
Non ho potuto suonare il campanello perché non l'ho trovato.	Ich konnte nicht läuten, weil ich die Klingel nicht gefunden habe.
l'**ascensore** *m*	Aufzug
L'ascensore è bloccato, bisogna chiamare il portinaio.	Der Aufzug steckt fest, man muß den Hausmeister rufen.
chiamare	rufen
il **riscaldamento**	Heizung
Fa già freddo, è ora di aprire il riscaldamento.	Es ist schon kalt und Zeit, die Heizung anzumachen.
il **balcone**	Balkon
Abbiamo fatto montare una nuova antenna sul balcone.	Wir haben auf dem Balkon eine neue Antenne anbringen lassen.
il **giardino**	Garten
Cerco una casa con giardino.	Ich suche ein Haus mit Garten.
il **pavimento**	Fußboden
Ci piacciono molto i pavimenti di marmo.	Wir lieben Marmorfußböden sehr.
il **soffitto**	Decke
I soffitti di quella vecchia casa sono tutti decorati.	Die Decken in dem alten Haus sind alle verziert.
decorare	verzieren
la **parete**	Wand
Quella parete è ideale per il quadro nuovo che hai comprato.	Diese Wand ist ideal für das neue Bild, das du gekauft hast.
la **cạmera da letto**	Schlafzimmer
Quante camere da letto vi occorrono?	Wie viele Schlafzimmer braucht ihr?
la **sala**	(großes) Zimmer; Saal
il **salotto**	Salon; Wohnzimmer
la **cucina**	Küche
il **bagno**	Bad
Peccato che questo bagno sia così piccolo.	Schade, daß dieses Bad so klein ist.
il **bidè**	Bidet
il **gabinetto**	Toilette
la **toilette** [toa'lɛt]	Toilette
Dove si trova la toilette? – Al primo piano, signora.	Wo befindet sich die Toilette? – Im ersten Stock, meine Dame.
il **corridoio**	Flur
Troverai la cucina alla fine di quel corridoio.	Die Küche ist am Ende des Flurs.

l'**elettricità**	Elektrizität
In questa zona di montagna non c'è elettricità.	In dieser Berggegend gibt es keinen Strom.
il **pianterreno**	Erdgeschoß
stabilirsi ‹mi stabilisco›	sich niederlassen, sich etablieren
Gabriella si stabilisce a pianterreno perché così non ha il disagio delle scale.	Gabriella richtet sich im Erdgeschoß ein, so hat sie keine Mühe mit den Treppen.
il **disagio**	Unbequemlichkeit; Verlegenheit
i **dintorni** *pl*	Umgebung
Sai se c'è ancora qualche appartamento libero qui nei dintorni?	Weißt du, ob hier in der Gegend noch eine Wohnung frei ist?
disperato, a	verzweifelt
Siamo disperati perché non troviamo casa.	Wir sind verzweifelt, weil wir keine Wohnung finden.
disperare	verzweifeln
Non disperare ti aiuteremo noi.	Nicht verzagen, wir werden dir helfen.
il **suolo**	Boden
il **portinaio,** la **portinaia**	Pförtner(in); Hausmeister(in)
la **portineria**	Portiersloge
Puoi lasciare il pacchetto in portineria.	Du kannst das Päckchen beim Hausmeister hinterlegen.
l'**antenna**	Antenne
la **terrazza**	Terrasse
Antonio ha una magnifica terrazza piena di fiori.	Antonio hat eine prächtige Terrasse voller Blumen.
la **ringhiera**	Geländer
la **persiana**	Fensterladen
Aprite le persiane, così entra il sole.	Öffnet die Fensterläden, dann kommt Sonne herein.
dare su	liegen
Questa finestra dà sul mare, l'altra sul cortile.	Dieses Fenster liegt zum Meer, das andere zum Hof.
il **soggiorno**	Wohnzimmer
Il soggiorno è molto ampio e ben arredato.	Das Wohnzimmer ist sehr geräumig und gut eingerichtet.
la **cantina**	Keller
La nostra cantina è fresca.	Unser Keller ist kühl.

la **soffitta**	Dachboden
il **cavo** Non c'è più la luce, perché si è rotto un cavo.	Leitung Das Licht ist ausgegangen, weil ein Kabel kaputt ist.
la **presa** Per che tipo di corrente è questa presa?	Steckdose Für welche Stromart ist diese Steckdose?
bloccato, a	gesperrt; blockiert
sfondare	durchbrechen, -stoßen; durchtreten
Vogliamo sfondare il muro che separa le due stanze.	Wir wollen die Wand zwischen den beiden Zimmern einreißen.
separare	trennen

Kauf, Miete

il **quartiere** Abitiamo in un quartiere molto tranquillo.	Stadtviertel Wir wohnen in einem sehr ruhigen Stadtviertel.
cambiare casa Abbiamo cambiato casa sei mesi fa.	umziehen Wir sind vor sechs Monaten umgezogen.
il **trasloco** Quando pensate di fare il trasloco?	Umzug Wann gedenkt ihr umzuziehen?
il **proprietario,** la **proprietaria**	Eigentümer(in)
l'**inquilino,** l' **inquilina** Questi lavori devono essere fatti dal proprietario e non dall'inquilino.	Mieter(in) Diese Arbeiten müssen vom Eigentümer und nicht vom Mieter ausgeführt werden.
il **padrone (di casa),** la **padrona (di casa)**	(Haus)besitzer(in)
l'**affitto** La casa è molto confortevole, ma l'affitto è piuttosto caro.	Miete Das Haus ist sehr komfortabel, aber die Miete ist ziemlich hoch.
affittare	mieten; vermieten
l'**agenzịa immobiliare**	Maklerbüro
il **contratto d'affitto** Il proprietario ha disdetto il contratto d'affitto.	Mietvertrag Der Eigentümer hat den Mietvertrag gekündigt.

ammobiliato, a Qui non ci sono appartamenti ammobiliati.	möbliert Es gibt hier keine möblierten Wohnungen.
la **vẹndita** Casa in vendita	Verkauf Haus zu verkaufen
il **pagamento** Il termine per il pagamento è già scaduto.	Bezahlung Der Zahlungstermin ist schon verstrichen.
il **tẹrmine**	Frist
cercare	suchen
l'**alloggio**	Unterkunft; Wohnung

confortẹvole	komfortabel
affịttasi Affittasi appartamento di tre camere con servizi.	zu vermieten Dreizimmerwohnung mit Küche und Bad zu vermieten.
le **spese (supplementari)** *pl*	(Neben)kosten
la **manutenzione** In questa casa ci sono molti lavori di manutenzione.	Instandhaltung Um dieses Haus instand zu halten, sind viele Arbeiten nötig.
rinnovare il contratto	den Vertrag verlängern
disdire	kündigen
il **condominio** Abitiamo nel nuovo condominio in Piazza Garibaldi.	Haus mit Eigentumswohnungen Wir wohnen in dem neuen Condominio an der Piazza Garibaldi.
l'**inserzione** *f* Ho fatto un'inserzione sul giornale per affittare la casa.	Inserat Ich habe ein Inserat in die Zeitung gesetzt, um das Haus zu vermieten.
la **ricerca** Siamo alla ricerca di un alloggio adeguato.	Suche Wir sind auf der Suche nach einer angemessenen Unterkunft.
l'**accordo** Abbiamo fatto un accordo per rinnovare il contratto con l'inquilino.	Vereinbarung Wir haben vereinbart, den Vertrag mit dem Mieter zu verlängern.
sgombrare L'inquilino deve sgombrare l'appartamento entro 15 giorni.	räumen Der Mieter muß die Wohnung binnen 15 Tagen räumen.
cẹrcasi Cercasi camera ammobiliata per luglio - agosto.	gesucht Möbliertes Zimmer für Juli/ August gesucht.

Haushalt und Hausarbeit

la **casalinga**	Hausfrau
Il lavoro della casalinga non è così semplice come sembra.	Die Arbeit einer Hausfrau ist nicht so einfach, wie es scheint.
il **lavoro**	Arbeit
Devo ancora sbrigare tutti i lavori domestici.	Ich muß noch die ganze Hausarbeit erledigen.
pulire ‹pulisco›	säubern; reinigen
la **pulizia**	Reinigung(sarbeit); Säuberung
strofinare	wischen
Bisogna strofinare bene il pavimento, perché ci sono delle macchie.	Der Fußboden muß ordentlich gewischt werden, da er voller Flecken ist.
fare la stanza/le pulizie	(die Zimmer) aufräumen/putzen
Non puoi fare la stanza, perché Giovanni dorme ancora.	Du kannst die Zimmer nicht aufräumen, weil Giovanni noch schläft.
ampio, a	geräumig
lavare i piatti	das Geschirr spülen
asciugare	abtrocknen
Io lavo i piatti e tu li asciughi, così facciamo prima.	Ich wasche das Geschirr und du trocknest ab; so werden wir schneller fertig.
aiutare	helfen
apparecchiare la tavola	den Tisch decken
Puoi aiutare Angela ad apparecchiare la tavola?	Kannst du Angela helfen, den Tisch zu decken?
la **posata**	Besteck
Hai già lavato le posate?	Hast du schon das Besteck abgewaschen?
la **tavola**	Tisch; Tafel
il **forno**	Backofen
Questo forno è troppo vecchio, bisogna cambiarlo.	Dieser Backofen ist zu alt, wir brauchen einen neuen.
il **fornello**	Herd
Spegni il fornello, è ancora troppo presto per cuocere la pasta.	Stell den Herd ab, es ist noch zu früh, die Nudeln zu kochen.
accendere	einschalten
Hai già acceso il forno per il dolce?	Hast du den Backofen für den Kuchen schon eingeschaltet?

spęgnere	ausschalten
il **frigorịfero** Metti tutto nel frigorifero, c'è abbastanza posto.	Kühlschrank Stell alles in den Kühlschrank, da ist genug Platz.
il **cestino**	Papierkorb
la **pọlvere** E' dappertutto pieno di polvere.	Staub Es ist alles voller Staub.

il **casalingo** Andiamo in un buon negozio di casalinghi.	Hausrat Laß uns in ein gutes Geschäft für Haushaltswaren gehen.
domęstico, a	häuslich
dare una mano	zur Hand gehen
sparecchiare la tạvola Dammi una mano per favore a sparecchiare la tavola.	den Tisch abräumen Hilf mir bitte, den Tisch abzuräumen.
le **stoviglie** *pl* Dove devo mettere le stoviglie sporche?	Geschirr Wohin soll ich das schmutzige Geschirr stellen?
la **stufa**	Ofen
la **mạcchina del caffè** La macchina del caffè non funziona più.	Kaffeemaschine Die Kaffeemaschine funktioniert nicht mehr.
la **lavatrice** La mia lavatrice nuova ha moltissimi programmi.	Waschmaschine Meine neue Waschmaschine hat sehr viele Programme.
l'**aspirapọlvere** *m* E' meglio pulire le scale con l'aspirapolvere.	Staubsauger Du reinigst die Treppen besser mit dem Staubsauger.
spazzare	fegen, kehren
la **scopa** Se mi dai la scopa posso già spazzare la terrazza.	Besen Wenn du mir den Besen gibst, kann ich schon die Terrasse fegen.
la **pattumiera** Se non trovi la pattumiera, puoi mettere tutto nel cestino.	Abfalleimer Wenn du den Abfalleimer nicht findest, kannst du alles in den Papierkorb werfen.
spolverare Carla sta spolverando, io cerco di eliminare un po' di disordine.	abstauben Carla ist mit Abstauben beschäftigt; ich räume ein wenig auf.
il **disọrdine**	Unordnung

posare	(ab)stellen; (ab)setzen; legen
Qui c'è troppo disordine, non so più dove posare le provviste.	Hier herrscht ein solches Durcheinander, daß ich nicht mehr weiß, wo ich die Vorräte abstellen soll.
la **provvista**	Vorrat
procẹdere	vorgehen; fortschreiten
Ora faremo ordine, ma procediamo con calma.	Wir schaffen sofort Ordnung, aber laß uns mit Gelassenheit vorgehen.
sbrigare	erledigen

Wohnungseinrichtung

arredare	einrichten; ausstatten
Ha saputo arredare molto bene questa stanza.	Er hat es verstanden, das Zimmer sehr gut einzurichten.
la **tenda**	Gardine
il **tappeto**	Teppich
Le tende ed i tappeti sono stati consigliati dall'arredatore.	Die Gardinen und Teppiche sind vom Innenarchitekten empfohlen worden.
i **mọbili** *pl*	Möbel
Noi amiamo molto i mobili antichi, e voi?	Wir lieben antike Möbel sehr, und ihr?
la **doccia**	Dusche
il **lavandino**	Waschbecken
Nel mio bagno ho un lavandino doppio.	In meinem Badezimmer habe ich ein Doppelwaschbecken.
il **rubinetto**	Hahn
Per fortuna il rubinetto non perde più.	Zum Glück tropft der Wasserhahn nicht mehr.
lo **specchio**	Spiegel
Non pensi che due specchi siano troppi per questo bagno?	Glaubst du nicht, daß zwei Spiegel für dieses Bad zuviel sind?
il **letto**	Bett
la **coperta**	Bettdecke
l'**armadio**	Schrank
Nella camera di Marco ci sono tre armadi.	In Marcos Zimmer sind drei Schränke.
il **cassetto**	Schublade
In quell'armadio ci sono anche due cassetti.	Dieser Schrank hat auch zwei Schubladen.

la **lampada**	Lampe
Accendi la lampada vicino alla poltrona.	Mach bitte die Lampe neben dem Sessel an.
la **sedia**	Stuhl
I miei amici vogliono comprare un bel tavolo con quattro sedie antiche.	Meine Freunde wollen einen schönen Tisch mit vier antiken Stühlen kaufen.
il **tavolo**	Tisch
il **divano**	Sofa
Il divano sta molto bene con queste due poltrone.	Das Sofa paßt sehr gut zu den beiden Sesseln.
abbassare	leiser stellen
la **radio**	Radio
Per favore, abbassa la radio!	Stell bitte das Radio leiser!
il **televisore**	Fernseher
In quella casa c'è il televisore sempre acceso.	Der Fernseher läuft ständig in diesem Haus.
la **cassetta delle lettere**	Briefkasten
Devo pregare Maria di vuotare la mia cassetta delle lettere mentre sono in viaggio.	Ich muß Maria bitten, meinen Briefkasten zu leeren, während ich verreist bin.
vuotare	(ent)leeren
l'**arredatore,** l' **arredatrice**	Innenarchitekt(in)
stendere	ausbreiten; ausstrecken
Dove stendiamo questo tappeto?	Wo legen wir diesen Teppich hin?
splendido, a	glänzend; großartig
Bisogna scegliere un bel posto perché è veramente splendido.	Da müssen wir einen schönen Platz suchen, denn er ist wirklich großartig.
la **vasca da bagno**	Badewanne
Qui non ci sono vasche da bagno, ma ogni stanza ha la sua doccia.	Es gibt hier keine Badewannen, aber jedes Zimmer hat eine Dusche.
morbido, a	weich
il **materasso**	Matratze
Non riesco a dormire perché il materasso è troppo morbido.	Ich kann nicht schlafen, weil die Matratze zu weich ist.
il **lenzuolo**	Bettlaken
Ora prendo le lenzuola e la coperta e ti preparo subito il letto.	Ich gehe das Bettlaken und die Bettdecke holen und mache dein Bett.
il **guanciale**	Kopfkissen
Questo guanciale è troppo alto, potrei averne uno più basso?	Dieses Kopfkissen ist zu hoch, kann ich ein flacheres haben?

lo **scaffale**	Regal
la **lampadina** Quella lampadina è rotta ora la cambio.	Glühbirne Die Glühbirne ist kaputt, ich wechsle sie jetzt aus.
il **tavolino** Non fare disordine sul mio tavolino da lavoro!	Tischchen; Arbeitstisch Mach mir keine Unordnung auf meinem Arbeitstisch!
spostare	verschieben; verrücken
la **scrivania** Perché vuoi spostare la scrivania?	Schreibtisch Warum willst du den Schreibtisch verrücken?
la **poltrona**	Sessel
la **televisione** Spegni la radio ed accendi la televisione, è ora del TG1.	Fernsehen Stell das Radio ab und den Fernseher an; es ist Zeit für die Tagesschau im 1. Programm.
il **canale**	Kanal; Programm
il **giradischi** Questo giradischi è vecchissimo, il mangianastri invece è nuovo.	Plattenspieler Der Plattenspieler ist uralt, das Tonbandgerät jedoch ist neu.
il **mangianastri**	Tonbandgerät
il **registratore (a cassette)**	Kassettenrekorder

7 Eigenschaften des Menschen

allegro, a Beato te, che sei sempre allegro!	froh; lustig Du Glücklicher bist immer gut gelaunt!
l'**allegria** Passiamo qualche ora in allegria!	Fröhlichkeit; Ausgelassenheit Laß uns ein paar lustige Stunden verbringen!
avaro, a Sono molto avara del mio tempo.	geizig Mit meiner Zeit bin ich sehr geizig.
bravo, a Antonio è veramente una brava persona.	tüchtig; anständig; brav Antonio ist wirklich ein anständiger Mensch.
buono, a I bambini di Mirella sono molto buoni.	brav; gut(mütig) Mirellas Kinder sind sehr brav.
il **carattere**	Charakter
cattivo, a Se fai così, sei proprio cattivo!	schlecht; böse; bösartig Wenn du das machst, bist du wirklich böse!
il **coraggio** Non è sempre facile avere coraggio.	Mut Mut zu haben, ist nicht immer leicht.
coraggioso, a Sei stato molto coraggioso a saltare in acqua.	mutig Es war sehr mutig von dir, ins Wasser zu springen.
crudele Ti prego di non essere così crudele con quel ragazzo.	grausam Ich bitte dich, sei nicht so grausam zu dem Jungen!
picchiare	schlagen
curioso, a	neugierig
la **curiosità**	Neugier
duro, a Giuseppe è un uomo molto duro.	hart(herzig) Giuseppe ist ein sehr hartherziger Mensch.
fedele Mario non è proprio capace di essere fedele!	treu Mario schafft es einfach nicht, treu zu sein.
la **gentilezza**	Freundlichkeit
gentile Siete veramente gentili!	nett, freundlich Ihr seid wirklich nett!

veramente	wirklich
lo **sgarbo**	Unhöflichkeit
Non abbiamo mai fatto uno sgarbo a nessuno.	Wir waren nie zu irgend jemandem unhöflich.
modesto, a	bescheiden
Non essere sempre così modesta!	Sei nicht immer so bescheiden!
onesto, a	ehrlich
la **personalità**	Persönlichkeit
Ha avuto una personalità molto forte fin da bambino.	Von Kind auf hatte er eine sehr starke Persönlichkeit.
prudente	vorsichtig
sensịbile	sensibel, empfindsam
Fate attenzione a Carla, è così sensibile.	Nehmt Rücksicht auf Carla; sie ist so sensibel.
sincero, a	aufrichtig
Ti prego di essere sincero con me!	Sei bitte aufrichtig zu mir!
tịmido, a	schüchtern
Maria è la più timida della famiglia.	Maria ist die Schüchternste der ganzen Familie.
vigliacco, a	feige
Secondo me, sono stati solo prudenti e non vigliacchi.	Meiner Meinung nach waren sie bloß vorsichtig und nicht feige.
la **mentalità**	Mentalität

affascinante	faszinierend
Trovo quella signora molto affascinante, e tu?	Ich finde diese Dame äußerst anziehend, und du?
astuto, a	schlau; gerissen
Daniele è un uomo molto astuto.	Daniele ist ein sehr schlauer Kerl.
la **bugịa**	Lüge
Ti prego di non dire più bugie.	Hör bitte auf zu lügen!
mentire	lügen
chiuso, a	verschlossen
E' difficile capirlo perché è molto chiuso.	Es ist schwer, ihn zu begreifen, da er sehr verschlossen ist.
cịnico, a	zynisch
Non siate così cinici!	Seid nicht so zynisch!
dolce	sanft
Federico è un bambino molto dolce.	Federico ist ein sehr sanftes Kind.
egoista	egoistisch
Ma guarda che egoisti quei due ragazzi!	Unerhört, wie egoistisch die beiden Jungen sind!

l'**egoista** *mf*	Egoist(in)
falso, a	falsch, unehrlich
Quella persona è troppo falsa per i nostri gusti.	Diese Person ist uns zu unehrlich.
fine	fein
Amalia è una persona molto fine e generosa.	Amalia ist eine sehr feine und großzügige Frau.
folle	wahnsinnig, verrückt
Il suo è stato un gesto folle.	Er hat eine Wahnsinnstat begangen.
Sei proprio folle, ma tanto simpatica!	Du bist wirklich wahnsinnig, aber sehr nett!
la **follia**	Wahnsinn
Ti ama alla follia.	Sie liebt dich bis zum Wahnsinn.
furbo, a	schlau
Non siete certo stati furbi a fare così!	Ihr wart nicht besonders schlau, als ihr das getan habt!
generoso, a	großzügig
matto, a	verrückt
Giulio è proprio matto, ma anche simpatico.	Giulio ist wirklich verrückt, aber doch nett.
orgoglioso, a	stolz
Sono troppo orgogliosi per fare certe cose.	Für gewisse Dinge sind sie zu stolz.
pauroso, a	ängstlich
romantico, a	romantisch
Non è male essere romantici al giorno d'oggi.	Es kann doch heutzutage nicht schaden, romantisch zu sein.
la **sincerità**	Aufrichtigkeit, Ehrlichkeit
Amo molto la sincerità.	Aufrichtigkeit schätze ich sehr.
il **temperamento**	Temperament
vivace	lebhaft
Angelo ha un temperamento assai vivace.	Angelo hat ein recht lebhaftes Temperament.
l'**individualista** *mf*	Individualist(in); Einzelgänger(in)
Non vi sembra di essere un po' troppo individualisti ragazzi?	Findet ihr nicht, daß ihr euren Individualismus ein wenig übertreibt, Jungs?
volgare	vulgär
Non parlare così, diventi volgare!	Rede nicht so, du wirst vulgär.

l'**amore** *m*	Liebe
Il suo grande amore per la musica è famoso in tutta la città.	Seine große Liebe zur Musik ist in der ganzen Stadt bekannt.
amare	lieben, mögen
Amo molto questo paese e voglio restarci.	Ich mag dieses Land sehr und will hier bleiben.
odiare	hassen
Odio questa confusione.	Ich hasse dieses Durcheinander.
gli **amanti** *pl*	Liebende
Sono stati amanti per alcuni anni ed ora invece si odiano.	Sie liebten sich einige Jahre lang, jetzt aber hassen sie einander.
l'**affetto**	Zuneigung
Ho sempre provato tanto affetto per Angelo.	Ich habe für Angelo immer eine große Zuneigung empfunden.
affettuoso, a	zärtlich; herzlich
Tanti affettuosi saluti a tutta la famiglia.	Viele herzliche Grüße an die ganze Familie.
ammirare	bewundern
Da qui potete ammirare un panorama bellissimo.	Von hier aus könnt ihr ein wunderschönes Panorama bewundern.
piacere	gefallen
Quei ragazzi non mi piacciono.	Diese Jungen gefallen mir nicht.
l'**ammirazione** *f*	Bewunderung
Avete tutta la nostra ammirazione per la vostra casa!	Euer Haus verdient unsere ganze Bewunderung!
disprezzare	verachten
Non disprezzarlo troppo per questo!	Verachte ihn deswegen nicht zu sehr!
l'**invidia**	Neid
provare	empfinden
Quando vedo queste cose, provo uno schifo enorme.	Wenn ich solche Dinge sehe, ekle ich mich zutiefst.
la **sensazione**	Gefühl; Empfindung
Ho la sensazione che stia per succedere qualcosa!	Ich habe das Gefühl, daß gleich etwas passiert!
il **sentimento**	Gefühl
Giacomo è un uomo di nobili sentimenti.	Giacomo ist ein Mensch mit edlen Gefühlen.
la **simpatịa**	Sympathie, Zuneigung
Ho tanta simpatia per lui, perché è sempre sincero con tutti!	Ich empfinde große Sympathie für ihn, da er zu allen immer ehrlich ist.

simpạtico, a Abbiamo conosciuto due ragazze molto simpatiche.	sympathisch Wir haben zwei sehr sympathische Mädchen kennengelernt.
la **passione** Si amano con passione da dieci anni!	Leidenschaft Sie lieben sich leidenschaftlich seit zehn Jahren!
la **nostalgịa** Ho tanta nostalgia dell'Italia.	Heimweh; Sehnsucht Ich habe solches Heimweh nach Italien.
la **paura** I tuoi bambini non hanno paura di niente.	Angst Deine Kinder haben vor nichts Angst.
l'**istinto** Gli istinti degli animali sono molto più forti di quelli degli uomini.	Instinkt Die Instinkte der Tiere sind viel stärker als diejenigen der Menschen.
nọbile	edel
commuọvere Quel film mi ha proprio commosso!	bewegen, rühren Dieser Film hat mich wirklich gerührt!
commosso, a	bewegt, gerührt
grato, a Ti sono molto grato per tutto quello che hai fatto.	dankbar Für alles, was du getan hast, bin ich dir sehr dankbar.
vergognarsi Perché vi vergognate? Non ce n'è motivo!	sich schämen Warum schämt ihr euch? Es gibt keinen Grund dazu!
triste Perché sei così triste, cosa è successo?	traurig Warum bist du so traurig, was ist passiert?
la **voglia** Ho una voglia pazza di andare a Milano.	Lust Ich habe wahnsinnige Lust, nach Mailand zu fahren.

il **calore** E'bello godere il calore della famiglia.	Wärme, Warmherzigkeit; Herzlichkeit Es ist schön, die Herzlichkeit der Familie zu genießen.
godẹre	genießen
appassionato, a Quelle parole appassionate mi hanno riempito di gioia.	leidenschaftlich Die leidenschaftlichen Worte haben mich mit Freude erfüllt.

riempire	(aus)füllen
la **gioia** Che gioia vederti qui!	Freude Welche Freude, dich hier zu sehen!
l'**emozione** *f* Il medico ha detto che bisogna evitargli emozioni improvvise.	Erregung; Gemütsbewegung Der Arzt hat gesagt, daß man ihm plötzliche Aufregungen ersparen soll.
evitare	vermeiden
improvviso, a	plötzlich, unerwartet
commuoversi Chiara è una persona che si commuove con facilità.	gerührt sein Chiara ist ziemlich rührselig.
la **commozione**	Rührung
la **stima** Con la massima stima	(Wert)schätzung, Hochachtung Hochachtungsvoll
stimare Mi fa piacere che tu stimi tanto i miei genitori.	schätzen Es freut mich, daß du meine Eltern so sehr schätzt.
indifferente Non capisco perché siete sempre così indifferenti a tutto.	gleichgültig Ich verstehe nicht, warum ihr immer gegenüber allen Dingen so gleichgültig seid.
l'**animo** Alfonso è sempre stato di animo buono. Non perderti d'animo!	Gemüt; Mut Alfonso ist immer gutmütig gewesen. Nur Mut!
istintivo, a Il suo è stato un gesto istintivo.	instinktiv Das war eine instinktive Reaktion von ihm.
il **senso**	Gefühl
suscitare	auslösen
il **rimorso** Il rimorso per quello che ha fatto, non gli ha più dato pace.	Gewissensbiß; Reue Die Reue über seine Tat hat ihm keine Ruhe mehr gelassen.
provocare Queste scene provocano solo un senso di orrore.	provozieren; auslösen Diese Szenen lösen nur ein Gefühl des Abscheus aus.
antipatico, a A me è antipatica.	unsympathisch Mir ist sie unsympathisch.
il **risentimento** Perché tutto questo risentimento nei nostri confronti?	Ressentiment; Groll Warum dieser Groll uns gegenüber?

lo **schifo**	Ekel(gefühl)
l'**orrore** *m*	Entsetzen; Abscheu
l'**odio** Sei riuscito a suscitare in lui un grande odio per questo lavoro.	Haß; Widerwille Es ist dir gelungen, in ihm einen großen Widerwillen gegen diese Arbeit zu wecken.
la **tristezza** Che tristezza queste giornate di pioggia!	Traurigkeit Wie traurig sind doch diese Regentage!
la **vergogna** Sarebbe proprio una vergogna, se Adele non venisse.	Scham; Schande Es wäre wirklich eine Schande, wenn Adele nicht käme.
pentirsi Mi sono pentita di averti detto quelle cose.	bereuen Ich habe es bereut, dir diese Dinge gesagt zu haben.
geloso, a Alessandro è geloso di tutti.	eifersüchtig Alessandro ist auf alle eifersüchtig.
invidiare Non ho mai invidiato nessuno.	beneiden Ich habe nie jemanden beneidet.
arrabbiare Guarda che se fai arrabbiare ancora tuo padre ti da uno schiaffo.	zornig werden Paß nur auf, wenn du deinen Vater weiter ärgerst, gibt er dir eine Ohrfeige!
lo **schiaffo**	Ohrfeige
arrabbiarsi Non arrabbiarti!	sich ärgern Ärger dich nicht!
arrabbiato, a Sono tanto arrabbiato, che devo assolutamente sfogarmi.	verärgert; wütend Ich bin derart wütend, daß ich mich unbedingt abreagieren muß.
temere Non temere, sfogarsi fa bene.	fürchten Keine Angst, es tut gut, sich Luft zu machen.
sfogarsi	sich Luft machen; sich austoben

capire ‹capisco› Mi dispiace, ma non capisco bene la tua lingua.	verstehen, begreifen Tut mir leid, aber ich verstehe deine Sprache nicht gut.
complicato, a Non è complicato trovare la strada.	kompliziert Der Weg ist nicht schwer zu finden.
facile L'italiano è abbastanza facile.	einfach Italienisch ist eine relativ einfache Sprache.
difficile E' molto difficile, che lui sappia queste cose.	schwierig; schwer Es ist schwer vorstellbar, daß er diese Dinge weiß.
figurarsi Figurati tu, cosa gli ho risposto! Non mi disturba affatto, si figuri!	sich vorstellen Stell dir vor, was ich ihm geantwortet habe! Es stört mich keineswegs, wo denken Sie hin!
formulare Cerca di formulare questa frase in modo più corretto.	formulieren Versuch, diesen Satz korrekter zu formulieren.
l'**idea**	Idee
immaginarsi Mi immagino già quello che succederà domani.	sich vorstellen Ich kann mir schon vorstellen, was morgen passiert.
intelligente	intelligent
logico, a In questo momento non sono in grado di pensare in modo logico.	logisch Im Moment bin ich nicht in der Lage, logisch zu denken.
pensare	denken
il **pensiero** Il pensiero va sempre a chi è lontano.	Gedanke Man denkt immer an die, die weit weg sind.
credere Non credo che la tua sia una bell'idea.	glauben Ich glaube nicht, daß deine Idee sehr gut ist.
preoccuparsi Mi preoccupo perché è già tardi.	sich Sorgen machen Ich mache mir Sorgen, weil es schon spät ist.
il **problema** Forse posso aiutarti a risolvere i tuoi problemi.	Problem Vielleicht kann ich dir helfen, deine Probleme zu lösen.

dimenticare	vergessen
Non dimenticherò mai i giorni passati in Italia.	Ich werde nie die Tage vergessen, die ich in Italien verbracht habe.
dimenticarsi	vergessen; versäumen
Non dimenticarti di imbucare la lettera.	Vergiß nicht, den Brief einzuwerfen.
progettare	planen; entwerfen
Abbiamo progettato di andare in Italia in agosto.	Wir haben geplant, im August nach Italien zu fahren.
ragionare	vernünftig denken; argumentieren
Mi dispiace, ma ragioni proprio male.	Tut mir leid, aber du hast völlig falsche Ansichten.
ricordarsi	sich erinnern
Vi ricordate dell'ultima sera passata insieme?	Erinnert ihr euch an unseren letzten gemeinsamen Abend?
il **ricordo**	Erinnerung
il **senso**	Sinn
Quello che dice Luigi non ha alcun senso.	Was Luigi sagt, hat keinen Sinn.
sapere	wissen
supporre	vermuten; annehmen
Suppongo che tu sappia quello che fai.	Ich nehme an, du weißt, was du tust.
la **supposizione**	Vermutung
la **soluzione**	Lösung
Abbiamo già trovato una buona soluzione.	Wir haben schon eine gute Lösung gefunden.

il **cervello**	Gehirn
Oscar ha un cervello come un computer.	Oscar hat ein wahres Computergehirn.
la **mente**	Geist
Tu hai in mente qualcosa, non negarlo.	Du hast etwas im Sinn, leugne es nicht.
negare	leugnen
combinare	zusammenpassen
Le nostre opinioni non combinano molto.	Unsere Meinungen gehen weit auseinander.
comprẹndere	verstehen
E' evidente che non avete compreso il suo piano.	Es ist offensichtlich, daß ihr seinen Plan nicht verstanden habt.
evidente	offensichtlich, offenkundig

la **facilità**	Leichtigkeit
Mariella impara tutto con grande facilità.	Mariella lernt alles mit großer Leichtigkeit.
la **difficoltà**	Schwierigkeit
Tutti devono affrontare le difficoltà della vita.	Wir alle müssen uns den Schwierigkeiten des Lebens stellen.
affrontare	trotzen; entgegentreten; entgegensehen
immaginario, a	imaginär, eingebildet
Salvatore soffre sempre di malattie immaginarie.	Salvatore leidet ständig an Krankheiten, die er sich nur einbildet.
l'**immaginazione** *f*	Phantasie, Einbildungskraft
Probabilmente è tutto frutto della sua immaginazione.	Wahrscheinlich entspringt alles nur seiner Phantasie.
intellettuale	intellektuell
Lei è un tipo intellettuale, lui invece è il contrario.	Sie ist ein intellektueller Typ, er ist das genaue Gegenteil.
l'**intelligenza**	Intelligenz
Grazie alla sua intelligenza, ha risolto tutto bene.	Dank seiner Intelligenz hat er alles gut gelöst.
l'**ignoranza**	Unwissenheit
La sua non è mancanza di intelligenza, è solo ignoranza.	Bei ihm handelt es sich nicht um mangelnde Intelligenz, sondern um Unwissenheit.
ignorante	unwissend; dumm
pensarci	daran denken; es überlegen; sich kümmern
E' meglio che ci pensi bene, prima di decidere.	Es ist besser, wenn du es dir genau überlegst, bevor du entscheidest.
Ai biglietti ci pensa Giorgio.	Giorgio kümmert sich um die Fahrkarten.
preoccupato, a	besorgt
Non essere preoccupato per me, va tutto bene!	Mach dir keine Sorgen um mich, es ist alles in Ordnung.
primitivo, a	primitiv; ursprünglich
probabilmente	wahrscheinlich
problematico, a	problematisch
Non credo che sia così problematico come dici tu.	Ich glaube nicht, daß es so problematisch ist, wie du sagst.
programmare	planen
Voglio programmare bene i miei studi.	Ich will meine Studien sorgfältig planen.
il **programma**	Programm
Non c'è nessuna possibilità di cambiare i programmi.	Es besteht keinerlei Möglichkeit, die Programmpunkte zu ändern.

la **possibilità**	Möglichkeit
decidere	beschließen
la **decisione** La sua decisione ha sconvolto tutti i miei piani che avevo fatto.	Beschluß; Entscheidung Seine Entscheidung hat meine ganzen Pläne über den Haufen geworfen.
sconvolgere	erschüttern; durcheinanderbringen
ricordare Ricordo con piacere il viaggio in Italia.	sich erinnern an Ich erinnere mich gerne an die Reise nach Italien.
riflettere Hai riflettuto su quello che ti ho detto?	nachdenken Hast du über meine Worte nachgedacht?
risolvere Abbiamo risolto tutti i nostri problemi.	lösen Wir haben alle unsere Probleme gelöst.
la **ragione** Ascolta di più la ragione che il cuore.	Vernunft Er folgt mehr der Vernunft als dem Herzen.

Allgemein

abituato, a	gewohnt
Non sei più abituato a tanto lavoro.	Du bist an soviel Arbeit nicht mehr gewöhnt.
l'**abitụdine** *f*	Angewohnheit
Rosa ha l'abitudine di parlare troppo.	Rosa hat die Angewohnheit, zuviel zu reden.
l'**attenzione** *f*	Aufmerksamkeit; Achtung
Fate attenzione ai bambini!	Paßt auf die Kinder auf!
Ho seguito la conferenza con la massima attenzione.	Ich habe die Konferenz mit größter Aufmerksamkeit verfolgt.
calmo, a	ruhig; besonnen
Come fai a rimanere sempre così calmo?	Wie bringst du es fertig, immer so ruhig zu bleiben?
rimanere	bleiben
tranquillo, a	ruhig, beruhigt
Ti prego di stare tranquillo non è successo niente.	Sei bitte ganz beruhigt, es ist nichts passiert.
Abbiamo passato una giornata molto tranquilla.	Wir haben einen sehr ruhigen Tag verbracht.
succẹdere	passieren, geschehen
la **tranquillità**	Ruhe
cọmico, a	komisch
Quando raccontano quella storia sono proprio comici.	Wenn sie die Geschichte erzählen, sind sie umwerfend komisch.
lo **scherzo**	Scherz, Spaß
Caterina mi ha tirato proprio un bruttissimo scherzo.	Caterina hat mir wahrlich einen üblen Streich gespielt.
scherzare	scherzen, Witze machen
Perché dovrei pagare tanto? Tu scherzi!	Warum sollte ich soviel Geld ausgeben? Du machst wohl Witze!
forte	stark
Sii forte!	Du mußt stark sein.
la **fiducia**	Vertrauen
Ho molta fiducia in te.	Ich habe großes Vertrauen zu dir.
fidarsi	vertrauen
Marco non si fida di nessuno.	Marco vertraut niemandem.
l'**intenzione** *f*	Absicht
Non ho intenzione di rispondere a questa domanda.	Ich habe nicht die Absicht, diese Frage zu beantworten.

interessarsi	sich interessieren
Laura si interessa molto di mobili antichi.	Laura interessiert sich sehr für antike Möbel.
l'**interesse** *m*	Interesse
ironico, a	ironisch
Non è necessario che siate così ironici.	Ihr braucht nicht derart ironisch zu sein.
obbligato, a	verpflichtet
occupato, a	beschäftigt; besetzt
Può telefonare più tardi? Il dottore è occupato in questo momento.	Können Sie später anrufen? Der Herr Doktor ist augenblicklich beschäftigt.
Scusi, questo posto è già occupato?	Entschuldigen Sie, ist dieser Platz bereits besetzt?
ordinato, a	ordentlich
Cerca di essere un po' più ordinato!	Versuch, ein bißchen ordentlicher zu sein!
la **pazienza**	Geduld
Mi dispiace, ma ho perso del tutto la pazienza.	Tut mir leid, aber ich habe völlig die Geduld verloren.
pigro, a	faul
Su, non essere pigro, andiamo a fare una passeggiata!	Los, sei nicht so faul, laß uns einen Spaziergang machen!
la **prudenza**	Vorsicht
Un po' di prudenza non fa mai male!	Ein bißchen Vorsicht schadet nie.
puntuale	pünktlich
Possibile che tu non sia mai puntuale?	Kannst du denn nie pünktlich sein?
sgarbato, a	ruppig, unhöflich
Ti prego di non essere così sgarbato con noi.	Sei bitte nicht so unhöflich uns gegenüber.

aperto, a	offen(herzig)
Mi piacciono le persone aperte.	Ich mag offene Menschen.
spiritoso, a	geistreich; albern
Non fare tanto lo spiritoso e non essere cretino, per favore!	Sei nicht albern und hör bitte auf mit den Dummheiten!
cretino, a	blöde; dumm
attento, a	aufmerksam; vorsichtig
Stai attento a quello che ti dico!	Merke dir, was ich dir sage!
Attento alle macchine!	Vorsicht vor den Autos!

la **calma** Vedrai che con calma riuscirai a fare tutto.	Ruhe Du wirst sehen, mit Ruhe wird dir alles gelingen.
chiụdersi Appena parliamo di queste cose, ti chiudi subito.	sich verschließen Sobald wir von diesen Dingen sprechen, verschließt du dich sofort.
l'**umore** *m*	Stimmung
freddo, a E' difficile essergli amico, è troppo freddo.	kalt, abweisend Es ist schwer, mit ihm befreundet zu sein, er ist zu abweisend.
indeciso, a Perché sei sempre così indeciso?	unentschlossen Warum bist du immer so unentschlossen?
inquieto, a I bambinbi oggi sono molto inquieti ed insistono per andare a giocare fuori.	unruhig Die Kinder sind heute sehr unruhig und bestehen darauf, draußen zu spielen.
insịstere	bestehen; insistieren
ingenuo, a Ma come sei ingenua!	naiv Bist du naiv!
intẹndere Intendo fare presto un viaggio in Italia.	beabsichtigen Ich habe die Absicht, bald nach Italien zu reisen.
paziente Se saremo pazienti otterremo tutto.	geduldig Wenn wir geduldig sind, werden wir alles erreichen.
il **pregiudizio**	Vorurteil
prudente Non ti preoccupare, saremo prudenti!	vorsichtig Mach dir keine Sorgen, wir werden vorsichtig sein.
rifiutarsi Mi rifiuto di continuare questo discorso.	sich weigern Ich weigere mich, diese Unterhaltung fortzusetzen.
il **rifiuto** Non capisco il suo rifiuto.	Weigerung Ich verstehe seine Weigerung nicht.
tollerante Cerca di essere un po' più tollerante con lui!	tolerant Versuch, ihm gegenüber ein wenig toleranter zu sein!
villano, a Questo tipo è stato molto villano con voi.	grob Dieser Kerl war äußerst grob zu euch.

capitare Da quando l'abbiamo incontrato ce ne capitano di tutti i colori.	passieren Seit wir ihm begegnet sind, ist uns alles mögliche passiert.

Aktion und Reaktion

abituarsi Ci siamo abituati molto presto a questo lavoro.	sich gewöhnen Wir haben uns sehr schnell an diese Arbeit gewöhnt.
apposta Ti prego di scusarmi, non l'ho fatto apposta.	absichtlich Ich bitte dich um Entschuldigung, ich habe es nicht absichtlich getan.
attivo, a Giorgio è stato sempre molto attivo.	aktiv Giorgio ist immer sehr aktiv gewesen.
il **comportamento** Il vostro comportamento è stato perfetto.	Betragen, Benehmen Euer Betragen war perfekt.
comportarsi Non capisco perché tu ti comporti così.	sich verhalten, sich benehmen Ich verstehe nicht, warum du dich so verhältst.
l'**agio** Come dovrei comportarmi quando non sono a mio agio!	Wohlbefinden; Behaglichkeit Wie soll ich mich verhalten, wenn ich mich unbehaglich fühle!
deciso, a Mi piace il tuo essere così deciso.	entschlossen Mir gefällt, daß du so entschlossen bist.
enẹrgico, a Non tutti sanno essere energici.	energisch Nicht alle Menschen können sich durchsetzen.
la **forza** La sua grande forza è la gentilezza che ha con tutti.	Kraft, Stärke Seine große Stärke liegt darin, zu allen Leuten freundlich zu sein.
la **volontà**	Wille
l'**iniziativa** E' ora di prendere l'iniziativa.	Initiative Es ist Zeit, die Initiative zu ergreifen.
la **prova** Hanno messo alla prova il tuo coraggio.	Versuch; Probe Dein Mut wurde auf die Probe gestellt.

reagire ‹reagisco›	reagieren
Maurizio reagisce male a queste cose.	Maurizio reagiert negativ auf diese Dinge.
ridere	lachen
A me invece fanno solo ridere.	Mich jedoch bringen sie höchstens zum Lachen.
la **reazione**	Reaktion
La tua reazione alle sue parole mi ha sorpreso.	Deine Reaktion auf seine Worte hat mich überrascht.
sorprendere	überraschen
rifiutare	ablehnen; verweigern
Perché hai rifiutato il suo aiuto?	Warum hast du seine Hilfe abgelehnt?
rispettare	achten; respektieren; Rücksicht nehmen
Rispettiamo la natura!	Nehmen wir Rücksicht auf die Natur!
sbagliarsi	sich irren

esitare	zögern
irritare	irritieren; reizen; ärgern
Il suo modo di fare mi ha irritado molto.	Seine Handlungsweise hat mich sehr irritiert.
l'**intuito**	Intuition
Se avessi seguito il mio intuito non avrei fatto così.	Wäre ich meiner Intuition gefolgt, hätte ich anders gehandelt.
sospirare	seufzen
Mi hai fatto sospirare troppo.	Wegen dir habe ich genug geseufzt!
il **sospiro**	Seufzer
il **sollievo**	Erleichterung
Alla fine ho tirato un sospiro di sollievo.	Am Ende tat ich einen Seufzer der Erleichterung.
impulsivo, a	impulsiv
La tua reazione è stata troppo impulsiva.	Du hast zu impulsiv reagiert.
spontaneo, a	spontan
Credo di essere stata troppo spontanea.	Ich glaube, ich bin zu spontan gewesen.
il **torto**	Unrecht
Sì, ma il torto è stato suo, perché voleva aver ragione a tutti i costi.	Ja, aber der Fehler lag bei ihm, da er um jeden Preis recht haben wollte.
la **lotta**	Kampf

lottare	kämpfen
Stiamo lottando per le nostre idee.	Wir kämpfen für unsere Ideen.
impazzire ‹impazzisco›	verrückt werden
Riccardo è quasi impazzito dal dolore.	Riccardo ist vor Schmerz fast verrückt geworden.
incitare	antreiben; anspornen
Bisogna incitarlo alla calma.	Wir müssen ihn dazu bringen, ruhig zu sein.
piạngere	weinen
Il bambino ha pianto tutta la notte.	Das Kind hat die ganze Nacht geweint.
la **lạcrima**	Träne
Ma quante lacrime per così poco!	Wie viele Tränen wegen einer Kleinigkeit!
la **malinconịa**	Melancholie
Quando sento queste storie mi viene sempre la malinconia.	Wenn ich diese Geschichten höre, werde ich ganz melancholisch.
la **manịa**	Manie; Wahn
Mi raccomando, non farti venire anche tu questa mania.	Also bitte, fang du nicht auch noch mit diesem Wahn an.
tremare	zittern
Non devi tremare di paura, non succederà nulla!	Du brauchst nicht vor Angst zu zittern, es wird nichts passieren.
provare	versuchen, probieren
Prova a vedere le cose senza pregiudizi.	Versuche, die Dinge vorurteilsfrei zu sehen.
costrịngere	zwingen
Non mi costringere, non ti conviene!	Zwinge mich besser nicht.
cẹdere	nachgeben
Date le circostanze, penso che sia meglio cedere.	Unter diesen Umständen ist es wohl besser nachzugeben.
la **circostanza**	Umstand
sbrigarsi	sich beeilen
Sbrighịamoci, altrimenti arriviamo tardi.	Beeilen wir uns, sonst kommen wir zu spät.
sorrịdere	lächeln
Marcella mi è simpatica perché sorride sempre.	Marcella ist mir sympathisch, da sie beständig lächelt.
il **sorriso**	Lächeln
E' vero, ha un bel sorriso.	Stimmt, sie hat ein nettes Lächeln.
vantarsi	sich rühmen; angeben
Giuliano si vanta sempre di tutto quello che fa.	Giuliano gibt ständig an mit dem was er macht.

adoperare Come si adọpera questa macchina?	anwenden; bedienen Wie bedient man diese Maschine?
capace Sei capace di tradurre questa lingua?	fähig Bist du in der Lage, diese Sprache zu übersetzen?
competente Il dott. Rossi è veramente competente nel suo campo. Mi dispiace, ma quest'ufficio non è competente.	kompetent; zuständig Dr. Rossi ist auf seinem Gebiet wirklich kompetent. Tut mir leid, aber dieses Amt ist nicht zuständig.
cọmpiere Abbiamo compiuto tutti il nostro dovere.	ausführen; erfüllen Wir haben alle unsere Pflicht erfüllt.
la **concentrazione**	Konzentration
controllare Prima di partire controlleremo tutto.	kontrollieren Vor der Abreise werden wir alles kontrollieren.
creare Con pochissimi oggetti ha creato un'atmosfera stupenda nella sua casa.	schaffen In seinem Haus hat er mit wenigen Dingen eine wunderbare Atmosphäre geschaffen.
dimostrare Salvatore ha dimostrato molta forza.	beweisen Salvatore hat viel Stärke bewiesen.
ẹssere in grado Non sono più in grado di guidare, sono troppo stanca.	imstande sein Ich kann nicht mehr fahren, ich bin zu müde.
l'**improvvisata** Che bella improvvisata ci avete fatto con il vostro arrivo!	Überraschung Mit eurem Kommen habt ihr uns eine schöne Überraschung bereitet.
inventare Ti prego di non inventare storie, voglio sentire la verità.	erfinden Ich bitte dich, keine Geschichten zu erfinden; ich will die Wahrheit hören.
modificare Perché modịfichi sempre il programma?	ändern Warum änderst du ständig das Programm?
organizzare Se vuoi, ti organizzo io una bella gita.	organisieren Wenn du willst, organisiere ich dir einen schönen Ausflug.

perfetto, a	perfekt, vollkommen
Il provvedimento non è perfetto, ma molto pratico.	Die Maßnahme ist nicht vollkommen, aber sehr praktisch.
la **perfezione**	Perfektion, Vollkommenheit
Il piano è stato progettato alla perfezione.	Der Plan wurde perfekt entworfen.
pratico, a	praktisch
Siete pratici della città?	Kennt ihr euch in der Stadt aus?
provarci	es versuchen
Noi non ci siamo riusciti, provateci voi!	Uns ist es nicht gelungen, versucht ihr es!
realizzare	realisieren; verwirklichen; erzielen
Vorrei realizzare questo progetto prima possibile.	Ich möchte dieses Projekt so schnell wie möglich verwirklichen.
Quanto avete realizzato con la vendita della casa?	Wieviel habt ihr mit dem Verkauf des Hauses erzielt?
il **progetto**	Plan; Projekt
riuscire	gelingen
Sei sicuro che non ci riesci?	Bist du sicher, daß du es nicht schaffst?

abile	fähig
agire ‹agisco›	wirken; handeln
Sei sicuro che questo prodotto agisca?	Bist du sicher, daß dieses Mittel wirkt?
Non credo che tu abbia agito bene in questo caso.	Ich glaube nicht, daß du in diesem Fall richtig gehandelt hast.
applicare	anwenden; anbringen
Se applichi la regola giusta, non puoi sbagliare.	Wenn du die richtige Regel anwendest, kannst du keine Fehler machen.
la **capacità**	Fähigkeit
E' un uomo di grandi capacità.	Er ist ein Mann mit großen Fähigkeiten.
completare	vervollständigen; abschließen
Non ho la concentrazione necessaria per completare questo esercizio.	Ich habe nicht die nötige Konzentration, diese Übung abzuschließen.
il **controllo**	Kontrolle
Abbiamo tutto sotto controllo.	Wir haben alles unter Kontrolle.
cooperare	mitarbeiten
Se cooperate anche voi in questo lavoro, avremo un grande successo.	Wenn auch ihr euch an dieser Arbeit beteiligt, werden wir großen Erfolg haben.

dirigere Andrea dirige molto bene la sua impresa.	leiten Andrea leitet sein Unternehmen sehr gut.
il **direttore,** la **direttrice**	Direktor(in)
fallire ‹fallisco› I suoi piani non falliscono mai.	scheitern Seine Pläne scheitern nie.
il **disastro** I tuoi piani invece sono sempre un disastro.	Unheil; Desaster Deine Pläne allerdings sind ein ewiges Desaster.
impadronirsi ‹m'impadronisco› Si è impadronito della materia in pochissimo tempo.	sich aneignen Er hat sich den Stoff in ganz kurzer Zeit angeeignet.
improvvisare I ragazzi hanno improvvisato una festa per il compleanno di Giulia.	improvisieren Die Kinder haben zu Giulias Geburtstag ein Fest organisiert.
improvvisarsi Ho dovuto improvvisarmi cantante per i miei nipoti.	sich versuchen Ich mußte mich meinen Neffen zuliebe als Sänger versuchen.
intraprendere Marcello ha intrapreso una carriera molto difficile.	unternehmen; einschlagen Marcello hat eine sehr schwierige Karriere eingeschlagen.
l'**invenzione** *f* Che bella invenzione il computer!	Erfindung Was für eine schöne Erfindung der Computer doch ist!
maneggiare Maneggia questi apparecchi con attenzione, sono molto delicati.	handhaben; umgehen mit Geh sorgfältig mit diesen Geräten um, sie sind sehr empfindlich.
motivare Il tuo consiglio lo ha motivato.	motivieren Dein Ratschlag hat ihn motiviert.
l'**organizzatore,** l' **organizzatrice** Chi è stato l'organizzatore di questa manifestazione?	Organisator(in) Wer war der Organisator dieser Veranstaltung?
osare Come osi dire queste cose?	es wagen Wie kannst du es wagen, so etwas zu sagen?
dire Lo dico, perché queste cose non dipendono da me.	sagen Ich sage es, weil diese Dinge nicht von mir abhängen.
provvedere Alfredo ha detto che provvederà lui a tutto.	sich kümmern um; besorgen Alfredo hat gesagt, er werde sich um alles kümmern.
il **provvedimento**	Maßnahme

12 Redetätigkeiten des Menschen

Reden, Informieren, Fragen, Antworten

affermare	behaupten
L'imputato continua ad affermare di essere innocente.	Der Angeklagte behauptet weiterhin, unschuldig zu sein.
continuare	weitermachen, fortfahren
annunciare	ankündigen
Ora annụnciano l'arrivo del volo da Francoforte.	Die Ankunft des Fluges aus Frankfurt wird gerade angekündigt.
chiacchierare	plaudern; schwatzen
Mi dispiace, ma per i miei gusti chiạcchieri troppo.	Tut mir leid, aber für meinen Geschmack redest du zuviel.
le **chiạcchiere** *pl*	Geschwätz
Perché non vieni da me a fare quattro chiacchiere?	Warum kommst du nicht auf einen Plausch zu mir?
chiẹdere	fragen; bitten; fordern
Chiedi la strada a quel signore!	Frag diesen Herrn nach dem Weg!
Ti chiedo solo di ascoltarmi.	Ich bitte dich nur, mir zuzuhören.
Marco chiede troppo!	Marco verlangt zuviel!
comunicare	mitteilen
Mi hanno comunicato proprio ora questa bella notizia!	Gerade eben hat mich diese schöne Nachricht erreicht!
il **consiglio**	Rat
Che consiglio mi dà, dottore?	Was raten Sie mir, Herr Doktor?
la **conversazione**	Unterhaltung
Abbiamo avuto una conversazione molto piacevole con i tuoi amici.	Wir haben eine sehr angenehme Unterhaltung mit deinen Freunden geführt.
piacẹvole	angenehm
convinto, a	überzeugt
Sei proprio convinto di quello che dici?	Bist du wirklich überzeugt von dem, was du sagst?
discụtere	diskutieren
Se non sei d'accordo possiamo discuterne!	Wenn du nicht einverstanden bist, können wir darüber reden!
trattarsi	sich handeln
Di che cosa si tratta?	Worum handelt es sich?
la **domanda**	Frage; Bitte; Forderung
Mi scusi, ma non ho capito la sua domanda.	Entschuldigen Sie, aber ich habe Ihre Frage nicht verstanden.

domandare	fragen; bitten; fordern
Adesso domandiamo a che ora aprono i negozi.	Wir fragen jetzt, um wieviel Uhr die Geschäfte öffnen.
gridare	schreien
Tutti gridạvano come pazzi.	Alle schrien wie die Verrückten.
informare	informieren
Bisogna informare subito tuo fratello.	Man muß sofort deinen Bruder informieren.
l'**informazione** *f*	Information
Scusi, vorrei un'informazione.	Entschuldigen Sie, ich hätte gerne eine Auskunft.
interrọmpere	unterbrechen
Non interrompermi quando parlo!	Unterbrich mich nicht, wenn ich rede!
il **messaggio**	Botschaft; Nachricht
Possiamo lasciare un messaggio per Alberto in portineria.	Wir können für Alberto eine Nachricht beim Hausmeister hinterlassen.
l'**opinione** *f*	Meinung
parlare	sprechen
Con chi desidera parlare?	Wen möchten Sie sprechen?
raccontare	erzählen
Per favore, mi racconti tutto con ordine.	Erzählen Sie mir bitte alles der Reihe nach.
il **racconto**	Erzählung; Geschichte
E' sempre molto interessante sentire i suoi racconti.	Es ist immer wieder sehr interessant, seine Geschichten zu hören.
rispọndere	antworten
Rispondimi subito, ti prego!	Antworte mir bitte sofort!
la **risposta**	Antwort
Hai già ricevuto una risposta?	Hast du schon eine Antwort bekommen.

l'**argomento**	Argument; Thema
I tuoi argomenti non mi convincono.	Deine Argumente überzeugen mich nicht.
ridịcolo, a	lächerlich
A me sembrano proprio ridicoli.	Mir kommen sie ausgesprochen lächerlich vor.
avvertire	unterrichten; ermahnen; verständigen
Avvertiamo Carlo che deve venire un'ora prima.	Wir werden Carlo wissen lassen, daß er eine Stunde früher kommen soll.

avvisare	benachrichtigen; warnen; verständigen
Hai avvisato tutti i parenti?	Hast du alle Verwandten verständigt?
consigliarsi	sich beraten
Prima di decidere, vorrei consigliarmi con l'avvocato.	Bevor ich mich entscheide, möchte ich mich mit meinem Anwalt beraten.
convincere	überzeugen
Cerchiamo di convincere i ragazzi a venire con noi.	Wir versuchen die Jungen dazu zu bewegen, mit uns zu kommen.
dichiarare	erklären
Cosa avete dichiarato alla polizia?	Was habt ihr bei der Polizei erzählt?
il **discorso**	Rede
Scusa, ma che discorsi stai facendo?	Entschuldige, was redest du da?
riferire ‹riferisco›	berichten
Io ti riferisco solo quello che mi è stato detto.	Ich berichte dir nur, was ich erfahren habe.
il **riferimento**	Hinweis; Bezug
esprimere	ausdrücken
Tutti possiamo esprimere la nostra opinione.	Wir können alle unsere Meinung äußern.
esprimersi	sich ausdrücken
Se ti esprimi così male, non posso capirti.	Wenn du dich so schlecht ausdrückst, kann ich dich nicht verstehen.
interrogare	befragen; abhören; prüfen
Il professore di storia mi ha interrogato oggi.	Der Geschichtslehrer hat mich heute geprüft.
l'**interrogatorio**	Vernehmung; Verhör
Andiamo a sentire l'interrogatorio in tribunale.	Gehen wir zum Gericht und hören uns die Vernehmung an.
tacere	(ver)schweigen
Io taccio, ma non so se taceranno anche gli altri.	Ich schweige, aber ich weiß nicht, ob das auch die anderen tun werden.
intervistare	interviewen
Chi intervisteranno alla televisione?	Wen wird man im Fernsehen interviewen?
l'**intervista**	Interview
Quell'intervista non mi è piaciuta affatto.	Das Interview hat mir überhaupt nicht gefallen.

moderato, a	maßvoll; gemäßigt
la **questione** E' una questione molto complicata.	(Streit)frage; Angelegenheit Dies ist eine sehr komplizierte Angelegenheit.
strillare Quel bambino strilla dalla mattina alla sera.	schreien Dieses Kind schreit von morgens bis abends.
urlare Perché urlate tanto?	brüllen Warum brüllt ihr so?
il **proverbio**	Sprichwort

Wünschen und Trösten

augurare Vi auguro di cuore che siate felici.	wünschen Ich wünsche euch von Herzen, daß ihr glücklich seid.
gli **auguri** *pl* Tanti auguri per il tuo compleanno!	gute Wünsche Herzlichen Glückwunsch zum Geburtstag!
l'**augurio** Il mio augurio è che tu possa realizzare i tuoi sogni.	Wunsch Ich wünsche dir, daß du deine Träume verwirklichen kannst.
Che peccato!	Wie schade!
il **complimento** Non lo dico per farti un complimento, lo penso davvero!	Kompliment Ich sage es nicht, um dir ein Kompliment zu machen. Ich meine es wirklich!
congratularsi Ci congratuliamo con te per l'ottimo risultato.	beglückwünschen, gratulieren Wir gratulieren dir zu dem großartigen Ergebnis.
le **congratulazioni** *pl* Ha ricevuto le congratulazioni di tutti i colleghi per il suo lavoro.	Glückwünsche Für seine Arbeit erhielt er die Glückwünsche aller Kollegen.
le **condoglianze** *pl* Bisogna scrivere subito una lettera di condoglianze a Giancarlo. Sentite condoglianze.	Beileid Wir müssen Giancarlo sofort ein Beileidsschreiben schicken. Mein herzliches Beileid!
il **lutto**	Trauer

consolare	trösten
Mi ha consolato con parole piene di speranza.	Er hat mich mit Worten voller Hoffnung getröstet.
davvero	wirklich
eventuale	möglich, etwaig
eventualmente	eventuell
Di questa cosa parleremo eventualmente più tardi.	Darüber reden wir möglicherweise später.
il **dispiacere**	Bedauern; Kummer; Leid
fare complimenti	sich zieren
La prego, non faccia complimenti!	Ich bitte Sie, zieren Sie sich nicht!
poveretto, a!	du Ärmste(r)!

Bitten und Befehlen

desiderare	wünschen
Desidero che tu vada subito a casa!	Ich wünsche, daß du sofort nach Hause gehst!
il **desiderio**	Wunsch
Non è molto facile soddisfare i vostri desideri.	Es ist nicht ganz einfach, eure Wünsche zu befriedigen.
volere	wollen
Non voglio assolutamente che tu faccia questo.	Ich will keinesfalls, daß du das tust.
assolutamente	unbedingt
pregare	bitten
raccomandare	empfehlen, ans Herz legen
Ci hanno raccomandato di arrivare puntuali.	Man hat uns ans Herz gelegt, pünktlich zu kommen.
Lo ha raccomandato un amico per fargli avere quel posto.	Ein Freund hat seine Beziehungen spielen lassen, um ihm diesen Posten zu besorgen.
per favore	bitte
spiegarsi	sich erklären; sich ausdrücken
Vorresti spiegarti meglio per favore?	Würdest du dich bitte etwas deutlicher ausdrücken?
dovere	müssen; sollen

l'**ọrdine** *m* Abbiamo ricevuto l'ordine di presentarci subito.	Anweisung, Befehl; Auftrag Wir haben die Anweisung erhalten, sofort zu erscheinen.
garantire ‹garantisco› Chi mi garantisce che eseguirete i miei ordini?	garantieren Wer garantiert mir, daß ihr meine Anordnungen ausführt?
la **garanzịa** Ti do io la garanzia che faremo tutto come vuoi tu.	Garantie Ich gebe dir die Garantie, daß wir alles so erledigen, wie du es willst.
eseguire	ausführen
guardarsi Guạrdati bene dal fare promesse che poi non mantieni.	sich hüten Hüte dich davor, Versprechungen zu machen, die du dann nicht hältst.
mantenere	einhalten; instand halten
la **firma** Se vuoi ti ci metto la firma.	Unterschrift Wenn du willst, unterschreibe ich dir das.
firmare Non è necessario che firmi niente.	unterschreiben Du brauchst nichts zu unterschreiben.
pretẹndere Ma cosa pretendete ancora da lui?	verlangen Was verlangt ihr denn noch von ihm?
obbedire ‹obbedisco› Fa il bravo ed obbedisci alla mamma!	gehorchen Sei brav und hör auf deine Mama!

proporre Alfredo ha proposto di aspettare ancora, io invece propongo di partire subito.	vorschlagen Alfredo hat vorgeschlagen, noch zu warten; ich schlage aber vor, sofort abzufahren.
la **proposta** Bernardo sostiene che la sua proposta è buona.	Vorschlag Bernardo beharrt darauf, sein Vorschlag sei gut.
sostenere	behaupten; beteuern
sottoporre Bene, ora la sottopongo al vostro giudizio.	unterwerfen; unterziehen Gut, dann wollen wir ihn jetzt eurem Urteil unterwerfen.
il **sostegno** Senza il sostegno degli altri però non possiamo fare nulla.	Halt; Stütze Ohne die Unterstützung der anderen jedoch können wir gar nichts machen.

ricọrrere a	zurückgreifen auf; in Anspruch nehmen
Non potremmo ricorrere all'aiuto di qualche personalità nota?	Könnten wir nicht die Hilfe irgendeiner bekannten Persönlichkeit in Anspruch nehmen?
l'**aiuto**	Hilfe
noto, a	bekannt
riferirsi ‹mi riferisco›	sich beziehen; meinen
A chi ti riferisci?	Wen meinst du?
richiamare	erinnern; zurückrufen; lenken
Vorrei richiamare la vostra attenzione su di un argomento speciale.	Ich möchte eure Aufmerksamkeit auf ein besonderes Thema lenken.
speciale	Spezial-; besondere(r, s)
stabilire ‹stabilisco›	festlegen
Avete già stabilito il prezzo per la casa?	Habt ihr den Preis für das Haus schon festgelegt?
nominare	nennen; ernennen
Giovanni è stato nominato presidente.	Giovanni ist zum Vorsitzenden ernannt worden.
E' tanto tempo che non sento più nominare quella persona.	Seit langem habe ich von dieser Person nichts mehr gehört.
il **dovere**	Pflicht
l'**autorità**	Autorität
In questo caso devo fare valere la mia autorità di padre.	In diesem Fall muß ich von meiner Autorität als Vater Gebrauch machen.
autoritario, a	autoritär
Il padre di Marcello è molto autoritario.	Marcellos Vater ist sehr autoritär.

Angreifen, Entschuldigen, Danken

attaccare	angreifen
Se tu non mi avessi attaccato in quel modo, non avrei reagito così male.	Wenn du mich nicht derart angegriffen hättest, hätte ich nicht so böse reagiert.
minacciare	bedrohen; drohen
Perché hai paura, ti hanno minacciato forse di qualcosa?	Warum hast du Angst? Hat man dir vielleicht mit irgend etwas gedroht?
Queste discussioni stanno minacciando la nostra amicizia.	Diese Diskussionen bedrohen unsere Freundschaft.

offendere — beleidigen
Scusami, se ti ho offeso. Non ne avevo intenzione. — Entschuldige, wenn ich dich beleidigt habe. Ich hatte nicht die Absicht.

perdonare — verzeihen
Potete perdonarci ancora una volta? — Könnt ihr uns noch einmal verzeihen?

il **perdono** — Verzeihung
Ti chiedo perdono per il mio errore. — Ich bitte dich wegen meines Irrtums um Verzeihung.

purtroppo — leider

scusare — entschuldigen
Scusate il ritardo, ma c'era molto traffico. — Entschuldigt die Verspätung, aber es war viel Verkehr.
Scusi, che ore sono? — Entschuldigen Sie, wie spät ist es bitte?

grato, a — dankbar
Ti sono molto grato. – Non mi ringraziare di niente! — Ich bin dir sehr dankbar. – Du bist mir keinen Dank schuldig!

la **scusa** — Entschuldigung
Mi ha presentato le sue scuse già ieri. — Er hat sich schon gestern bei mir entschuldigt.
Penso proprio che tu debba chiedergli scusa. — Ich glaube wirklich, daß du dich bei ihm entschuldigen mußt.

ringraziare — danken
La ringrazio tanto del bellissimo regalo. — Ich danke Ihnen sehr für das wunderschöne Geschenk.

grazie — danke
Grazie mille! – Non c'è di che! — Tausend Dank! – Keine Ursache!

prego — bitte

l'**imbarazzo** — Verlegenheit
Non mi ringrazi tanto, mi mette in imbarazzo! — Danken Sie mir nicht zu sehr, sie bringen mich in Verlegenheit!

aggressivo, a — aggressiv

l'**attacco** — Angriff

insultare — beschimpfen, verunglimpfen
Perché lo insulti? Non ha fatto niente di male! — Warum beschimpfst du ihn? Er hat doch nichts Schlechtes getan!

la **minaccia** — Drohung
Non devi prendere troppo sul serio la sua minaccia. — Du darfst seine Drohung nicht zu ernst nehmen.

l'**offesa**	Beleidigung
Le tue parole sono state una grande offesa per lui.	Deine Worte stellten für ihn eine schlimme Beleidigung dar.
polemico, a	polemisch; streitsüchtig
Siete troppo polemici per i miei gusti!	Für meinen Geschmack seid ihr zu streitsüchtig!
chiarire ‹chiarisco›	klären
E' bene che tu chiarisca il tuo rapporto con lui.	Du solltest deine Beziehung zu ihm klären.
il **rapporto**	Beziehung, Verhältnis
il **malinteso**	Mißverständnis
Sono felice di aver chiarito questo malinteso.	Ich bin froh, dieses Mißverständnis geklärt zu haben.
scusarsi	sich entschuldigen
Non è necessario che tu ti scusi.	Du brauchst dich nicht zu entschuldigen.

Verbieten und Erlauben

proibire ‹proibisco›	verbieten
Perché gli proibisci di giocare con gli altri bambini?	Warum verbietest du ihm, mit den anderen Kindern zu spielen?
proibito, a	verboten
Il frutto proibito è sempre il più desiderato.	Die verbotene Frucht ist immer die begehrteste.
il **divieto**	Verbot
In questa strada c'è divieto di sosta.	Auf dieser Straße besteht Halteverbot.
ammettere	zugeben; zulassen
Devo ammettere che hai ragione tu.	Ich muß zugeben, daß du recht hast.
approvare	billigen, gutheißen
Approvate tutti quello che vogliamo fare?	Seid ihr alle einverstanden mit dem, was wir vorhaben?
concedere	billigen; gewähren; zugestehen
Mi hanno concesso di vederla solo per un paio di minuti.	Man hat mir erlaubt, sie nur für ein paar Minuten zu sehen.
Concedimi un po' di tempo per favore!	Laß mir bitte ein wenig Zeit.
permettere	erlauben
Non vi permetto di dire certe cose davanti a tutti.	Ich erlaube euch nicht, gewisse Dinge vor allen Leuten zu sagen.

potere	können
Si possono mangiare queste pere?	Kann man diese Birnen essen?
si	man
il **permesso**	Erlaubnis
Avete il permesso di entrare?	Habt ihr die Erlaubnis einzutreten?
impedire ‹impedisco›	hindern
Chi ti impedisce di fare quello che vuoi?	Wer hindert dich daran, zu tun, was du willst?
vietare	verbieten
Il medico mi ha vietato di fumare.	Der Arzt hat mir verboten zu rauchen.
accordare	billigen, gewähren
autorizzare	ermächtigen
Ti autorizzo ad accordare tutto.	Ich ermächtige dich, alles zu gewähren.
consentire	zugestehen; erlauben
Consenti a tua figlia di uscire almeno una volta con i suoi amici!	Erlaube deiner Tochter, wenigstens einmal mit ihren Freunden auszugehen!
permettersi	sich erlauben
Come si permette di parlare in questo modo?	Wie können Sie sich erlauben, so zu reden?

Bestätigung

accettare	annehmen; akzeptieren
Accettiamo il vostro invito con piacere.	Wir nehmen eure Einladung mit Vergnügen an.
la **conferma**	Bestätigung
Vi darò la conferma domani.	Ich gebe euch morgen die Bestätigung.
confermare	bestätigen
Ci ha confermato che sarebbe venuto anche lui.	Er hat uns bestätigt, daß er auch kommt.
d'accordo	einverstanden
Penso di partire alle cinque, d'accordo? – Sì, in ogni caso.	Ich beabsichtige, um fünf Uhr abzufahren, einverstanden? – Ja, auf alle Fälle.
sì	ja; doch

infatti	in der Tat; tatsächlich
Forse Ugo non aveva neanche voglia di venire, infatti non c'è.	Vielleicht wollte Ugo gar nicht kommen; tatsächlich ist er nicht da.
esatto	genau
promẹttere	versprechen
Ti prometto che sarò molto calmo.	Ich verspreche dir, ganz ruhig zu sein.
ripẹtere	wiederholen
Vuoi ripetermi le sue parole, per favore?	Würdest du mir bitte seine Worte wiederholen?
giurare	schwören
Giuri di dire la verità, nient'altro che la verità.	Schwören Sie, die Wahrheit zu sagen und nichts als die Wahrheit!

assicurare	versichern
furioso, a	wütend; rasend
Le assicuro che ero proprio furioso!	Ich versichere Ihnen, ich war wirklich außer mir.
l'**impressione** *f*	Eindruck
Avevo l'impressione che Lei volesse impormi le sue condizioni.	Ich hatte den Eindruck, Sie wollten mir Ihre Bedingungen aufzwingen.
imporre	auf(er)legen; zwingen
la **condizione**	Bedingung
la **verità**	Wahrheit
la **promessa**	Versprechen
Questa è proprio una promessa da marinaio!	Dies ist nichts als ein leeres Versprechen!
riconọscere	anerkennen; zugeben
Riconosco che avevi ragione tu.	Ich erkenne an, daß du recht hattest.
paragonare	vergleichen
Perché lo paragoni sempre a suo padre?	Warum vergleichst du ihn immer mit seinem Vater?
il **paragone**	Vergleich
Questo paragone non può essere accettato.	Diesen Vergleich kann man nicht akzeptieren.
interpretare	interpretieren; auslegen
Abbiamo interpretato male le sue parole, almeno così credo.	Wir haben seine Worte falsch ausgelegt; wenigstens glaube ich das.
citare	zitieren
Antonio cita sempre gli autori che ha letto.	Antonio zitiert ständig die Autoren, die er gelesen hat.

Einschränkung und Ablehnung

dubitare	zweifeln
Dubito che sia giusto fare così, altrimenti lo avrei già fatto.	Ich bezweifle, daß es richtig ist, so zu handeln; sonst hätte ich es schon getan.
criticare	kritisieren
Tu critichi troppo, sii più tollerante!	Du kritisierst zuviel; sei ein wenig toleranter!
contraddire	widersprechen
Mi dispiace contraddirti. D'altronde le cose non stanno affatto come dici tu.	Es tut mir leid, dir widersprechen zu müssen. Im übrigen liegen die Dinge keinesfalls so, wie du sagst.
la **contraddizione**	Widerspruch
Nei loro argomenti ci sono troppe contraddizioni.	Ihre Argumente sind zu widersprüchlich.
forse	vielleicht
Forse vengo, forse no.	Vielleicht komme ich, vielleicht auch nicht.
no	nein
non	nicht
Andiamo a mangiare qualcosa? – No, non ne ho voglia.	Wollen wir etwas essen gehen? – Nein, ich habe keine Lust.
mai	je; nie
Sei mai stato in quel locale? – No, non ci sono mai stato.	Bist du je in dem Lokal gewesen? – Nein, ich war noch nie dort.
niente	nichts
Non ho voglia di fare niente.	Ich habe zu nichts Lust.
almeno	wenigstens, mindestens

altrimenti	sonst; andernfalls
il **dubbio**	Zweifel
Su questa cosa non ho alcun dubbio.	Bezüglich dieser Angelegenheit habe ich keine Zweifel.
Viene anche lui? – Senza dubbio!	Kommt er auch? – Zweifellos!
l'**equivoco**	Mißverständnis
Ci dispiace molto, ma è stato proprio un equivoco.	Es tut uns sehr leid, aber es war wirklich ein Mißverständnis.
disdire	absagen
Per oggi abbiamo disdetto tutti gli appuntamenti.	Für heute haben wir alle Termine abgesagt.

respingere	zurückweisen
La sua offerta è stata respinta senza commenti? – Esatto!	Ihr Angebot ist kommentarlos zurückgewiesen worden? – Genau!
contestare	protestieren
Gli studenti hanno contestato il programma.	Die Studenten haben gegen das Programm protestiert.
opporsi	sich widersetzen
Ci siamo opposti con tutte le nostre forze.	Wir haben uns mit allen Kräften widersetzt.
d'altronde	übrigens; andererseits
l'**eccezione** *f*	Ausnahme
Non esageriamo, è solo un'eccezione ed è ingiusto opporsi.	Wir wollen nicht übertreiben; es ist nur eine Ausnahme, und es ist ungerecht, sich zu widersetzen.
esagerare	übertreiben
ingiusto, a	ungerecht
affatto	überhaupt
Mi dispiace ma non ci penso affatto.	Tut mir leid, aber ich denke überhaupt nicht daran.

Allgemeine Stellungnahmen

accontentarsi	sich zufriedengeben
Mi accontento di un giornale, se non hai un buon libro.	Ich gebe mich mit einer Zeitung zufrieden, wenn du kein gutes Buch hast.
contento, a	zufrieden; froh
basta	basta, es ist genug, es reicht
Grazie, basta così!	Danke, das reicht!
Adesso basta!	Jetzt reicht's aber!
Basta che voi telefoniate a Carlo.	Ihr braucht nur Carlo anzurufen.
concludere	abschließen; beschließen; erreichen
Ancora non abbiamo concluso nulla.	Wir haben noch nichts erreicht.
consentire	zustimmen; übereinstimmen
Consentiamo con voi su tutto.	Wir stimmen in allem mit euch überein.
considerare	halten für; schätzen
La considero una vera amica.	Ich halte sie für eine echte Freundin.
Quel professore è poco considerato dai suoi alunni.	Dieser Lehrer wird von seinen Schülern nicht sehr geschätzt.
ritenere	halten für; meinen
Ritengo giusto dire queste cose ma mi riservo di decidere quando farle.	Ich halte diese Dinge für richtig, behalte mir aber vor zu entscheiden, wann sie zu tun sind.
riservarsi	sich vorbehalten
constatare	feststellen
Ho constatato che molte cose sono cambiate.	Ich habe festgestellt, daß sich vieles verändert hat.
accorgersi	bemerken
Ce ne siamo accorti pure noi.	Das haben wir auch bemerkt.
il **giudizio**	Meinung; Urteil
Il giudizio del pubblico è stato molto favorevole.	Das Urteil des Publikums war sehr günstig.
giustificare	rechtfertigen
Come giustifichiamo la nostra assenza?	Wie rechtfertigen wir unsere Abwesenheit?
indovinare	erraten
Indovina chi viene a cena stasera?	Rate einmal, wer heute zum Abendessen kommt?

razionale	rational; vernünftig
la **conclusione** Non ho capito la conclusione del suo discorso.	Schlußfolgerung; Abschluß Ich habe den Schluß seiner Rede nicht verstanden.
il **consenso** Senza il consenso della mia famiglia non posso partire.	Zustimmung Ohne die Zustimmung meiner Familie kann ich nicht abreisen.
generale	allgemein
acceso, a Siamo arrivati ad un consenso generale solo dopo una discussione molto animata ed accesa.	brennend; hitzig Wir haben erst nach einer sehr lebhaften, hitzigen Diskussion allgemeine Übereinstimmung erzielt.
animato, a	lebhaft
giudicare Lo giụdico una persona molto razionale.	(be)urteilen; betrachten als Ich halte ihn für einen sehr rationalen Menschen.
giustificarsi Non hai bisogno di giustificarti, ti capisco benissimo.	sich rechtfertigen Du brauchst dich nicht zu rechtfertigen. Ich verstehe dich sehr gut.
l'**ipọtesi** *f* La vostra è un'ipotesi molto interessante.	Hypothese Eure Hypothese ist sehr interessant.
il **parere** Vogliamo sentire anche il parere di un esperto?	Meinung Sollten wir nicht auch die Meinung eines Sachverständigen hören?
la **proposta** Trovo la vostra proposta molto gradevole.	Vorschlag Ich finde euren Vorschlag sehr angenehm.
gradẹvole	angenehm
riguardare Non voglio sentire nessuno, queste cose riguardano solo me.	betreffen; angehen Ich will von niemandem etwas hören; diese Dinge gehen nur mich etwas an.
prevalente	überwiegend; vorwiegend
prevalere Le tue opinioni prevạlgono quasi sempre.	überwiegen; überlegen sein Deine Ansichten setzen sich fast immer durch.
riassụmere Riassuma solo i punti più importanti.	zusammenfassen Fassen Sie nur die wichtigsten Punkte zusammen.

il **punto**	Punkt
il **riassunto**	Zusammenfassung; Nacherzählung
Carlino deve scrivere un riassunto per la lezione di domani.	Carlino muß für die morgige Stunde eine Nacherzählung schreiben.

Positive Bewertungen

abbastanza	genug; ziemlich
Credo di essere stata abbastanza corretta.	Ich glaube, ziemlich korrekt gewesen zu sein.
adatto, a	geeignet
Mirella è proprio la persona adatta per questo lavoro.	Mirella ist genau die Richtige für diese Arbeit.
bene	gut *(Adverb)*
bravo, a	bravo
Brava, Maria!	Bravo, Maria!
buono, a	gut *(Adjektiv)*
chiaro, a	klar; deutlich
Giacomo ha fatto un discorso molto chiaro.	Giacomo hat eine sehr klare Rede gehalten.
corretto, a	korrekt; richtig
eccezionale	außergewöhnlich
Cristina è una donna eccezionale.	Cristina ist eine außergewöhnliche Frau.
l'**entusiasmo**	Begeisterung
Erano tutti pieni di entusiasmo per quel programma.	Alle waren voller Begeisterung über das Programm.
giusto, a	richtig; gerecht
Penso che sia giusto dire queste cose.	Ich glaube, es ist richtig, diese Dinge auszusprechen.
ideale	ideal
Questo vino è ideale per bere con il dolce.	Dieser Wein hier paßt ideal zum Nachtisch.
interessante	interessant
meglio	besser *(Adverb)*
magnifico, a	prachtvoll; prächtig
Guarda che magnifici fiori!	Schau nur, was für prachtvolle Blumen!

meraviglioso, a Abbiamo passato una serata meravigliosa.	wunderbar Wir haben einen wundervollen Abend verbracht.
migliore	besser *(Adjektiv)*
naturale	natürlich
ottimo, a Hai preparato un'ottima cena.	sehr gut; ausgezeichnet Du hast ein ausgezeichnetes Abendessen zubereitet.
positivo, a Andrea ha dato una risposta positiva.	positiv Andrea hat eine positive Antwort gegeben.
possibile	möglich
preciso, a	präzis, genau
preferire ‹preferisco› Cosa preferisci fare stasera?	vorziehen; bevorzugen Was möchtest du heute abend machen?
soddisfatto, a Siamo molto soddisfatti del nostro lavoro.	befriedigt; zufrieden Wir sind mit unserer Arbeit sehr zufrieden.
la **soddisfazione** Ho avuto la soddisfazione di dirgli quello che pensavo.	Befriedigung; Genugtuung Es war mir eine große Genugtuung, ihm meine Meinung zu sagen.
utile Non credo che queste cose siano poi tanto utili.	nützlich; hilfreich Ich glaube nicht, daß diese Dinge letztlich sehr hilfreich sind.
il **vantaggio** Ora Le spiegherò i vantaggi di quest'affare.	Vorteil Ich erkläre Ihnen jetzt die Vorteile dieses Geschäftes.

adeguato, a Non mi è sembrata una reazione adeguata.	angemessen Die Reaktion schien mir nicht angemessen zu sein.
affascinante Riesce ad essere sempre affascinante.	faszinierend Es gelingt ihm immer wieder, einen zu faszinieren.
l'**ammirazione** *f* Ho una grande ammirazione per quello scrittore.	Bewunderung Ich hege eine große Bewunderung für diesen Autor.
conveniente Non è conveniente fare acquisti in questo momento.	passend; angemessen Es empfiehlt sich nicht, momentan Käufe zu tätigen.

eccellente — ausgezeichnet
E' un consiglio eccellente. — Das ist ein ausgezeichneter Rat.

impressionante — eindrucksvoll
E' stato uno spettacolo molto impressionante. — Es war ein sehr eindrucksvolles Schauspiel.

meritare — verdienen
Mẹriti tutta la nostra simpatia. — Du verdienst unsere ganze Sympathie.

il **mẹrito** — Verdienst
Il merito di questo successo è tuo. — Dieser Erfolg ist dein Verdienst.

la **precisione** — Präzision; Genauigkeit
Ha lavorato con una precisione straordinaria. — Er hat mit außergewöhnlicher Präzision gearbeitet.

preferịbile — vorzuziehen; besser
Credo che sia preferibile partire subito. — Ich glaube, es ist besser, sofort abzureisen.

il **pregio** — Vorzug

soddisfare — befriedigen; zufriedenstellen; erfüllen
Soddisfo (soddisfaccio) bene il tuo desiderio? — Erfülle ich wirklich deinen Wunsch?

straordinario, a — außerordentlich

vantaggioso, a — vorteilhaft
Questa è una soluzione molto vantaggiosa per tutti. — Dies ist eine für alle sehr vorteilhafte Lösung.

Negative Bewertungen

assurdo, a — absurd
Quest'idea è davvero assurda. — Dieser Gedanke ist wirklich absurd.

cattivo, a — schlecht; böse
A me non sembra una cattiva idea. — Mir scheint es keine schlechte Idee zu sein.
Oggi sei stato cattivo con me. — Heute bist du böse zu mir gewesen.

contrario, a — gegenteilig; abgeneigt
Perché siete contrari a questo viaggio? — Warum seid ihr gegen diese Reise?

impossịbile — unmöglich
Ci dispiace, ma per noi è impossibile venire. — Es tut uns leid, aber es ist uns unmöglich zu kommen.

incredibile	unglaublich
Gabriella ha raccontato una storia incredibile.	Gabriella hat eine unglaubliche Geschichte erzählt.
tragico, a	tragisch
Non siate così tragici con le vostre previsioni!	Gebt nicht solch pessimistische Prognosen ab!
inutile	unnütz; zwecklos
E' inutile provare ancora; non c'è nessuno.	Es ist zwecklos, es weiter zu versuchen; es ist niemand da.
lamentarsi	sich beklagen
Perché ti lamenti? Non sei mai contento!	Warum beklagst du dich? Du bist ja nie zufrieden!
negativo, a	negativ
La nostra impressione è stata negativa.	Unser Eindruck war negativ.
male	schlecht *(Adverb)*
peggio	schlechter *(Adverb)*
peggiore	schlechter *(Adjektiv)*
pessimo, a	sehr schlecht
Il pranzo era proprio pessimo.	Das Mittagessen war wirklich hundsmiserabel.
protestare	protestieren
Se protestiamo tutti, ci ascolteranno.	Wenn wir alle protestieren, wird man uns anhören.
rinunciare	verzichten
Rinuncio all'incontro per mancanza di tempo.	Ich verzichte aus Zeitmangel auf die Zusammenkunft.
Che schifo!	Wie ekelhaft!
spaventarsi	erschrecken
Mi sono spaventata vedendo improvvisamente quell'uomo.	Ich erschrak, als ich plötzlich diesen Mann sah.
strano, a	merkwürdig
E' strano che Umberto non sia ancora arrivato.	Merkwürdig, daß Umberto noch nicht da ist!

brontolare	murren
Daniela brọntola dalla mattina alla sera.	Daniela murrt von morgens bis abends.
caọtico, a	chaotisch
Oggi il traffico è più caotico che mai.	Der Verkehr ist heute chaotischer denn je.
ordinario, a	gewöhnlich
E' roba ordinaria, è meglio che non la compri.	Das ist ganz gewöhnliches Zeug, kauf es besser nicht!
disprezzare	verachten; geringschätzen
Stefano non disprezza certo un buon vino.	Stefano hat gegen einen guten Wein gewiß nichts einzuwenden.
il **vizio**	Laster
insopportạbile	unerträglich
Quella persona è insopportabile.	Diese Person ist unerträglich.
il **lamento**	Klage; Gejammer
Sono stanca dei suoi lamenti continui.	Ich habe sein ewiges Gejammer satt.
la **pena**	Sorge; (Mit)leid
Puoi immaginare la pena del padre nel vedere suo figlio così.	Du kannst dir das Leid des Vaters vorstellen, als er seinen Sohn in diesem Zustand sah!
Fa pena anche a me.	Mir tut er auch leid.
la **pietà**	Mitleid
Proviamo tutti pietà per lui.	Wir empfinden alle Mitleid mit ihm.
sfortunato, a	unglücklich; Pechvogel
E' perché si considera molto sfortunato.	Er hält sich nämlich für einen ausgemachten Pechvogel.
la **sfortuna**	Pech
Non credo che abbia avuto più sfortuna di noi.	Ich glaube nicht, daß er mehr Pech gehabt hat als wir.
respịngere	zurückweisen; ablehnen
Ho respinto la sua offerta perché ormai è superflua.	Ich habe ihr Angebot abgelehnt, weil es nun überflüssig ist.
rimproverare	vorwerfen
Io non ti rimprọvero nulla.	Ich mache dir keine Vorwürfe.
spaventare	erschrecken; abschrecken
Lo ha spaventato con le sue parole.	Sie hat ihn durch ihre Worte abgeschreckt.
lo **spavento**	Schrecken; Entsetzen
Smettila! Non vedi che la bambina muore dallo spavento?	Hör auf damit! Siehst du nicht, daß sich das Kind zu Tode erschrickt?

spaventoso, a	schrecklich
In questa casa c'è una confusione spaventosa.	In diesem Haus herrscht ein schreckliches Durcheinander.
superfluo, a	überflüssig
illudersi	sich einbilden; sich täuschen; sich Illusionen machen
Secondo me hai fatto l'errore di illuderti troppo.	Meiner Meinung nach hast du den Fehler begangen, dir zu viele Illusionen zu machen.
l'**illusione** *f*	Illusion
impaziente	ungeduldig
Non sia così impaziente, non è sempre possibile trovare una soluzione immediata.	Seien Sie doch nicht so ungeduldig, es ist nicht immer möglich, sofort eine Lösung zu finden.
immediato, a	unmittelbar; sofort
l'**imbecille** *mf*	Dummkopf
E' vero, a volte mi comporto come un imbecille!	Stimmt, manchmal benehme ich mich wie ein Dummkopf.
impostare	eröffnen; in Angriff nehmen
Dovevi impostare il problema in modo diverso.	Du hättest das Problem anders angehen müssen.

la **famiglia**	Familie
In genere gli italiani sono molto legati alla famiglia.	Im allgemeinen sind die Italiener sehr familienverbunden.
la **madre**	Mutter
Mia madre era una donna meravigliosa.	Meine Mutter war eine wunderbare Frau.
il **padre**	Vater
Quanti anni ha tuo padre?	Wie alt ist dein Vater?
i **genitori** *pl*	Eltern
Vorrei fare un viaggio con i miei genitori.	Ich möchte gerne mit meinen Eltern verreisen.
dipendere	abhängig sein
Finché dipendi dai tuoi genitori, fai quello che ti dicono.	Solange du von deinen Eltern abhängig bist, machst du, was sie dir sagen.
il **bambino,** la **bambina**	Junge; Mädchen; Kind
Francesca ama molto i bambini.	Francesca ist sehr kinderlieb.
il **figlio,** la **figlia**	Sohn, Tochter; Kind
Quanti figli avete?	Wie viele Kinder habt ihr?
Sono felice che tua figlia sia amica della mia.	Ich bin froh, daß deine Tochter mit meiner befreundet ist.
il **fratello**	Bruder
I miei fratelli sono già tutti grandi.	Meine Brüder sind schon alle groß.
i **fratelli** *pl*	Geschwister
Siamo in tutto cinque fratelli: due maschi e tre femmine.	Wir sind insgesamt fünf Geschwister: zwei Jungen und drei Mädchen.
la **sorella**	Schwester
Laura è la sorella minore di Franco.	Laura ist Francos jüngere Schwester.
il **nonno,** la **nonna**	Großvater, Großmutter
Il nonno ha sette anni più della nonna.	Großvater ist sieben Jahre älter als Großmutter.
Domani andiamo a trovare i nonni.	Morgen gehen wir die Großeltern besuchen.
andare a trovare	besuchen
lo **zio,** la **zia**	Onkel, Tante
Mio zio Giovanni è molto cordiale con tutti.	Mein Onkel Giovanni ist zu allen sehr herzlich.
Zia Dina è la sorella di mio padre.	Tante Dina ist die Schwester meines Vaters.

il, la **nipote**	Enkel(in); Neffe, Nichte
Il nonno racconta una bella storia al nipote.	Großvater erzählt dem Enkel eine schöne Geschichte.
La zia gioca in giardino con la nipote.	Die Tante spielt im Garten mit ihrer Nichte.
il **cugino,** la **cugina**	Cousin, Kusine
Mia cugina ha scritto che verrà fra una settimana.	Meine Kusine hat geschrieben, daß sie in einer Woche kommt.
il, la **parente**	Verwandte(r)
I nostri parenti vivono nelle Marche.	Unsere Verwandten leben in den Marken.
il **fidanzato,** la **fidanzata**	Verlobte(r)
Vorrei farti conoscere il mio fidanzato.	Ich möchte dir meinen Verlobten vorstellen.
Livio ha comprato un bellissimo anello per la fidanzata.	Livio hat seiner Verlobten einen wunderschönen Ring gekauft.
la **moglie**	Ehefrau
La moglie è molto simpatica, il marito un po' meno.	Die Frau ist sehr sympathisch, ihr Mann nicht so sehr.
il **marito**	Ehemann
sposare	heiraten
Indovina chi ha sposato Federico!	Rate, wen Federico geheiratet hat!
il **matrimonio**	Ehe
E' un matrimonio molto felice.	Es ist eine sehr glückliche Ehe.
la **coppia**	Paar

il **bimbo,** la **bimba**	(kleiner) Junge, (kleines) Mädchen; (kleines) Kind
Stefania è una bimba molto allegra.	Stefania ist ein sehr fröhliches Mädchen.
il **babbo**	Papa
Il babbo accarezza sempre i suoi bambini.	Papa ist immer sehr zärtlich zu seinen Kindern.
accarezzare	liebkosen; streicheln
il **papà**	Papa
la **mamma**	Mama
il **ragazzino**	Knabe
l'**infanzia**	Kindheit
maggiore	älter
Chi è il maggiore dei fratelli?	Welcher ist der ältere der Brüder?

minore	jünger
Io sono la sorella minore di Isabella.	Ich bin Isabellas jüngere Schwester.
legittimo, a	legitim
Lo sapevi che Francesco non è figlio legittimo?	Wußtest du, daß Francesco ein uneheliches Kind ist?
il **gemello,** la **gemella**	Zwilling; Zwillingsbruder, Zwillingsschwester
Le gemelle Annalisa e Daria si assomigliano come due gocce d'acqua.	Die Zwillinge Annalisa und Daria ähneln sich wie ein Ei dem anderen.
assomigliarsi	sich ähneln
unito, a	vereint
Sì, sono anche molto unite.	Ja, sie sind auch oft zusammen.
educare	erziehen
Non è facile educare bene i figli.	Es ist nicht einfach, Kinder zu erziehen.
la **generazione**	Generation
Umberta è stata educata secondo i principi della vecchia generazione.	Umberta ist nach den Grundsätzen der alten Generation erzogen worden.
l'**educazione** *f*	Erziehung
Liliana ha ricevuto un'ottima educazione.	Liliana hat eine ausgezeichnete Erziehung genossen.
viziare	verwöhnen
E' bene non viziare troppo i figli.	Man soll die Kinder nicht zu sehr verwöhnen.
il **cognato,** la **cognata**	Schwager, Schwägerin
Oggi ho incontrato tuo cognato in città.	Heute habe ich in der Stadt deinen Schwager getroffen.
il **suocero,** la **suocera**	Schwiegervater, Schwiegermutter
Il suocero di Anna è molto malato.	Annas Schwiegervater ist sehr krank.
Conosci già mia suocera?	Kennst du schon meine Schwiegermutter?
i **suoceri** *pl*	Schwiegereltern
I suoceri di Letizia sono arrivati ieri.	Letizias Schwiegereltern sind gestern angekommen.
anziano, a	alt; betagt
I miei suoceri non sono molto anziani.	Meine Schwiegereltern sind nicht sehr alt.
il **genero**	Schwiegersohn
Ho due generi molto affettuosi.	Ich habe zwei sehr liebevolle Schwiegersöhne.

la **nuora**	Schwiegertochter
Paola è la nuora di mia cognata.	Paola ist die Schwiegertochter meiner Schwägerin.
fidanzarsi	sich verloben
Si sono fidanzati già un anno fa.	Sie haben sich schon vor einem Jahr verlobt.
sposarsi	sich verheiraten
Ci sposeremo in Italia in agosto.	Wir werden im August in Italien heiraten.
lo **sposo,** la **sposa**	Bräutigam, Braut
Lo sposo era in blu.	Der Bräutigam war dunkelblau gekleidet.
La sposa aveva un bellissimo abito bianco.	Die Braut trug ein wunderschönes weißes Kleid.
le **nozze** *pl*	Hochzeit; Trauung
Le nozze avranno luogo nel duomo della mia città.	Die Trauung wird im Dom meiner Heimatstadt stattfinden.

Anrede, Begrüßung, Einladung

ciao	hallo; tschüs; ciao
Ciao, come stai?	Hallo, wie geht es dir?
stare	sich befinden; sein
Io sto bene, grazie. E tu?	Mir geht's gut, und dir?
come	wie
Come stai oggi?	Wie geht es dir heute?
Buongiorno	Guten Tag; Guten Morgen
Buongiorno, signora Rossi, come sta?	Guten Tag, Frau Rossi, wie geht es Ihnen?
Buona sera	Guten Abend
Buona sera a tutti, cosa facciamo di bello?	Guten Abend allerseits; was machen wir denn Schönes?
Buona notte	Gute Nacht
Dopo aver detto buona notte, puoi andare a letto.	Nachdem du allen gute Nacht gesagt hast, kannst du ins Bett gehen.
caro, a	lieb; teuer
Cara signora Giovanna, che piacere incontrarla!	Liebe Frau Giovanna, welche Freude, Sie hier zu treffen!
il **signor(e)**	Herr
la **signora**	Frau; Dame
la **signorina**	Fräulein
incontrare	treffen; begegnen
salutare	begrüßen; sich verabschieden
Se vedi i tuoi genitori, salutali tanto da parte mia.	Wenn du deine Eltern siehst, grüße sie herzlich von mir.
il **saluto**	Gruß
Cordiali saluti a tutta la famiglia.	Herzliche Grüße an die ganze Familie!
cordiale	herzlich
l'**addio**	Abschiedsgruß
E' arrivato il momento di dirsi addio!	Es ist Zeit, sich zu verabschieden.
presentare	vorstellen
Signora Bianchi, Le presento la mia amica Annamaria.	Frau Bianchi, darf ich Ihnen meine Freundin Annamaria vorstellen?
dare del tu	duzen

dare del lei	siezen
Al signor Ferri do del lei, sua moglie ed io invece ci diamo del tu.	Herrn Ferri sieze ich, seine Frau und ich duzen uns aber.
il **piacere**	Freude; Vergnügen
Piacere di conoscerla, signora!	Sehr erfreut, Sie kennenzulernen, gnädige Frau!
l'**amico,** l' **amica**	Freund(in)
Abbiamo invitato anche gli amici di Roberto.	Wir haben auch Robertos Freunde eingeladen.
intimo, a	eng, intim
invitare	einladen
Li abbiamo invitati già tre volte e non sono mai venuti.	Wir haben sie schon dreimal eingeladen, sie sind aber nie gekommen.
l'**invitato,** l' **invitata**	(geladener) Gast
Quanti invitati ci saranno alla tua festa?	Wie viele Gäste werden zu deiner Party kommen?
l'**invito**	Einladung
Vorrei mandare l'invito anche a Carlo. Spero che possa venire.	Ich möchte auch Carlo eine Einladung schicken; ich hoffe, daß er kommen kann.
l'**ospite** *mf*	Gast
Gli ospiti se ne sono andati poco dopo mezzanotte.	Die Gäste gingen kurz nach Mitternacht.
la **visita**	Besuch
Oggi andiamo a far visita a tua nonna.	Heute gehen wir deine Großmutter besuchen.
Permesso?	Darf ich?
avanti	vorwärts; herein
Permesso? – Avanti! Si accomodi pure!	Darf ich? – Kommen Sie herein! Nehmen Sie Platz!
arrivederci	auf Wiedersehen
Arrivederci al prossimo anno e fate buon viaggio!	Auf Wiedersehen bis zum nächsten Jahr und gute Reise!
arrivederla	auf Wiedersehen *(höfl. Anrede)*
Arrivederla, signor Martini, e grazie della sua visita.	Auf Wiedersehen, Herr Martini, und vielen Dank für Ihren Besuch.

bussare Si prega di entrare senza bussare!	anklopfen Bitte eintreten, ohne anzuklopfen!
benvenuto, a Sei sempre benvenuta, accomodati, prego!	willkommen Du bist immer willkommen. Tritt bitte ein!
accomodarsi	Platz nehmen; eintreten
conoscere Conosci già i miei colleghi?	kennen; kennenlernen Kennst du schon meine Kollegen?
il, la **conoscente** In questa città abbiamo molti buoni conoscenti.	Bekannte(r) In dieser Stadt haben wir viele gute Bekannte.
la **conoscenza**	Bekanntschaft; Kenntnis
il **legame**	Band; Bindung; Verbindung
il, la **collega**	Kollege, Kollegin
ritrovare Ieri ho ritrovato vecchi colleghi, che non vedevo da tanto tempo.	wiederfinden Gestern habe ich alte Kollegen wiedergetroffen, die ich lange nicht gesehen hatte.
la **cortesia** Per cortesia, potrebbe aiutarmi? La cortesia è sempre apprezzata.	Höflichkeit Könnten Sie mir bitte helfen? Höflichkeit wird immer geschätzt.
incontrarsi Quando ci incontriamo alle 10 o alle 11?	sich treffen Wann treffen wir uns? Um zehn oder um elf Uhr?
vedersi E' tanto tempo che non ci vediamo.	sich sehen Wir haben uns lange nicht gesehen.
visitare	besuchen
presentarsi Permette che mi presenti?	sich vorstellen Gestatten Sie, daß ich mich vorstelle?
lieto, a Molto lieto di fare la Sua conoscenza.	froh, erfreut Sehr erfreut, Ihre Bekanntschaft zu machen.
dispiacere Mi dispiace che Lei si disturbi tanto.	leid tun; mißfallen Es tut mir leid, daß Sie sich solche Umstände machen.
disturbarsi	sich bemühen
favorire ‹favorisco› Prego, favorisca, non faccia complimenti!	die Güte haben; zugreifen Bitte greifen Sie zu! Fühlen Sie sich wie zu Hause!

l'**ospitalità** Spero di poter ricambiare presto la tua ospitalità.	Gastfreundschaft Ich hoffe, deine Gastfreundschaft bald erwidern zu können.
ospitare Mi piacerebbe ospitare i tuoi amici, ma purtroppo non ho posto.	beherbergen Ich würde deine Freunde gerne beherbergen, aber leider habe ich keinen Platz.
ricevere Quella signora riceve sempre le amiche il giovedì.	empfangen Diese Dame empfängt donnerstags immer ihre Freundinnen.
il **ricevimento** Sono molto lieta di venire al vostro ricevimento.	Empfang Ich komme mit großem Vergnügen zu eurem Empfang.
ricambiare	erwidern
a presto Arrivederci a presto!	bis bald Bis bald, auf Wiedersehen!

Positives Sozialverhalten

accompagnare — begleiten
Posso accompagnarti a casa? — Darf ich dich nach Hause begleiten?

accontentare — zufriedenstellen, befriedigen
Prima accontentiamo i bambini, poi pensiamo ai grandi. — Zuerst versorgen wir die Kinder, dann wollen wir an die Erwachsenen denken.

aiutare — helfen
Scusi, può aiutarmi, per favore? — Entschuldigen Sie, können Sie mir bitte helfen?

il **favore** — Gefallen; Gefälligkeit
Se posso farti un favore, te lo faccio volentieri. — Wenn ich dir einen Gefallen tun kann, tue ich das gern.

l'**aiuto** — Hilfe

calmare — beruhigen
Se non la calmi presto, sveglierà tutti i vicini. — Wenn du sie nicht gleich beruhigst, wird sie noch alle Nachbarn aufwecken.

calmarsi — sich beruhigen
Per fortuna Daniela si è calmata subito. — Zum Glück hat sich Daniela sofort beruhigt.

il **comportamento**	Betragen, Verhalten
comportarsi	sich benehmen
Secondo noi, vi siete comportati benissimo.	Unserer Meinung nach habt ihr euch sehr gut verhalten.
partecipare	teilnehmen
Grazie dell'invito, parteciperemo volentieri a questa manifestazione.	Danke für die Einladung. Wir nehmen gerne an dieser Veranstaltung teil.
responsabile	verantwortlich
Chi è responsabile di questo lavoro?	Wer ist für diese Arbeit verantwortlich?
la **responsabilità**	Verantwortung
Abbiamo fatto tutto sotto la nostra responsabilità.	Wir haben alles auf unsere eigene Verantwortung getan.
il **rispetto**	Respekt; Achtung; Ehrfurcht
Proviamo tutti grande rispetto per lui.	Wir haben alle große Achtung vor ihm.
il **soccorso**	Hilfe
Grazie di essere venuta in mio soccorso, ne avevo bisogno.	Danke, daß du mir zu Hilfe gekommen bist. Ich hatte es nötig.
sociale	gesellschaftlich; sozial
I rapporti sociali sono molto importanti.	Die sozialen Beziehungen sind von großer Wichtigkeit.
la **società**	Gesellschaft
La società di oggi non condanna più certe cose.	Die heutige Gesellschaft verurteilt bestimmte Dinge nicht mehr.

accontentarsi	sich begnügen
Non ti preoccupare, io mi accontento di poco!	Mach dir keine Sorgen, ich bin mit wenig zufrieden.
arrangiarsi	sich einigen
Si sono arrangiati tra di loro senza problemi.	Sie haben sich problemlos untereinander geeinigt.
aspettarsi	erwarten
Noi ci aspettavamo da lui un comportamento più gentile.	Wir hatten von ihm ein freundlicheres Benehmen erwartet.
la **sorpresa**	Überraschung
E' stata una sorpresa anche per noi.	Auch für uns war es eine Überraschung.
l'**atteggiamento**	Haltung, Einstellung
Perché avete sempre quell'atteggiamento verso di lui?	Weswegen habt ihr ihm gegenüber immer noch diese Einstellung?
intendersi	sich verstehen; sich einigen; sich auskennen
Se la intende molto bene con lui.	Er versteht sich sehr gut mit ihm.

introdurre	einführen
Perché non introduci i tuoi amici nel nostro circolo, ci intendiamo tutti bene con loro.	Warum führst du deine Freunde nicht in unseren Zirkel ein, wir verstehen uns alle gut mit ihnen.
privilegiare	privilegieren; bevorzugen
Non voglio che privilegiate mio figlio in nessun modo.	Ich will auf keinen Fall, daß ihr meinen Sohn bevorzugt.
il **privilegio**	Privileg, Sonderrecht; Vorzug
Francesca ha il privilegio di essere molto socievole.	Francesca hat den Vorzug, sehr gesellig zu sein.
la **cortesia**	Höflichkeit
Puoi aspettare ancora un po', per cortesia?	Kannst du bitte noch ein wenig warten?
ricompensare	belohnen, entschädigen
Ti assicuro che sarai ricompensato di tutto.	Ich versichere dir, daß du für alles belohnt wirst.
Le tue parole mi hanno ricompensato di ogni fatica.	Deine Worte haben mich für alle Mühe entschädigt.
soccorrere	helfen
Li soccorsero subito e poterono salvarli.	Ihnen wurde sofort geholfen, und man konnte sie retten.
socievole	gesellig
la **solidarietà**	Solidarität
La solidarietà aiuta più di qualsiasi legge.	Solidarität hilft mehr als jedes Gesetz.

Negatives Sozialverhalten

abbandonare	verlassen; im Stich lassen
Guido ha abbandonato la famiglia senza dire nessun motivo.	Guido hat seine Familie verlassen, ohne einen Grund anzugeben.
avercela con	etwas haben gegen; böse sein auf
Scusa, con chi ce l'hai? – Ce l'ho con te, non l'hai ancora capito?	Entschuldige, auf wen bist du böse? – Auf dich, hast du das immer noch nicht verstanden?
la **colpa**	Schuld
Ma allora di chi è la colpa? – Non lo so, ma non è certo mia.	Wessen Schuld ist es denn? – Weiß ich nicht, jedenfalls nicht meine.
deludere	enttäuschen
Grazia lo ha deluso tanto, che non ne vuole più sentire parlare.	Grazia hat ihn so enttäuscht, daß er nichts mehr von ihr wissen will.

sciocco, a Secondo me siete stati sciocchi a comportarvi così.	dumm Meiner Ansicht nach war es dumm von euch, so zu handeln.
la **sciocchezza** Non dire sciocchezze! E' solo una sciocchezza, ma spero che ti faccia piacere lo stesso.	Dummheit; Lappalie; Kleinigkeit Red kein dummes Zeug! Es ist nur eine Kleinigkeit, aber ich hoffe, du hast dennoch Freude daran.
distratto, a Per piacere, vuoi ripetere? Ero distratto.	zerstreut; unaufmerksam Würdest du es bitte wiederholen? Ich war nicht bei der Sache.
litigare Non litighiamo più da tanto tempo, forse troppo!	(sich) streiten Wir streiten uns schon lange nicht mehr; vielleicht zu lange.
offẹndere Siamo stati offesi da voi senza ragione.	beleidigen Ihr habt uns ohne Grund beleidigt.
l'**offesa** Non posso dimenticare l'offesa che ha fatto a mio cugino.	Beleidigung Daß er meinen Vetter so beleidigt hat, kann ich nicht vergessen.
la **rabbia** Mamma mia, che rabbia mi fai!	Wut Himmel noch mal, bringst du mich in Rage!
il, la **rivale** Chi è il mio rivale in questa partita?	Rivale, Rivalin Wer ist mein Gegner in dieser Partie?
stancare Adesso basta, questa storia stanca tutti.	ermüden; langweilen Jetzt ist es genug, diese Geschichte langweilt alle.
stanco, a Stiamo in piedi, grazie, non siamo stanchi.	müde Wir bleiben stehen, danke; wir sind nicht müde.
vendicare Perché vẹndichi su di me l'offesa che ti ha fatto un altro?	rächen Warum rächst du dich an mir dafür, daß dich ein anderer beleidigt hat?
trattenersi Mi trattengo dal dire quello che penso solo per buona educazione.	sich zurückhalten; abhalten Nur meine gute Kinderstube hält mich davon ab zu sagen, was ich denke.

annoiare Quella persona mi annoia a morte.	langweilen Dieser Mensch langweilt mich zu Tode.
la **delusione** Quell'incontro fu una delusione per tutti.	Enttäuschung Dieses Treffen war für alle eine Enttäuschung.
la **distrazione** La causa di quell'incidente è stata solo la distrazione.	Zerstreuung; Zerstreutheit Nur Zerstreutheit war die Ursache des Unfalls.
imbrogliare	verwirren; betrügen
l'**imbroglione,** l' **imbrogliona** Non vogliamo avere a che fare con lui, è un grande imbroglione.	Betrüger(in) Wir wollen nichts mit ihm zu tun haben. Er ist ein schlimmer Betrüger.
infastidire ‹infastidisco› Non parlare più di queste cose, mi infastidisce sentirle.	ärgern; lästig sein Sprich nicht mehr von diesen Dingen; es ist mir lästig, davon zu hören.
ingannare Fai attenzione, quella donna ha già ingannato molti.	reinlegen; hintergehen, täuschen Paß auf, diese Frau hat schon viele getäuscht.
il **risentimento** Come mai tutto questo risentimento nei loro confronti?	Groll; Ressentiment; Gereiztheit Warum dieser Groll ihnen gegenüber?
risentire Risentiamo molto della perdita dei nostri genitori.	leiden unter Wir leiden sehr unter dem Verlust unserer Eltern.
sospettare Nessuno sospettava di lui e così li ha imbrogliati in pieno.	verdächtigen Niemand verdächtigte ihn, und so hat er sie alle vollständig reingelegt.
stancarsi Ci siamo stancati troppo ed abbiamo voglia di riposo.	ermüden; sich abmühen Wir haben uns zu sehr abgemüht und sehnen uns nach Ruhe.
il **riposo**	Rast; Ruhe
tormentare Il pensiero di andare tanto lontano lo tormenta da tempo.	quälen Der Gedanke daran, so weit weggehen zu müssen, quält ihn seit langem.
il **tormento** Non puoi stare un po' tranquillo? Sei proprio un tormento!	Qual; Plage Kannst du nicht ein wenig Ruhe geben? Du bist wirklich eine Plage!
torturare Non torturarla più con le tue paure.	foltern; quälen Quäl sie nicht mehr mit deinen Ängsten.

trattenere — aufhalten
Se devi proprio andare, non ti tratteniamo più. — Wenn du wirklich gehen mußt, wollen wir dich nicht länger aufhalten.

l'**emarginazione** *f* — Ausgrenzung
Il problema dell'emarginazione di alcuni gruppi ha raggiunto un livello molto alto. — Das Problem der sozialen Ausgrenzung bestimmter Gruppen hat beträchtliche Ausmaße angenommen.

il **livello** — Niveau

Besitzverhältnisse

avere — haben
Abbiamo un grande giardino con molti alberi. — Wir haben einen großen Garten mit vielen Bäumen.

appartenere a — gehören
A chi appartiene questa bellissima casa? — Wem gehört dieses wunderschöne Haus?

ẹssere di — gehören
Di chi è questa borsa? – E' di mia zia Emma. — Wem gehört diese Tasche? – Sie gehört meiner Tante Emma.

il **patrimonio** — Vermögen
Ha investito il suo patrimonio in opere d'arte. — Er hat sein Vermögen in Kunstwerken angelegt.

possedere — besitzen
Io non possiedo più nulla in questa zona, ho lasciato tutto a mio fratello. — Ich besitze in dieser Gegend nichts mehr; ich habe alles meinem Bruder überlassen.

il **possesso** — Besitz
Siete ancora in possesso dei vostri documenti? — Besitzt ihr noch eure Unterlagen?

il **proprietario,** la **proprietaria** — Eigentümer(in)

la **proprietà** — Eigentum; Besitzung
Le sue proprietà si trovano in Emilia-Romagna. — Seine Besitzungen liegen in der Emilia Romagna.

proprio, a — eigen
Ognuno deve fare attenzione alle proprie cose. — Jeder soll auf die eigenen Sachen achten.

restituire ‹restituisco› — zurückgeben
Quando mi restituisci il libro che ti ho prestato? — Wann gibst du mir das Buch zurück, das ich dir geliehen habe?

investire	investieren, anlegen
mio, a	mein, meine
I miei fratelli sono in Germania.	Meine Brüder sind in Deutschland.
La mia sorella piccola è tornata ieri.	Meine kleine Schwester ist gestern zurückgekommen.
tuo, a	dein, deine
Quando arrivano i tuoi amici?	Wann kommen deine Freunde an?
Tua madre è molto cara.	Deine Mutter ist sehr lieb.
suo, a	sein, seine; ihr, ihre
I suoi parenti vivono in Calabria.	Seine (ihre) Verwandten leben in Kalabrien.
nostro, a	unser, unsere
Nostro padre è di Torino.	Unser Vater kommt aus Turin.
Le nostre sorelle abitano a Venezia.	Unsere Schwestern wohnen in Venedig.
vostro, a	euer, eure
Dove sono i vostri zii?	Wo halten sich eure Onkel auf?
Mio zio Antonio è qui, ma il mio zio preferito è a Padova.	Mein Onkel Antonio ist hier, aber mein Lieblingsonkel ist in Padua.
loro	ihr, ihre
La loro madre è ancora giovane.	Ihre Mutter ist noch jung.
I loro nonni sono molto vecchi.	Ihre Großeltern sind sehr alt.

Allgemeine Gesichtspunkte

l'**educazione** *f*	Erziehung; Ausbildung
la **scuola** Le scuole pubbliche della nostra città sono ottime.	Schule Die öffentlichen Schulen in unserer Stadt sind ausgezeichnet.
scolastico, a L'anno scolastico comincia verso la metà di settembre.	schulisch, Schul- Das Schuljahr beginnt etwa Mitte September.
la **classe** La nostra classe farà una gita scolastica in maggio.	Klasse Unsere Klasse wird im Mai einen Schulausflug machen.
la **lavagna**	Tafel
il **gesso** Non posso scrivere alla lavagna perché manca il gesso.	Kreide Ich kann nicht an die Tafel schreiben, weil keine Kreide da ist.
la **spugna** Ora te lo porto insieme alla spugna.	Schwamm Ich bringe sie dir mit dem Schwamm.
l'**asilo (infantile)** La maestra d'asilo di mio figlio è molto carina.	Kindergarten Die Kindergärtnerin meines Sohnes ist sehr nett.
la **scuola materna**	Vorschule
la **scuola elementare** Le scuole elementari in Italia durano cinque anni.	Grundschule Die Grundschule dauert in Italien fünf Jahre.
la **scuola media** La scuola media è una scuola d'obbligo e dura tre anni.	Mittelschule Die Mittelschule ist eine Pflichtschule und umfaßt drei Jahre.
la **scuola superiore** Finite le medie si passa alle scuole superiori.	höhere Schule Nach Abschluß der Mittelschule besucht man die höheren Schulen.
il **liceo**	Gymnasium *(Oberstufe)*
artistico, a	künstlerisch, Kunst-
linguistico, a	linguistisch; sprachlich
il **ginnasio** La quarta e la quinta classe del ginnasio rappresentano il primo corso di studio del liceo classico.	Gymnasium *(Unterstufe)* Vor den drei Jahren Liceo muß man die 4. und die 5. Klasse des Ginnasio absolvieren.
scientifico, a	(natur)wissenschaftlich

la **lezione**	Lektion; Schulstunde
Quante ore di lezione hai oggi?	Wie viele (Schul)stunden hast du heute?
imparare	lernen
Devo ancora imparare la lezione per domani.	Ich muß noch meine Lektion für morgen lernen.
l'**allievo,** l' **allieva**	Schüler(in)
Gli allievi di quel liceo sono molto bravi.	Die Schüler dieses Gymnasiums sind sehr tüchtig.
il **compagno,** la **compagna**	(Klassen)kamerad(in), Mitschüler(in)
Chi è il tuo compagno di banco?	Wer ist dein Banknachbar?
Oggi pomeriggio voglio studiare con le mie compagne di scuola.	Heute nachmittag will ich mit meinen Schulkameradinnen lernen.
frequentare	besuchen
Luigi frequenta il terzo anno delle medie.	Luigi besucht die dritte Klasse der Mittelschule.
l'**assenza**	Abwesenheit; Fehlen
Non potete fare tante assenze!	Ihr dürft nicht so oft fehlen!
insegnare	lehren
Al liceo classico insẹgnano anche greco e latino.	Am humanistischen Gymnasium werden auch Griechisch und Latein unterrichtet.
l'**insegnante** *mf*	Lehrkraft, Lehrer(in)
Quest'anno ci saranno molti nuovi insegnanti.	Dieses Jahr werden viele neue Lehrkräfte da sein.
il **maestro,** la **maestra**	Volksschullehrer(in)
Paolino vuole molto bene alla sua maestra, perché non è autoritaria.	Paolino mag seine Lehrerin sehr, weil sie nicht autoritär ist.
I maestri delle elementari di Via Cavour sono tutti molto giovani.	Die Lehrer der Volksschule in der Via Cavour sind alle sehr jung.
severo, a	streng
il **professore,** la **professoressa**	Professor(in); Lehrer(in) an höheren Schulen
Il signor Ferrucci era prima professore alla scuola media, poi è passato al ginnasio.	Herr Ferrucci hat zuerst an der Mittelschule unterrichtet, dann ist er ans Gymnasium übergewechselt.
La mia professoressa d'italiano è molto simpatica.	Meine Italienischlehrerin ist sehr nett.
la **pagella**	Schulzeugnis
Hai avuto una buona pagella quest'anno?	Hast du dieses Jahr ein gutes Zeugnis bekommen?

il **voto**	Note
Sì, sono contento dei voti che ho avuto.	Ja, ich bin zufrieden mit den Noten, die ich bekommen habe.
bocciare	durchfallen lassen, nicht versetzen
Piergiorgio purtroppo è stato bocciato.	Piergiorgio ist leider sitzengeblieben.
promuovere	versetzen
Luisa è stata promossa in quarta.	Luisa ist in die vierte Klasse versetzt worden.
recuperare	aufholen; zurückgewinnen
Devo studiare molto per recuperare le lezioni chc ho perduto.	Ich muß viel lernen, um die versäumten Lektionen nachzuholen.
la **maturità**	Abitur
il **diploma**	(Abschluß)zeugnis; Diplom
Gabriella ha preso due diplomi.	Gabriella hat zwei Diplome gemacht.
le **vacanze** *pl*	Ferien
I ragazzi italiani hanno spesso i compiti da fare durante le vacanze.	Italienische Kinder müssen oft während der Ferien Aufgaben machen.
la **licenza**	Abgangszeugnis; Schulabschluß
Tutti gli italiani devono avere oggi almeno la licenza delle scuole medie.	Alle Italiener müssen heute wenigstens den Mittelschulabschluß haben.
la **(pubblica) istruzione**	(öffentliches) Unterrichtswesen
l'**aula**	Klassenzimmer; Saal
Le aule della nuova scuola sono molto moderne.	Die Klassenzimmer der neuen Schule sind sehr modern.
l'**asilo nido**	Kinderkrippe
L'asilo nido è al completo; non possono prendere altri bambini.	Die Kinderkrippe ist komplett belegt; es können keine weiteren Kinder aufgenommen werden.
materno, a	mütterlich; mütterlicherseits
il **liceo artistico**	musisches Gymnasium
In Italia ci sono anche licei artistici.	In Italien gibt es auch rein musisch orientierte Oberschulen.
il **liceo classico**	humanistisches Gymnasium
Il liceo classico comprende quindi due anni di ginnasio e tre anni di liceo e termina con la maturità.	Das humanistische Gymnasium umfaßt also zwei Jahre Ginnasio und drei Jahre Liceo und schließt mit dem Abitur ab.
il **liceo scientifico**	naturwissenschaftliches Gymnasium
Il liceo scientifico prevede cinque anni di studio e l'esame di maturità.	Das naturwissenschaftliche Gymnasium sieht fünf Schuljahre und die Abiturprüfung vor.

prevedere	vor(her)sehen
lo **scolaro,** la **scolara**	Schüler(in)
In questa classe ci sono quindici scolare e otto scolari.	In dieser Klasse sind fünfzehn Schülerinnen und acht Schüler.
il **banco (di scuola)**	Schulbank
la **cattedra**	Pult
il **recupero**	Aufholen; Bergung; Rückgewinnung

Im Unterricht

l'**attenzione** *f*	Aufmerksamkeit
I bambini devono fare attenzione a quello che dice il maestro.	Die Kinder müssen aufpassen, was der Lehrer sagt.
concentrarsi	sich konzentrieren
attento, a	aufmerksam
Cercate di stare attenti alle spiegazioni del professore.	Versucht auf die Erklärungen des Lehrers achtzugeben.
il **silenzio**	Stille
L'insegnante ha dovuto sgridare gli allievi perché non facevano silenzio.	Der Lehrer mußte mit den Schülern schimpfen, da sie keine Ruhe geben wollten.
zitto, a	still; ruhig
Sì, ma questi ragazzi non stanno mai zitti.	Ja, aber diese Jungs geben nie Ruhe.
imparare a memoria	auswendig lernen
Dobbiamo imparare a memoria molte date.	Wir müssen viele Daten auswendig lernen.
la **materia**	Unterrichtsfach
Quante materie devi preparare per l'esame?	Wie viele Fächer mußt du für die Prüfung vorbereiten?
l'**esercizio**	Übung
Ora faremo un esercizio in classe.	Wir machen jetzt eine Übung mit der ganzen Klasse.
l'**esempio**	Beispiel
L'insegnante ha fatto molti esempi per fare capire le regole.	Der Lehrer hat sehr viele Beispiele gebracht, um die Regeln zu erklären.
spiegare	erklären
Ti spiegherò subito il metodo che devi usare.	Ich erkläre dir gleich die Methode, die du anwenden mußt.

stupido, a — dumm
Dato che non sei stupido, se non hai capito la spiegazione è perché non sei stato attento. — Da du nicht dumm bist, hast du die Erklärung wohl deshalb nicht verstanden, weil du nicht aufgepaßt hast.

il **metodo** — Methode

sapere — wissen; können
Mi dispiace, ma non so calcolare molto bene. — Tut mir leid, aber ich kann nicht gut rechnen.

i **compiti** *pl* — Hausaufgaben
Per domani abbiamo molti compiti. — Für morgen haben wir viele Hausaufgaben auf.

esatto, a — richtig

l'**errore** *m* — Fehler; Irrtum
Quanti errori hai fatto nel tuo compito? — Wie viele Fehler hast du in deiner Arbeit gemacht?

lo **sbaglio** — Fehler
Ho fatto uno sbaglio, perché non potevo più concentrarmi. — Ich habe einen Fehler gemacht, weil ich mich nicht mehr konzentrieren konnte.

cancellare — (durch)streichen
Cancella quella frase, è sbagliata. — Streich diesen Satz; er ist falsch.

la **frase** — Satz

correggere — korrigieren
Quando hai corretto quel lavoro? — Wann hast du diese Arbeit korrigiert?

ascoltare — zuhören
Se non ascolti bene, sbaglierai ancora. — Wenn du nicht gut zuhörst, wirst du es wieder falsch machen.

leggere — lesen
Ora leggiamo insieme una bella poesia. — Jetzt werden wir zusammen ein schönes Gedicht lesen.

il **libro** — Buch

il **quaderno** — Heft
Dovete scrivere tutte queste formule nel vostro quaderno. — Ihr müßt alle diese Formeln in euer Heft eintragen.

scrivere — schreiben

la **penna** — Füller
Puoi prestarmi una penna, per favore? — Kannst du mir bitte einen Füller leihen?

la **matita** — Bleistift
No, ma se vuoi ho una matita. — Nein, aber ich habe einen Bleistift, wenn du willst.

il **dizionario**	Wörterbuch
Mi può consigliare un buon dizionario?	Können Sie mir ein gutes Wörterbuch empfehlen?
la **grammạtica**	Grammatik
la **lingua straniera**	Fremdsprache
La grammatica è molto importante, se si vuole parlare bene una lingua straniera.	Die Grammatik ist sehr wichtig, wenn man eine Fremdsprache gut sprechen will.
tradurre	übersetzen
Mi traduci quella lettera della mia amica tedesca?	Übersetzt du mir diesen Brief meiner deutschen Freundin?
contare	zählen
Io so contare fino a cento in quattro lingue, e tu?	Ich kann in vier Sprachen bis hundert zählen, und du?
calcolare	rechnen
sommare	zusammenzählen; addieren

Le lettere dell' alfabeto

A [a]	**J** [i lunga]	**S** [esse]
B [bi]	**K** [cappa]	**T** [ti]
C [ci]	**L** [elle]	**U** [u]
D [di]	**M** [emme]	**V** [vu]
E [e]	**N** [enne]	**W** [doppia vu]
F [effe]	**O** [o]	**X** [ics]
G [gi]	**P** [pi]	**Y** [ipsilon]
H [acca]	**Q** [qu]	**Z** [zeta]
I [i]	**R** [erre]	

sottrarre Per calcolare l'importo devi fare una sottrazione.	abziehen; subtrahieren Um den Betrag zu berechnen, mußt du eine Subtraktion durchführen.
moltiplicare Poi moltiplichi per otto e dividi per tre.	malnehmen, multiplizieren Dann multiplizierst du mit acht und dividierst durch drei.
dividere	teilen, dividieren
sgridare	schimpfen
la **memoria**	Gedächtnis
l'**alfabeto** Conosci l'alfabeto italiano?	Alphabet Kennst du das italienische Alphabet?
la **formula** Faremo ora degli esempi in cui potrete applicare la regola che avete appena imparato.	Formel Wir machen jetzt Beispiele, bei denen ihr die Regel anwenden könnt, die ihr gerade gelernt habt.
la **regola**	Regel
la **scrittura** Non riesco a leggere la tua scrittura.	(Hand)schrift Ich kann deine Schrift nicht lesen.
la **spiegazione**	Erklärung
sbagliare	falsch machen, Fehler machen; irren
lodare L'insegnante ha lodato i ragazzi per il loro rendimento.	loben Die Lehrerin hat die Kinder für ihre Leistung gelobt.
il **rendimento**	Leistung
sufficiente	ausreichend; genügend
il **tema** I ragazzi della mia classe hanno scritto dei temi molto belli.	Aufsatz Die Jungen aus meiner Klasse haben sehr schöne Aufsätze geschrieben.
copiare Se copi dal tuo compagno, avrete un voto bassissimo tutti e due.	abschreiben Wenn du bei deinem Nachbarn abschreibst, bekommt ihr beide eine 6.
suggerire ‹suggerisco›	vorsagen
riassumere	zusammenfassen

il **vocabolario**	Wörterbuch
Oggi ho dimenticato a casa il vocabolario di tedesco.	Ich habe heute mein deutsches Wörterbuch zu Hause vergessen.
il **calcolo**	Rechenaufgabe
Quel bambino è bravissimo a fare i calcoli.	Dieser Junge ist sehr begabt im Rechnen.
la **sottrazione**	Subtraktion

Universität

l'**università**	Universität
Bologna ha l'università più vecchia del mondo.	Bologna hat die älteste Universität der Welt.
la **facoltà**	Fakultät
A quale facoltà ti sei iscritto?	An welcher Fakultät hast du dich eingeschrieben?
lo **studio**	Studium; Lernen
Il mio studio è molto lungo, ma mi piace.	Mein Studium dauert sehr lang, aber es gefällt mir.
studiare	studieren; lernen
Oggi ho studiato bene e non ho paura dell'esame.	Ich habe heute gut gelernt und keine Angst vor der Prüfung.
lo **studente,** la **studentessa**	Student(in); Schüler(in) an einer höheren Schule
Gli studenti del liceo avranno un incontro con quelli dell'università.	Die Gymnasiasten werden sich mit Studenten der Uni treffen.
la **scienza**	(Natur)wissenschaft
Mi affascinano le scienze.	Die Naturwissenschaften faszinieren mich.
diventare	werden
il **corso**	Vorlesung
Sto frequentando un corso di filosofia del Professor Bellini all'università di Bologna.	Ich besuche eine Philosophievorlesung von Professor Bellini an der Universität von Bologna.
il **colloquio**	Unterredung
Vorrei avere un colloquio con un assistente di archeologia.	Ich hätte gerne eine Unterredung mit einem wissenschaftlichen Mitarbeiter der Archäologie.
il **lettore,** la **lettrice**	Lektor(in)

la **lettura** Bisogna fare esercizi di lettura inglese.	Lektüre; Leseübungen Es müssen Leseübungen auf Englisch gemacht werden.
(le) **lettere** *pl* Studiamo tutti e tre lettere e voi?	Geisteswissenschaften Wir studieren alle drei an der philosophischen Fakultät, und ihr?
(la) **letteratura**	Literatur
legge Noi studiamo legge e tra poco ci laureeremo.	Jura Wir studieren Jura und machen bald Examen.
(la) **filosofia** A Giovanni piacerebbe studiare storia e filosofia.	Philosophie Giovanni möchte Geschichte und Philosophie studieren.
(l') **economia**	Wirtschaftswissenschaften
(la) **biologia**	Biologie
(l') **archeologia**	Archäologie
(la) **storia**	Geschichte
il **latino**	Latein
l'**ingegneria**	Ingenieurwesen
la **fisica** Suo padre vorrebbe che Daniele studiasse fisica nucleare.	Physik Danieles Vater will, daß er Kernphysik studiert.
nucleare	nuklear; Kern-, Atom-
(l') **architettura** C'è la facoltà di architettura in quest'università?	Architektur Gibt es an dieser Uni das Studienfach Architektur?
esaminare In quante materie sarai esaminato?	prüfen In wie vielen Fächern wirst du geprüft?
l'**esame** *m* Che risultato hai avuto all'esame?	Prüfung Welche Prüfungsergebnisse hast du erzielt?
il **risultato**	Ergebnis
rimandare Non avevo studiato abbastanza e quindi sono stato rimandato.	durchfallen lassen Ich hatte nicht genug gelernt, also bin ich durchgefallen.

l'**istituto** Frequento l'istituto interpreti da due anni.	Institut Seit zwei Jahren besuche ich das Dolmetscherinstitut.
iscrịversi	sich einschreiben
la **borsa di studio** Spero di vincere una borsa di studio per la Germania.	Stipendium Ich hoffe ein Stipendium in Deutschland zu bekommen.
lo **scienziato,** la **scienziata** Giuseppe ha tutte le doti per diventare un ottimo scienziato.	Wissenschaftler(in) Giuseppe hat alle Anlagen, ein ausgezeichneter Wissenschaftler zu werden.
la **dote**	Begabung
l'**enciclopedịa** Se prendi una buona enciclopedia, troverai tutto quello che ti serve.	Lexikon Wenn du ein gutes Lexikon nimmst, wirst du alles finden, was du brauchst.
la **lạurea** Hai scelto una tesi di laurea molto bella ma anche problematica.	Universitätsabschluß; Doktortitel Du hast dir ein sehr schönes aber auch schwieriges Thema für deine Doktorarbeit ausgesucht.
universitario, a	Universitäts-; akademisch
laurearsi	promovieren; Examen machen
la **lode** Anna si è laureata con lode.	Auszeichnung Anna hat cum laude promoviert.
la **tesi**	Doktorarbeit; Examensarbeit
la **riforma** La riforma dell'università non ha portato solo vantaggi.	Reform Die Universitätsreform hat nicht nur Vorteile gebracht.

Berufsausbildung

apprẹndere
Un proverbio italiano dice: Apprendi l'arte e mettila a parte.

lernen
Ein italienisches Sprichwort sagt: gelernt ist gelernt.

l'**apprendista** *mf*
In questa fabbrica lavorano molti apprendisti.

Lehrling; Auszubildende(r)
In dieser Fabrik arbeiten viele Auszubildende.

l'**istruzione** *f*
Marcello sta terminando la sua istruzione professionale.

(Berufs)ausbildung
Marcello ist dabei, seine Berufsausbildung abzuschließen.

il **lavoro** Il mio lavoro non è molto faticoso.	Arbeit Meine Arbeit ist nicht sehr anstrengend.
professionale	beruflich; Berufs-
la **formazione professionale**	Berufsausbildung
programmare Bisogna programmare bene la preparazione dei lavoratori.	planen Man muß die Ausbildung der Arbeiter genau planen.
il **settore** In questo settore lavorano solo operaie.	Bereich; Branche In diesem Bereich sind nur Arbeiterinnen beschäftigt.
lavorare	arbeiten
lavorativo, a Durante l'orario lavorativo non si può uscire dalla fabbrica.	Arbeits- Während der Arbeitszeit darf man das Fabrikgelände nicht verlassen.
specializzato, a Da quanto tempo sei lavoratrice specializzata?	spezialisiert; Fach- Wie lange bist du schon Facharbeiterin?
il **capo**	Chef
l'**officina** In quest'officina non c'è nessun apprendista.	Werkstatt In dieser Werkstatt gibt es keine Lehrlinge.

l'**apprendistato** Quanti anni dura il tuo apprendistato?	Lehre Wie lange dauert deine Lehre?
istruito, a	gebildet
sorvegliare	überwachen
il **montaggio**	Montage; Einbau
montare Questi operai montano le macchine in fabbrica.	montieren; einbauen Diese Arbeiter montieren die Autos in der Fabrik.
smontare	aus-, abbauen; abmontieren
la **preparazione**	Vorbereitung

17 Berufe

Akademische Berufe

la **professione**	(akademischer) Beruf
Scusi, che professione fa?	Entschuldigung, was machen Sie beruflich?
l'**ingegnere**	Ingenieur(in)
Massimo non vuole diventare ingegnere, ma fisico.	Massimo will nicht Ingenieur werden, sondern Physiker.
l'**avvocato,** l' **avvocatessa**	Rechtsanwalt/-anwältin
Ho bisogno di un buon avvocato, me ne puoi consigliare uno della tua città?	Ich brauche einen guten Rechtsanwalt. Kannst Du mir einen aus deiner Stadt empfehlen?
il, la **giornalista**	Journalist(in)
Quella giornalista scrive sempre articoli molto interessanti.	Diese Journalistin schreibt immer sehr interessante Artikel.
il **dottore,** la **dottoressa**	Arzt, Ärztin
Il dottore mi ha detto che non è niente di grave.	Der Arzt hat mir gesagt, es sei nichts Schlimmes.
il **mẹdico**	Mediziner(in), Arzt, Ärztin
Non è meglio chiamare subito il medico?	Sollte man nicht besser gleich den Arzt rufen?
il **veterinario,** la **veterinaria**	Tierarzt/-ärztin
il, la **dentista**	Zahnarzt/-ärztin
Quando avete l'appuntamento dal dentista?	Wann habt ihr einen Termin beim Zahnarzt?
il, la **farmacista**	Apotheker(in)
E' meglio farsi consigliare dal farmacista, prima di prendere quella medicina.	Es ist besser, sich von einem Apotheker beraten zu lassen, bevor man dieses Medikament nimmt.
lo **psicọlogo,** la **psicọloga**	Psychologe, Psychologin
il, la **professionista**	(nichthandwerkliche(r)) Berufstätige(r)
Sono professore di economia e lavoro come libero professionista.	Ich bin Professor der Ökonomie und bin freiberuflich tätig.
l'**architetto**	Architekt(in)
Quest'architetto è specializzato nella costruzione di scuole.	Dieser Architekt ist auf den Bau von Schulen spezialisiert.
il, la **commercialista**	Betriebsberater(in); Wirtschaftsberater(in); Steuerberater(in)
Grazie al mio commercialista ho potuto risparmiare molte tasse.	Dank meines Steuerberaters habe ich viele Steuern sparen können.

l'**intẹrprete** *mf*	Dolmetscher(in)
Il lavoro dell'interprete è molto duro e non così facile come sembra.	Die Dolmetschertätigkeit ist sehr anstrengend und nicht so einfach, wie es aussieht.
il **matemạtico**	Mathematiker(in)
il **chịmico**	Chemiker(in)
Nando ha deciso di diventare chimico.	Nando hat beschlossen, Chemiker zu werden.
il **laboratorio**	Labor
Dato che Lei è chimico, perché non si mette a lavorare in un laboratorio?	Sie sind doch Chemiker; warum suchen Sie sich nicht eine Arbeit in einem Labor?
mẹttersi a	sich machen an
probạbile	wahrscheinlich
E' probabile che io lo faccia.	Wahrscheinlich mache ich das.
il **fịsico**	Physiker(in)
lo, la **psichiatra**	Psychiater(in)
Credo proprio che quel ragazzo abbia bisogno di un buono psichiatra.	Ich glaube tatsächlich, daß dieser Junge einen guten Psychiater braucht.

Nichtakademische Berufe

l'**agente** *mf*	Agent(in); Vertreter(in); Vermittler(in)
Giulio cerca un posto come agente di commercio.	Giulio sucht eine Stelle als Handelsvertreter.
l'**agenzịa**	Agentur
I cugini di Sergio hanno un'agenzia viaggi.	Sergios Vettern haben ein Reisebüro.
l'**assistente** *mf*	Assistent(in)
l'**autista** *mf*	Chauffeur, Fahrer(in)
Domanderemo all'autista, se ci può portare in Piazza del Popolo.	Wir werden den Fahrer fragen, ob er uns zur Piazza del Popolo bringen kann.
il **cameriere,** la **cameriera**	Kellner(in); Zimmermädchen
In questo locale ci sono sempre pochi camerieri.	In diesem Lokal arbeiten immer nur wenige Kellner.
Mariella fa la cameriera nell'Hotel Michelangelo.	Mariella ist Zimmermädchen im Hotel Michelangelo.

il **casalingo,** la **casalinga**	Hausmann/-frau
Anna ha imparato un buon mestiere, ma preferisce fare la casalinga.	Anna hat einen guten Beruf gelernt, aber sie zieht es vor, Hausfrau zu sein.
collaborare	zusammenarbeiten; kooperieren
Mi piacerebbe molto che tu collaborassi con me.	Ich hätte gerne, daß du mit mir zusammenarbeitest.
il **commesso,** la **commessa**	Verkäufer(in)
l'**infermiere,** l' **infermiera**	Krankenpfleger(in), Krankenschwester
Ferdinando ha imparato il lavoro da infermiere facendo il servizio volontario.	Ferdinando hat während des Ersatzdienstes den Beruf des Krankenpflegers erlernt.
volontario, a	freiwillig
il **marinaio**	Seemann, Matrose
Il mestiere di marinaio può essere ricco d'avventure.	Der Beruf des Matrosen kann reich an Abenteuern sein.
il **pescatore**	Fischer
il **poliziotto,** la **poliziotta**	Polizist(in)
Adriano vuole fare il poliziotto, quando sarà grande.	Adriano will Polizist werden, wenn er groß ist.
il **pompiere**	Feuerwehrmann
Spesso i bambini dicono che da grandi faranno i pompieri.	Kleine Jungen sagen oft, daß sie Feuerwehrmann werden wollen, wenn sie groß sind.
il **segretario,** la **segretaria**	Sekretär(in)
Il signor Rossi non c'è, ma Le passo la sua segretaria.	Herr Rossi ist nicht da; ich verbinde Sie mit seiner Sekretärin.

l'**agente di polizia** *mf*	Polizeibeamter/-beamtin
Gli agenti di polizia hanno indagato sul caso.	Die Polizeibeamten haben den Fall untersucht.
l'**assistente sociale** *mf*	Sozialarbeiter(in)
l'**assistenza sociale**	Wohlfahrt
il **collaboratore,** la **collaboratrice**	Mitarbeiter(in)
Nel nostro ufficio ci sono tre nuovi collaboratori.	In unserem Büro haben wir drei neue Mitarbeiter.
la **collaborazione**	Zusammenarbeit
il, la **dipendente**	Beschäftigte(r)
Il numero dei dipendenti è rimasto sempre uguale.	Die Zahl der Beschäftigten ist immer gleich geblieben.

il **fotografo,** la **fotografa** Il fotografo che ha il negozio in Via Gramsci verrà a fare le fotografie alla nostra festa.	Fotograf(in) Der Fotograf, der sein Geschäft in der Via Gramsci hat, wird kommen, um bei unserem Fest Fotos zu machen.
il **giardiniere** Ha scelto il mestiere di giardiniere perché ama molto i fiori.	Gärtner(in) Er hat den Gärtnerberuf gewählt, weil er Blumen sehr gern hat.
scegliere	(aus)wählen
il **postino,** la **postina** Il postino suona sempre ed aspetta fuori, perché ha paura del mio cane.	Briefträger(in) Der Briefträger klingelt immer und wartet draußen, weil er vor meinem Hund Angst hat.
il **ragioniere,** la **ragioniera** Il capo di questo reparto è il ragionier Rizzi.	Buchhalter(in) Leiter dieser Abteilung ist der Buchhalter Rizzi.
il, la **rappresentante** Due giorni fa è venuto il rappresentante della ditta Giacomini per farci vedere i suoi prodotti.	Vertreter(in) Vor zwei Tagen ist der Vertreter der Firma Giacomini gekommen, um seine Produkte zu präsentieren.
il **venditore,** la **venditrice** All'angolo di quella strada c'è sempre un venditore di giornali.	Verkäufer(in) An dieser Straßenecke steht immer ein Zeitungsverkäufer.

Handwerkliche Berufe

il **calzolaio,** la **calzolaia** Se passi da quelle parti, ricordati di ritirare le scarpe dal calzolaio.	Schuhmacher(in) Wenn du in der Gegend bist, denke daran, die Schuhe beim Schuhmacher abzuholen.
ritirare	abholen
il **cuoco,** la **cuoca** Paolo ed Antonio sono cuochi ed apriranno presto un ristorante.	Koch, Köchin Paolo und Antonio sind Köche und werden demnächst ein Restaurant eröffnen.
l'**elettricista** *m* Non riesco a riparare il guasto da solo, chiama l'elettricista.	Elektriker(in) Alleine kann ich den Schaden nicht beheben, laß den Elektriker kommen.
il **falegname**	Schreiner(in), Tischler(in)

Dobbiamo chiamare il falegname per riparare l'armadio, o lo portiamo nella sua bottega?	Müssen wir den Schreiner kommen lassen, damit er den Schrank repariert, oder bringen wir ihn in seine Werkstatt?
il **macellaio**	Metzger(in)
il **meccạnico**	Mechaniker(in)
Da quale meccanico porti la tua macchina?	Zu welchem Mechaniker bringst du dein Auto?
il **parrucchiere,** la **parrucchiera**	Friseur(in), Friseuse
Lucia fa la parrucchiera per signore.	Lucia arbeitet als Damenfriseuse.
Quel parrucchiere è molto famoso, ma non te lo consiglio perché è troppo caro.	Dieser Friseur ist sehr bekannt, aber ich kann ihn dir nicht empfehlen, weil er zu teuer ist.
il **tẹcnico,** la **tẹcnica**	Techniker(in)
Stamattina è venuto il tecnico e mi ha detto che non è più possibile riparare la macchina.	Heute morgen war der Techniker hier und hat mir gesagt, es sei nicht mehr möglich, die Maschine zu reparieren.

il **mestiere**	(nichtakademischer) Beruf
l'**agricoltore** *m*	Landwirt
Mi piace fare l'agricoltore e lavorare la terra.	Ich bin gerne Bauer, und die Landarbeit macht mir Spaß.
l'**artigiano,** l' **artigiana**	Handwerker(in)
Non è più tanto facile trovare buoni artigiani.	Gute Handwerker zu finden, ist gar nicht mehr so einfach.
esperto, a	erfahren
Io ne cerco uno molto esperto, perché sono molto esigente.	Ich brauche einen sehr erfahrenen, da ich sehr anspruchsvoll bin.
esigente	anspruchsvoll
il **barbiere**	Herrenfriseur
E' proprio ora che tu vada dal barbiere! Ma oggi è lunedì, e la bottega è chiusa.	Es ist wirklich Zeit, daß du zum Friseur gehst! Aber heute ist Montag, und der Laden ist geschlossen.
la **bottega**	Laden; Werkstatt
elettrọnico, a	elektronisch
Non è sempre facile imparare ad usare gli apparecchi elettronici.	Den Gebrauch elektronischer Apparate zu erlernen, ist nicht immer einfach.
il **fornaio,** la **fornaia**	Bäcker(in)
Ora vado dal fornaio a comprare pane fresco.	Ich gehe jetzt zum Bäcker frisches Brot kaufen.

l'**orologiaio,** l' **orologiaia**	Uhrmacher(in)
All'angolo di Via Manzoni c'è un orologiaio molto bravo.	An der Ecke der Via Manzoni ist ein sehr guter Uhrmacher.
il **pittore,** la **pittrice**	Maler(in), Anstreicher(in)
Domani verranno i pittori e mi hanno promesso di finire i lavori in tre giorni.	Morgen kommen die Maler; sie haben mir versprochen, die Arbeiten innerhalb von drei Tagen zu beenden.
il **sarto,** la **sarta**	Schneider(in)
La sarta ha detto che consegnerà il vestito la prossima settimana.	Die Schneiderin hat gesagt, sie bringe das Kleid kommende Woche.
l'**esigenza**	Anspruch; Erfordernis; Anforderung
Le posso consigliare un sarto capace di soddisfare tutte le sue esigenze.	Ich kann Ihnen einen Schneider empfehlen, der all Ihren Ansprüchen gerecht wird.

18 Volkswirtschaft

Landwirtschaft

l'**agricoltura** L'agricoltura è molto importante per ogni paese.	Landwirtschaft Landwirtschaft ist sehr wichtig für jedes Land.
il **contadino,** la **contadina** La contadina si alza sempre molto presto e va nell'orto.	Bauer, Bäuerin Die Bäuerin steht immer sehr früh auf und geht in den Gemüsegarten.
l'**orto**	Gemüsegarten
piantare E' ora di piantare le viti e di preparare la vigna.	pflanzen Es ist Zeit, die Weinstöcke zu pflanzen und den Weinberg in Ordnung zu bringen.
la **vigna**	Weinberg
coltivare Questo campo è coltivato a grano.	anbauen Auf diesem Feld wird Korn angebaut.
il **prodotto**	Produkt
naturale Oggi tutti vogliono avere prodotti naturali.	natürlich Heutzutage wollen alle Leute Naturprodukte haben.
il **trattore** Il contadino lavora nei campi con il trattore.	Traktor Der Bauer arbeitet mit dem Traktor auf den Feldern.
il **campo**	Feld
la **miseria** Questi campi producono poco e qui c'è una grande miseria.	Elend Diese Felder bringen nur geringen Ertrag, und es herrscht hier großes Elend.
seminare	säen
il **raccolto** Quando comincia il raccolto?	Ernte Wann beginnt die Ernte?
mietere In giugno bisogna mietere il grano.	mähen Im Juni ist das Korn zu mähen.
la **vendemmia** Quest'anno la vendemmia è stata ottima.	Weinlese Dieses Jahr war die Weinlese hervorragend.
la **vite**	Weinstock

l'**allevamento** I Marchetti hanno il più grande allevamento della zona.	Viehzucht Die Marchettis betreiben die ausgedehnteste Viehzucht der ganzen Gegend.
la **stalla**	Stall
la **paglia** Andiamo a comprare due sacchi di paglia dal contadino.	Stroh Wir gehen zu dem Bauern zwei Sack Stroh kaufen.
l'**erba**	Gras
il **fieno** Avete abbastanza fieno per il bestiame?	Heu Habt ihr genug Heu für das Vieh?
la **mucca** Tutte le mucche sono nella stalla.	Kuh Alle Kühe sind im Stall.
il **vitello**	Kalb

la **campagna** In tutta la campagna ci sono diversi tipi di coltivazione.	Land Auf dem ganzen Land gibt es unterschiedliche Formen des Ackerbaus.
la **coltivazione**	Anbau; Bestellung
l'**aratro** Bisogna lavorare il terreno con l'aratro prima di seminare.	Pflug Vor dem Säen muß man mit dem Pflug arbeiten.
il **terreno**	Grund; Boden
spianare Prima di seminare, vorrei che spianassero il terreno.	(ein)ebnen; planieren Vor der Aussaat möchte ich, daß das Gelände geebnet wird.
la **coltura** Il terreno non è adatto per la coltura del frumento.	Anbau; Kultur Der Boden ist für den Anbau von Weizen nicht geeignet.
genuino, a	echt; natürlich; unverfälscht
la **produzione** E' una produzione genuina garantita.	Produktion Es handelt sich garantiert um ein natürliches Erzeugnis.
ricavare Portiamo alla cooperativa tutto quello che ricaviamo dai campi.	erzielen; herausholen Den Gesamtertrag unserer Felder bringen wir zur Genossenschaft.
la **cooperativa**	Genossenschaft
il **mulino** Hai notato quel vecchio mulino in mezzo agli alberi?	Mühle Hast du die alte Mühle inmitten der Bäume bemerkt?

notare	bemerken
cọgliere	ernten
gli **agrumi** *pl* Cominceremo a cogliere gli agrumi in autunno.	Zitrusfrüchte Im Herbst beginnen wir, die Zitrusfrüchte zu ernten.
la **falce** Devo lavorare con la falce perché si è rotta la falciatrice.	Sense; Sichel Ich muß mit der Sense arbeiten, da die Mähmaschine kaputtgegangen ist.
tagliare Hai già tagliato l'erba?	schneiden Hast du schon das Gras gemäht?
la **pianta**	Pflanze
la **falciatrice**	Mähmaschine
la **vegetazione** La vegetazione è molto scarsa perché manca l'acqua.	Vegetation Die Vegetation ist hier sehr spärlich, da es an Wasser fehlt.
pascolare	weiden

Industrie und Handel

l'**industria** Nella mia città c'è una grande industria di mobili.	Industrie In meiner Stadt gibt es eine ausgedehnte Möbelindustrie.
industriale	industriell, Industrie-
il **commercio**	Handel; Geschäft
la **merce**	Ware
la **domanda** La domanda è superiore alla richiesta e bisogna produrre di più.	Nachfrage Die Nachfrage übertrifft das Angebot; die Produktion muß erhöht werden.
produrre	produzieren
l'**offerta**	Angebot
fornire ‹fornisco› La ditta fornisce la merce in base al listino prezzi.	liefern Die Firma wird die Ware gemäß der Preisliste liefern.
il **listino prezzi**	Preisliste

l'**ordine** *m*	Bestellung; Auftrag
Avete ricevuto il nostro ordine?	Haben Sie unsere Bestellung erhalten?
l'**importazione** *f*	Import
Negli ultimi anni l'importazione è aumentata del tre percento.	In den letzten Jahren hat der Import um drei Prozent zugenommen.
aumentare	erhöhen
il **percento**	Prozent
l'**esportazione** *f*	Export
Alla radio hanno detto che ridurranno le esportazioni.	Im Radio wurde mitgeteilt, daß der Export gedrosselt wird.
ridurre	herabsetzen
la **tecnica**	Technik
la **marca**	Marke
Questa marca è famosa in tutto il mondo.	Diese Marke ist auf der ganzen Welt bekannt.
la **ditta**	Firma
spettabile	sehr geehrte(r)
Spettabile ditta Martini - Piazza Diaz 31 - Milano	An Firma Martini - Piazza Diaz 31 - Mailand *(Im Italienischen übliche Formel in Geschäftsbriefen)*
il **socio,** la **socia**	Gesellschafter(in)
Quanti soci ci sono in questa ditta?	Wie viele Gesellschafter hat diese Firma?
gratis	gratis
Se compri per oltre centomila lire ti danno un orologio gratis.	Wenn du für über 100.000 Lire kaufst, bekommst du eine Uhr gratis.
oltre *unv*	weitere(r, s)
la **contabilità**	Buchführung
Devo fare la contabilità nell'ufficio di mio fratello.	Ich muß die Buchführung im Büro meines Bruders erledigen.
il **bilancio**	Bilanz
La chiusura del bilancio deve essere pronta per il 31 dicembre.	Der Bilanzabschluß muß bis 31. Dezember vorliegen.
pronto, a	fertig; bereit
rendere	einbringen
Il nostro commercio non rende molto, ma basta per vivere.	Unser Geschäft bringt nicht viel ein, aber es reicht zum Leben.

il **consumatore,** la **consumatrice**	Verbraucher(in)
la **richiesta** Negli ultimi tempi è aumentata la richiesta di oggetti di lusso.	Verlangen; Nachfrage In der letzten Zeit ist die Nachfrage nach Luxusgütern gestiegen.
richiẹdere	zurückverlangen; erfordern; beantragen
il **rifornimento** E' ora di pensare al rifornimento di materiale.	Versorgung; Nachschub Es ist Zeit, sich um die Materialversorgung zu kümmern.
l'**inventario** Avete già fatto l'inventario della merce?	Inventur; Bestandsaufnahme Habt ihr schon Inventur gemacht?
la **liquidazione** Questi prodotti sono in liquidazione.	Ausverkauf; Abwicklung Diese Produkte sind im Ausverkauf.
scarso, a	knapp
le **materie prime** *pl* Le materie prime sono diventate scarse in questo paese.	Rohstoffe Die Rohstoffe sind knapp geworden in diesem Land.
il **produttore,** la **produttrice**	Produzent(in)
il, la **commerciante**	Händler(in); Kaufmann, Kauffrau
esportare L'Italia esporta molti articoli di moda.	exportieren Italien exportiert viele Modeartikel.
importare Sì, ma deve importare anche molte materie prime.	importieren Ja, aber es müssen auch viele Rohstoffe eingeführt werden.
la **tecnologịa**	Technologie
il **campione** Hai preparato i campioni per la fiera?	Muster Hast du die Muster für die Messe vorbereitet?
la **fiera** Alla Fiera dell'Est mio padre comprò un topolino.	Messe Auf der Fiera dell'Est hat mein Vater ein Mäuschen gekauft.
la **riduzione** In questo settore c'è stata una grande riduzione dei prezzi.	Abnahme; Senkung In diesem Sektor gab es große Preissenkungen.
il **preventivo** Per decidere, ho bisogno che mi facciate un preventivo.	Kostenvoranschlag Damit ich entscheiden kann, müssen Sie mir einen Kostenvoranschlag machen.

il **rendimento**	Leistung
La nuova tecnologia ha portato all'aumento del rendimento.	Die neue Technologie hat zu einer Leistungszunahme geführt.
superiore	höher
il **profitto**	Profit; Gewinn
Il calcolo delle perdite e dei profitti verrà fatto dal commercialista.	Die Gewinn- und Verlustrechnung wird von unserem Steuerberater erstellt.
la **pẹrdita**	Verlust
commerciale	Handels-, kommerziell
l'**assortimento**	Sortiment
Quel commerciante ha il miglior assortimento della città.	Dieser Kaufmann hat das beste Sortiment der Stadt.
l'**apertura**	Öffnung
L'orario di apertura e chiusura dei negozi in Italia è abbastanza libero.	Die Ladenöffnungszeiten sind in Italien wenig reglementiert.
la **chiusura**	Schließung

Arbeitswelt

la **fạbbrica**	Fabrik
In questa fabbrica lavorano più di cento operai.	In dieser Fabrik arbeiten über hundert Arbeiter.
la **licenza**	Lizenz
Lavoriamo su licenza per il Portogallo.	Wir arbeiten mit einer Lizenz für Portugal.
invạlido, a	erwerbsunfähig
Mario non lavora più perché è invalido.	Mario arbeitet nicht mehr, da er erwerbsunfähig ist.
l'**operaio,** l' **operaia**	Arbeiter(in)
Le operaie sono molto contente delle loro paghe.	Die Arbeiterinnen sind mit ihrem Lohn sehr zufrieden.
Salvatore e Giuseppe sono operai specializzati.	Salvatore und Giuseppe sind Facharbeiter.
la **paga**	Lohn
l'**antịcipo**	Vorschuß
La paga non mi basta mai fino alla fine del mese, devo chiedere sempre un'anticipo.	Ich komme nie bis zum Monatende mit meinem Lohn aus, ich muß immer um einen Vorschuß bitten.
l'**impiegato,** l' **impiegata**	Angestellte(r)
Le impiegate escono dall'ufficio alle 17.00.	Die weiblichen Angestellten verlassen das Büro um 17.00 Uhr.

guadagnare — verdienen

faticoso, a — anstrengend
Guadagno bene, ma il lavoro è faticoso. — Ich verdiene gut, aber die Arbeit ist anstrengend.

l'**impegno** — Verpflichtung
Il signor Conestrari ha troppi impegni di lavoro, non può venire. — Herr Conestrari hat zu viele berufliche Verpflichtungen, er kann nicht kommen.

lo **stipendio** — Gehalt
Gli stipendi dei nostri impiegati sono molto buoni. — Die Gehälter unserer Angestellten sind sehr gut.

assụmere — einstellen
Siamo stati assunti tutti insieme tre mesi fa. — Wir sind vor drei Monaten alle zusammen eingestellt worden.

l'**emancipazione** *f* — Emanzipation
Grazie all'emancipazione ora vengono assunte le donne anche per i lavori tecnici. — Dank der Emanzipation werden jetzt Frauen auch in technischen Berufen eingestellt.

emancipato, a — emanzipiert

licenziare — entlassen
Hanno licenziato Mario su due piedi e lui è andato al sindacato. — Mario wurde auf der Stelle entlassen und hat sich an die Gewerkschaft gewandt.

disoccupato, a — arbeitslos
Ci sono molti disoccupati in Italia? — Gibt es viele Arbeitslose in Italien?

lo **sciọpero** — Streik

il **sindacato** — Gewerkschaft

l'**impiego** — Anstellung
Ho deciso che se perderò quest'impiego non lavorerò più. — Ich habe beschlossen, nicht mehr zu arbeiten, falls ich diese Anstellung verliere.

la **concorrenza** — Konkurrenz
La concorrenza in questo campo non è molto forte. — Die Konkurrenz auf diesem Gebiet ist nicht sehr stark.
Il canale 5 fa molta concorrenza alle altre stazioni. — Der Kanal 5 macht den anderen Sendern heftig Konkurrenz.

l'**artigianato**	Handwerk
l'**azienda**	Firma
Ieri hanno deciso che l'azienda assumerà dieci nuove lavoratrici.	Gestern wurde beschlossen, daß die Firma zehn neue Arbeiterinnen einstellt.
il **lavoratore,** la **lavoratrice**	Arbeiter(in)
I lavoratori hanno fatto sciopero per avere un salario più alto.	Die Arbeiter haben gestreikt, um höhere Löhne zu bekommen.
Da semplice lavoratore è diventato capo del reparto.	Er hat es vom einfachen Arbeiter zum Abteilungsleiter gebracht.
il **salario**	Lohn
la **tariffa**	Tarif
lo **straordinario**	Überstunde
Il salario è basso ma faccio sempre diverse ore di straordinario.	Der Lohn ist niedrig, aber ich mache immer eine Anzahl Überstunden.
il **turno**	Schicht
A che ora sei di turno?	Um wieviel Uhr beginnt deine Schicht?
il **guadagno**	Gewinn
Mi sembra che quest'anno abbiate avuto un ottimo guadagno.	Mir scheint, daß ihr dieses Jahr einen sehr guten Gewinn erzielt habt.
l'**impresa**	Unternehmen
L'impresa dell'ingegner Bianchi è più grande di quella concorrente.	Das Unternehmen von Ingenieur Bianchi ist größer als das der Konkurrenz.
concorrente	Konkurrenz-
il **licenziamento**	Entlassung
Abbiamo paura che ci sarà un licenziamento in massa.	Wir haben Angst, daß es zu Massenentlassungen kommt.
la **disoccupazione**	Arbeitslosigkeit
Il problema della disoccupazione si fa sentire in molti paesi.	Das Problem der Arbeitslosigkeit wird in vielen Ländern spürbar.
la **cassa integrazione**	Arbeitslosenunterstützung
I miei amici sono in cassa integrazione già da cinque mesi.	Meine Freunde beziehen schon seit fünf Monaten Arbeitslosenunterstützung.
scioperare	streiken
Maria non sciopera mai, perché ha paura di perdere l'impiego.	Maria streikt nie, da sie Angst hat, ihre Stelle zu verlieren.
sindacale	gewerkschaftlich
E' stato organizzato uno sciopero sindacale per domani.	Für morgen wurde von der Gewerkschaft ein Streik organisiert.

lo **stabilimento**	Werk
Sì, ho sentito che chiuderanno tutti gli stabilimenti.	Ja, ich habe gehört, daß alle Werke geschlossen werden.
lo **sviluppo**	Entwicklung
Quali sviluppi hanno avuto gli scioperi degli ultimi giorni?	Welche Entwicklung haben die Streiks der letzten Tage genommen?

Finanzwesen

i **soldi** *pl*	Geld
Dove c'è una banca qui vicino? Devo cambiare i soldi.	Wo gibt es hier in der Nähe eine Bank? Ich muß Geld wechseln.
la **moneta**	Münze; Geldstück
Ho bisogno di una moneta da 200 lire per il telefono.	Ich brauche ein 200-Lire-Stück zum Telefonieren.
la **banca**	Bank
il **bancomat**	Geldautomat
cambiare	wechseln
Scusi, mi può cambiare un biglietto da centomila?	Entschuldigung, können Sie einen Hunderttausend-Lire-Schein wechseln?
il **conto corrente**	Girokonto
Vorrei versare questa somma sul tuo conto corrente.	Ich möchte diesen Betrag auf dein Girokonto überweisen.
l'**assegno**	Scheck
Mi dispiace, ma non accettiamo assegni.	Tut mir leid, aber wir nehmen keine Schecks.
incassare	(ein)kassieren; einziehen
Avete già incassato la somma che avevate prestato?	Habt ihr schon den Betrag kassiert, den ihr ausgeliehen hattet?
il **credito**	Kredit
No, ma non è pericoloso fare credito a quella persona.	Nein, aber es ist unbedenklich, dieser Person einen Kredit zu geben.
la **somma**	Summe; Betrag
il **debito**	Schuld
Ora non possiamo fare spese perché abbiamo già troppi debiti.	Wir können uns zur Zeit keine Ausgaben leisten, da wir schon zu viele Schulden haben.
il **compenso**	Entgelt; Entschädigung
Il compenso per il nostro lavoro è minimo.	Das Entgelt für unsere Arbeit ist minimal.
minimo, a	minimal
massimo, a	maximal
il **pagamento**	Zahlung

effettuare	tätigen; ausführen
Il pagamento deve essere effettuato entro il 15 del mese.	Die Zahlung hat bis zum 15. des Monats zu erfolgen.
netto	netto
lordo	brutto
Quale importo devo scrivere, quello netto o quello lordo?	Welchen Betrag soll ich notieren, den Netto- oder den Bruttobetrag?
la **tassa**	Gebühr; Steuer; Abgabe
Scrivi quello netto e segna la tassa a parte.	Schreib den Nettobetrag und notier die Steuer getrennt.
le **tasse** *pl*	Steuern
il **prẹstito**	Darlehen
il **costo**	Kosten
calcolare	berechnen; kalkulieren
Se vuoi confrontare bene devi prima calcolare tutto.	Um einen richtigen Vergleich zu haben, mußt du zuerst alles in die Rechnung einbeziehen.
il **cạlcolo**	Berechnung
la **ricevuta**	Quittung
Eccole la ricevuta!	Da haben Sie die Quittung!
finanziare	finanzieren
Ho bisogno di un prestito per finanziare la casa.	Ich benötige ein Darlehen zur Finanzierung des Hauses.
il **risparmio**	Ersparnis
Abbiamo versato tutti i nostri risparmi nel libretto di risparmio.	Wir haben all unsere Ersparnisse auf das Sparbuch eingezahlt.
risparmiare	(ein)sparen
versare	überweisen; übertragen
riscuọtere	einlösen; beziehen; gutgeschrieben bekommen
Oggi ho riscosso gli interessi di tre mesi.	Heute wurden mir die Zinsen für drei Monate gutgeschrieben.
l'**interesse** *m*	Zins
trasferire ‹trasferisco›	übertragen
Perché non trasferisci gli interessi sul conto corrente?	Warum überträgst du nicht die Zinsen auf das Girokonto?
la **borsa**	Börse
Cristoforo è un esperto di operazioni in borsa.	Cristoforo ist Fachmann für Börsengeschäfte.

l'**operazione** *f*	Transaktion, Geschäft
il **denaro** In quale valuta vuole il denaro?	Geld In welcher Währung wollen Sie das Geld?
le **divise estere** *pl* Devo procurare delle divise estere per il prossimo viaggio.	ausländische Währungen Für die nächste Reise muß ich mir ausländisches Geld besorgen.
il **cambio** Il cambio del marco è molto favorevole.	Wechsel(kurs) Der Wechselkurs der Mark ist sehr günstig.
valere Mi può dire quanto valgono queste monete?	wert sein Können Sie mir sagen, was diese Münzen wert sind?
la **valuta**	Währung
il **corso**	Kurs
la **lira**	Lira
il **marco**	Mark
il **franco** Il corso del franco è salito ancora.	Franken Der Kurs des Franken ist weiter gestiegen.
la **cassa di risparmio**	Sparkasse
il **libretto di risparmio**	Sparbuch
il **capitale** Hai risparmiato tutta la vita ed ora hai un bel capitale.	Kapital Du hast das ganze Leben lang gespart und verfügst jetzt über ein ansehnliches Kapital.
prestare Potresti prestarci l'importo che ci serve per quell'affare?	leihen Könntest du uns den Betrag leihen, den wir für das Geschäft benötigen?
l'**affare** *m*	Geschäft
l'**importo**	Betrag
l'**eurocheque** *m* [euroʃ'ʃɛk] E' possibile pagare con un eurocheque?	Euroscheck Kann man mit Euroscheck zahlen?
la **carta-assegno**	Scheckkarte
la **carta di credito** Questa carta di credito viene accettata quasi dappertutto.	Kreditkarte Diese Kreditkarte wird fast überall akzeptiert.
il **reddito**	Rendite; Einnahme

l'**azione** *f*	Aktie
Il reddito di quelle azioni è molto alto.	Diese Aktien haben eine sehr hohe Rendite.
l'**attivo**	Haben
il **passivo**	Soll
L'anno scorso la ditta ha lavorato in passivo, ma quest'anno sarà in attivo.	Vergangenes Jahr war die Firma in den roten Zahlen, aber dieses Jahr wird sie Gewinne erzielen.
la **cambiale**	Wechsel
Pagherò un acconto in contanti, il resto con cambiali.	Ich werde eine Anzahlung in bar leisten und den Rest per Wechsel zahlen.
il **vaglia**	Anweisung
Ieri è arrivato un vaglia dalla Germania.	Gestern ist eine Geldanweisung aus Deutschland gekommen.
il **contante**	Barbetrag
l'**investimento**	Investition
Se vuoi fare degli investimenti finanziari, fatti consigliare dalla tua banca.	Wenn du Geld anlegen willst, laß dich von deiner Bank beraten.
finanziario, a	finanziell; Finanz-

Versicherungswesen

il **rischio**	Risiko
la **garanzịa**	Haftung; Garantie
l'**assicurazione** *f*	Versicherung
Voglio fare un'assicurazione sulla vita.	Ich will eine Lebensversicherung abschließen.
il **contratto**	Vertrag
la **firma**	Unterschrift
In questo contratto manca ancora la firma.	Auf diesem Vertrag fehlt noch die Unterschrift.
assicurare	versichern
Siamo già assicurati contro tutti i rischi.	Wir sind schon gegen alle Risiken versichert.
il **danno**	Schaden
Questo danno verrà regolato entro due mesi.	Dieser Schaden wird innerhalb von zwei Monaten geregelt.

regolare	regeln
il **risarcimento** Se non hai avuto ancora il risarcimento, devi reclamare.	Entschädigung Wenn du noch keine Entschädigung erhalten hast, mußt du reklamieren.
reclamare	reklamieren; fordern
sistemare Non si preoccupi, la mia assicurazione sistemerà tutto.	regeln; in Ordnung bringen Seien Sie beruhigt, meine Versicherung wird alles in Ordnung bringen.
risarcire ‹risarcisco› Sei sicuro che ti risarcisca?	entschädigen Bist du sicher, daß er dich entschädigt?
la **responsabilità** Sì, perché la responsabilità è solo sua.	Verantwortung Ja, denn die Verantwortung liegt ganz bei ihm.
l'**infortunio**	Unfall
la **mutua** Siamo iscritti alla mutua degli artigiani.	Krankenkasse Wir sind bei der Handwerkerkrankenkasse eingeschrieben.
iscritto, a	eingeschrieben
la **tẹssera** Sono iscritto solo da poco tempo e non ho ancora la tessera.	Ausweis; (Kenn)karte Ich bin erst seit kurzem Mitglied und habe noch keinen Ausweis.
il **certificato mẹdico** Hai già presentato il certificato medico?	ärztliches Attest Hast du das Attest schon eingereicht?
l'**ọbbligo** Sei sicuro che abbia l'obbligo di farlo?	Verpflichtung Bist du sicher, daß ich dazu verpflichtet bin?
i **dati personali** *pl*	Angaben zur Person
la **pensione** Non ho ancora diritto alla pensione, devo aspettare altri tre anni.	Pension Ich habe noch keinen Rentenanspruch; ich muß noch drei Jahre warten.
il **pensionato,** la **pensionata**	Rentner(in)
l'**indennità** Angelo ha ricevuto un'indennità di dieci milioni.	Entschädigung Angelo hat eine Entschädigung in Höhe von zehn Millionen erhalten.

la **polizza** La polizza copre i danni dell'assicurato fino ad un miliardo.	Police Die Police deckt die Schäden des Versicherten bis zu einer Milliarde.
coprire	decken
l'**assicurato,** l' **assicurata**	Versicherungsnehmer(in)
provvedere Non ha provveduto in tempo alla denuncia del sinistro.	sorgen für; vornehmen Sie haben die Schadensmeldung nicht rechtzeitig vorgenommen.
il **sinistro**	Schaden
la **denuncia**	Meldung
rivendicare Abbiamo già rivendicato un adeguato indennizzo.	fordern; beanspruchen Wir haben schon einen angemessenen Schadensersatz gefordert.
l'**indennizzo**	Schadensersatz
contrattare Dobbiamo contrattare una soluzione diversa.	vertraglich vereinbaren; aushandeln Wir müssen eine andere Lösung vereinbaren.
rispondere La mia assicurazione risponderà di tutto.	haften; aufkommen Meine Versicherung wird für alles aufkommen.
garantire ‹garantisco›	haften; garantieren
il **reclamo** Non pensi che sia ora di fare un reclamo per l'indennizzo?	Reklamation Glaubst du nicht, es sei an der Zeit, wegen des Schadensersatzes zu reklamieren?
escludere Ci dispiace, ma la Sua polizza esclude il risarcimento di questo danno.	ausschließen Tut mir leid, aber Ihre Police schließt für diesen Fall eine Entschädigung aus.
gli **assegni familiari** *pl*	Kindergeld; Familienbeihilfe
la **cassa malattia** Sono in cassa malattia da una settimana.	Krankenkasse Seit einer Woche bin ich krankgemeldet.
la **formalità** E' solo una formalità, ma Le devo chiedere tutti i dati personali.	Formalität Es ist nur eine Formalität, aber ich muß Sie um alle Angaben zur Person bitten.
obbligare Speriamo che siano obbligati a pagarci gli assegni familiari!	verpflichten Hoffentlich müssen sie uns Kindergeld zahlen!

Arbeitsgeräte

l'**apparecchio**	Apparat; Gerät
Non puoi usare quell'apparecchio, è rotto.	Du kannst diesen Apparat nicht benutzen, er ist kaputt.
l'**attrezzo**	Gerät, Werkzeug
Per questo lavoro ho bisogno di molti attrezzi.	Für diese Arbeit brauche ich viele Werkzeuge.
il **metro**	Metermaß
Se non mi dai un metro, non posso misurare niente.	Wenn du mir kein Metermaß gibst, kann ich auch nichts messen.
la **sega**	Säge
Questa sega non taglia più.	Diese Säge schneidet nicht mehr.
il **martello**	Hammer
Dov'è il mio martello?	Wo ist mein Hammer?
il **chiodo**	Nagel
Te lo porto subito insieme ai chiodi.	Ich bringe ihn dir sofort, zusammen mit den Nägeln.
la **vite**	Schraube
Di quante viti avete bisogno per fissare quello scaffale?	Wie viele Schrauben braucht ihr, um das Regal zu befestigen?
le **tenaglie** *pl*	Zange
il **pennello**	Pinsel
Questo pennello va bene per applicare lo smalto.	Dieser Pinsel ist geeignet, um den Lack aufzutragen.
applicare	anbringen; auftragen
lo **smalto**	Lack
il **secchio**	Eimer
Non prendere quel secchio, è già troppo pieno.	Nimm nicht diesen Eimer, er ist schon zu voll.
la **bilancia**	Waage
Abbiamo bisogno di una bilancia per pesare la pasta.	Wir brauchen eine Waage, um die Nudeln zu wiegen.
pesare	wiegen
il **termometro**	Thermometer
E' meglio controllare la temperatura con il termometro.	Es ist besser, die Temperatur mit dem Thermometer zu messen.
usare	verwenden

trasformare Con poco lavoro e pochi attrezzi abbiamo trasformato tutta la stanza.	verwandeln; umgestalten Mit wenig Arbeit und wenig Handwerkszeug haben wir das ganze Zimmer umgestaltet.
l'**attrezzatura** Hai una bellissima attrezzatura e puoi fare tutto da solo.	Ausrüstung Du verfügst über eine wunderbare Ausrüstung und kannst alles selber machen.
utilizzare	benutzen
l'**arnese** *m* Cosa vuoi fare con quell'arnese che hai in mano?	Werkzeug; Instrument Was willst du mit dem Instrument machen, das du in der Hand hast?
il **gancio** Chi mi dice, dove devo attaccare i ganci?	Haken Von wem erfahre ich, wo ich die Haken anbringen soll?
attaccare	befestigen
il **lucchetto** Non importa se non hai la chiave, metteremo un lucchetto.	Vorhängeschloß Es ist nicht schlimm, wenn du keinen Schlüssel hast. Wir werden ein Vorhängeschloß anbringen.
lo **spago** Preferisco legare questa scatola con lo spago.	Schnur Ich binde diese Schachtel lieber mit einem Stück Schnur zu.
legare	(zusammen)binden
il **cacciavite** Questo cacciavite è troppo piccolo, ce ne vuole uno più grande.	Schraubenzieher Dieser Schraubenzieher ist zu klein, man braucht einen größeren.
la **pinzetta** Ci vuole una pinzetta, con le dita non ce la fai.	Pinzette Du brauchst eine Pinzette, mit den Fingern schaffst du es nicht.
la **catena di montaggio** Da quanto tempo lavori alla catena di montaggio?	Fließband Seit wann arbeitest du am Fließband?
il **nastro (trasportatore)** Tutti i pezzi pronti vanno messi sul nastro.	(Förder)band Alle fertigen Stücke kommen aufs Band.
fissare	fixieren; befestigen
la **corda** Se il nastro adesivo non tiene, fissalo con una corda.	Kordel; Seil Wenn das Klebeband nicht hält, nimm eine Kordel zum Befestigen.
il **nodo**	Knoten

pendere	(auf)hängen
la **pompa**	Pumpe
la **molla** Bisogna cambiare le molle, sono rovinate.	(mechanische) Feder Die Federn sind kaputt und müssen ausgewechselt werden.
la **conduttura** Mi servono le tenaglie per riparare la conduttura.	Leitung Ich brauche die Zange, um die Leitung zu reparieren.
il **compasso**	Zirkel; Kompaß
l'**interruttore** *m* L'impianto non funziona perché l'interruttore è rotto.	Schalter Die Anlage funktioniert nicht, weil der Schalter kaputt ist.
la **presa di corrente**	Steckdose
la **prolunga** La presa di corrente è troppo lontana, ci vuole una prolunga.	Verlängerungsschnur Die Steckdose ist zu weit weg, man braucht eine Verlängerungsschnur.

Büroartikel

la **carta** Quanta carta ti serve ancora?	Papier Wieviel Papier brauchst du noch?
la **busta** Non trovo più le buste, dove sono?	Briefumschlag Ich finde die Umschläge nicht mehr, wo sind sie?
la **carta da lettere** La carta da lettere è nel secondo cassetto.	Briefpapier Das Briefpapier ist in der zweiten Schublade.
la **macchina da scrivere** Hai una macchina da scrivere elettrica o meccanica?	Schreibmaschine Hast du eine elektrische oder eine mechanische Schreibmaschine?
elettrico, a	elektrisch
il **trasformatore** Per usare quegli apparecchi elettrici ci vuole un trasformatore.	Transformator Um diese Elektrogeräte benutzen zu können, braucht man einen Transformator.
meccanico, a	mechanisch
il **computer** Ho imparato anche io ad usare il computer!	Computer Auch ich habe gelernt, mit dem Computer zu arbeiten!

la **capacità**	Kapazität
il **testo**	Text
il **foglio** Mi serve solo un foglio bianco.	Blatt Ich benötige nur ein weißes Blatt.
il **nastro adesivo**	Klebeband
il **timbro** Sei sicuro che ci sia il timbro sulla busta?	Stempel Bist du sicher, daß der Umschlag gestempelt ist?
automạtico, a	automatisch
registrare Hai registrato tutti i dati?	aufnehmen; verzeichnen; registrieren Hast du alle Daten aufgeschrieben?
il **calendario** Abbiamo segnato tutto sul calendario con la matita.	Kalender Wir haben alles mit Bleistift auf dem Kalender vermerkt.
segnare	notieren; vermerken
l'**agenda** Hai scritto tutti gli appuntamenti sull'agenda?	Terminkalender Hast du alle Termine in den Terminkalender eingetragen?
la **matita**	Bleistift
la **penna (stilogrạfica)** Questa penna scrive molto bene.	Füllfederhalter Dieser Füller schreibt sehr gut.
la **lente**	Linse

la **memoria** Che capacità ha la memoria del tuo computer?	Speicher Welche Speicherkapazität hat dein Computer?
memorizzare	speichern
il **disco** Puoi memorizzare tutto sul disco.	Diskette Du kannst alles auf Diskette speichern.
l'**elaborazione** *f* Questo programma è per l'elaborazione del testo.	Verarbeitung Dies ist ein Textverarbeitungsprogramm.
il **dato** Dobbiamo ancora registrare tutti i dati.	Angabe Wir müssen noch alle Daten registrieren.
programmare Non posso programmare niente, se non mi dai i dati.	programmieren Ich kann nicht programmieren, wenn du mir nicht die Daten gibst.

la **programmazione**	Programmierung
la **copia** Puoi farmi una copia di questo programma?	Kopie; Exemplar Kannst du mir eine Kopie dieses Programmes machen?
fotocopiare Vorrei fotocopiare alcune pagine del tuo libro.	fotokopieren Ich möchte gerne ein paar Seiten aus deinem Buch fotokopieren.
la **scheda** Non ce n'è bisogno, abbiamo già tutto sulle schede.	Karteikarte Ist nicht nötig; wir haben schon alles auf Karteikarten.
l'**etichetta**	Aufkleber
la **cartella** Metti tutti i fogli nella cartella e chiudila con il nastro adesivo.	Mappe Leg alle Blätter in die Mappe und verschließ sie mit Klebestreifen.
la **calcolatrice** La calcolatrice automatica è molto comoda.	Taschenrechner; Rechenmaschine Der automatische Rechner ist sehr bequem.
il **registratore** Quanti registratori ti servono?	Ordner; Hefter Wie viele Ordner brauchst du?
la **penna biro** Cosa preferisci la penna biro o quella stilografica?	Kugelschreiber Was ist dir lieber, ein Kugelschreiber oder ein Füller?
il **pennarello**	Filzschreiber
la **gomma (per cancellare)** Se vuoi cancellare quella parola, prendi la gomma!	(Radier)gummi Wenn du das Wort streichen willst, nimm den Radiergummi!
cancellare	streichen; (aus)radieren
la **colla** Questa colla è troppo secca, non serve più.	Leim; Klebstoff Der Leim ist zu trocken, er ist nicht mehr zu verwenden.
sottolineare Ti prego di non sottolineare con la penna stilografica.	unterstreichen Ich bitte dich, nicht mit dem Füllfederhalter zu unterstreichen!
prẹmere Basta che Lei prema il bottone a destra, e l'apparecchio funziona.	drücken Sie brauchen bloß den Knopf zu drücken, und der Apparat funktioniert.
lente d'ingrandimento Senza lente d'ingrandimento non si può fare questo lavoro.	Vergrößerungsglas Ohne Vergrößerungsglas ist diese Arbeit unmöglich.
lọgoro, a Questi fogli sono troppo logori, me ne dia altri.	abgenutzt; verschlissen Diese Blätter sind zu abgenutzt, geben Sie mir bitte andere.

Kino und Theater

il **biglietto d'ingresso**	Eintrittskarte
Abbiamo già i biglietti d'ingresso per il cinema.	Wir haben die Kinokarten schon.
il **cinema**	Kino
il **film**	Film
Al cinema "Moderno" danno un film drammatico.	Im Kino "Moderno" läuft ein Abenteuerfilm.
lo **schermo**	Leinwand; Bildschirm
Il nuovo cinema "Paradiso" ha uno schermo grandissimo.	Das neue Kino "Paradiso" hat eine riesengroße Leinwand.
divertente	amüsant
Noi abbiamo voglia di vedere un film divertente.	Wir haben Lust, uns einen amüsanten Film anzuschauen.
rilassante	entspannend
girare (un film)	(einen Film) drehen
Dove è stato girato questo film?	Wo wurde dieser Film gedreht?
la **regia**	Regie
La regia è buona, ma il soggetto non vale molto.	Die Regie ist gut, aber das Thema gibt nicht viel her.
l'**attore,** l' **attrice**	Schauspieler(in)
Ti piace quell'attore? – Lui sì, ma l'attrice non è molto brava.	Gefällt Dir dieser Schauspieler? – Er ja, aber die Schauspielerin ist nicht besonders.
rappresentare	darstellen
il **teatro**	Theater
Questo teatro assomiglia molto alla Scala di Milano.	Dieses Theater ähnelt der Mailänder Scala sehr.
recitare	vortragen; aufführen
assistere a	beiwohnen
E' stato un vero divertimento assistere a quella commedia.	Es war ein reines Vergnügen, sich diese Komödie anzusehen.
la **commedia**	Kommödie
l'**atto**	Akt
E' una commedia in tre atti molto divertente.	Es ist eine sehr amüsante Komödie in drei Akten.
comico, a	komisch
Anche a me piacciono i pezzi comici.	Ich mag Lustspiele auch.

la **risata**	Lachen
l'**opera** Andate anche voi all'opera?	Oper Geht ihr auch in die Oper?
applaudire ‹applaudo, applaudisco›	applaudieren
il **pubblico** Il pubblico ha applaudito per un quarto d'ora.	Publikum Das Publikum applaudierte eine Viertelstunde lang.
la **scena** Più di tutto mi è piaciuta la prima scena.	Bühne; Szene Die erste Szene hat mir am allermeisten gefallen.
il **ballerino,** la **ballerina** I ballerini sono stati tutti bravissimi.	Tänzer(in) Die Tänzer waren alle ausgezeichnet.
il **concerto** La stagione dei concerti comincerà la prossima settimana.	Konzert Die Konzertsaison beginnt nächste Woche.
l'**umorismo**	Humor
il **circo** C'è un famoso circo russo in città, ci andiamo?	Zirkus In der Stadt gastiert ein berühmter russischer Zirkus, gehen wir hin?

lo **spettacolo** Che spettacolo c'è stasera?	Vorstellung; Aufführung Was wird heute abend aufgeführt?
lo **spettatore,** la **spettatrice**	Zuschauer(in)
favoloso, a	fabelhaft
interpretare Secondo me quell'attrice ha interpretato il suo ruolo in modo favoloso.	interpretieren; darstellen; spielen Meiner Meinung nach hat diese Schauspielerin ihre Rolle fabelhaft gespielt.
il **ruolo**	Rolle
l'**intervallo**	Pause
la **biglietteria** La biglietteria è aperta fino alle otto.	Kino-, Theaterkasse Die Kasse ist bis acht Uhr geöffnet.
il **guardaroba**	Garderobe
drammatico, a	dramatisch
il **divertimento** Buon divertimento!	Unterhaltung; Amüsement Viel Spaß!

il, la **regista** Il regista è molto contento dei risultati ottenuti.	Regisseur(in) Der Regisseur ist mit den erzielten Ergebnissen sehr zufrieden.
i **cartoni animati** *pl* Oggi pomeriggio andiamo finalmente con i bambini a vedere i cartoni animati. – Sì, a loro piace il mondo magico di Walt Disney.	Zeichentrickfilm Heute nachmittag gehen wir endlich mit den Kindern in einen Zeichentrickfilm. – Ja, ihnen gefällt Walt Disney's Zauberwelt.
magico, a	magisch; zauberhaft
il **mostro** Ai miei bambini piacciono anche i film pieni di mostri.	Monstrum, Ungeheuer Meine Kinder finden auch Horrorfilme toll.
finalmente	endlich
il **festival** Il Festival del Cinema di Venezia è famoso in tutto il mondo.	Festival Das Filmfestival von Venedig ist in der ganzen Welt berühmt.
famoso, a	berühmt
sconosciuto, a	unbekannt
assegnare Al film vincitore viene assegnato il Leone d'oro.	verleihen; erteilen Dem Siegerfilm wird der Goldene Löwe verliehen.
il **palcoscenico** Alla fine dello spettacolo il palcoscenico era pieno di fiori.	Bühne Nach der Aufführung war die Bühne mit Blumen übersät.
la **rappresentazione** Noi andiamo a vedere l'ultima rappresentazione. Vieni anche tu?	Vorstellung Wir sehen uns die letzte Vorstellung an. Kommst du mit?
il **dramma**	Drama; Schauspiel
la **compagnia teatrale** Questa compagnia teatrale è famosa per la rappresentazione di drammi classici.	Ensemble Dieses Ensemble ist berühmt für seine Aufführungen klassischer Dramen.
classico, a	klassisch
la **tragedia** Le tragedie classiche sono sempre belle.	Tragödie Die klassischen Tragödien sind immer noch schön.
la **platea** Cerchiamo un posto in platea o preferite un palco?	Parkett Sollen wir einen Platz im Parkett suchen, oder wollt ihr lieber einen Logenplatz?
il **palco**	Loge

il **balletto**	Ballett
Dato che ti piace tanto, andiamo a vedere il balletto.	Da dir soviel daran liegt, gehen wir uns das Ballett ansehen.
l'**orchestra**	Orchester
Quest'orchestra è sempre una grande attrazione.	Dieses Orchester ist immer eine große Attraktion.
Domani ci sarà un concerto dell'orchestra sinfonica della RAI.	Morgen findet ein Konzert des Sinfonieorchesters der RAI statt.
l'**attrazione**	Attraktion
il **varietà**	Varieté
Non amo molto il varietà.	Ich mag das Varieté nicht besonders.
l'**umorista** *mf*	Komiker(in); Humorist(in)
Lo so, ma c'è un umorista molto famoso.	Ich weiß, aber es ist ein sehr bekannter Komiker dabei.

Hobby und Freizeit

l'**hobby** *m*	Hobby
Qual'è il tuo hobby preferito? – Al momento ho l'hobby della fotografia.	Welches ist dein Lieblingshobby? – Zur Zeit ist Fotografieren mein Hobby.
preferito, a	Lieblings-
divertirsi	sich amüsieren
Con questo gioco non mi diverto più, vogliamo cambiare?	Dieses Spiel macht mir keinen Spaß mehr; wollen wir ein anderes spielen?
rilassarsi	sich entspannen
Ieri sera non mi sono affatto rilassata.	Gestern abend habe ich mich überhaupt nicht entspannt.
il **gioco**	Spiel
giocare	spielen
Alberto e Franco giọcano a carte tutte le sere.	Alberto und Franco spielen jeden Abend Karten.
le **carte** *pl*	Kartenspiel
godere	genießen
Bisogna godere bene il tempo libero.	Man muß die Freizeit richtig genießen.
il **tempo lịbero**	Freizeit

la **fantasia**	Phantasie
Luigi ha pochi passatempi perché gli manca la fantasia.	Luigi hat wenig Freizeitvergnügen, weil es ihm an Phantasie fehlt.
il **passatempo**	Zeitvertreib
Noi giochiamo solo per passatempo, lui invece fa sul serio.	Wir spielen nur zum Zeitvertreib, er aber meint es ernst.
fotografare	fotografieren
Ma tu fotografi proprio tutto!	Du fotografierst aber wirklich alles!
la **foto(grafia)**	Foto(grafie)
Hai visto che belle foto abbiamo fatto?	Hast Du gesehen, was wir für schöne Fotos gemacht haben?
la **diapositiva**	Dia
Sì, ma a me piacciono più le diapositive.	Ja, aber mir gefallen die Dias besser.
il **flash** [flaʃ]	Blitzlicht
soddisfare	befriedigen
Fare delle fotografie non mi soddisfa più.	Fotografieren befriedigt mich nicht mehr.
la **collezione**	Sammlung
Vuoi vedere la mia collezione di francobolli?	Willst du meine Briefmarkensammlung sehen?
la **barzelletta**	Witz
Vuoi sentire delle belle barzellette?	Willst du tolle Witze hören?
uscire	ausgehen
Forse un altro giorno, adesso preferirei uscire, cosa ne dici?	Vielleicht ein andermal; jetzt würde ich lieber ausgehen. Was hältst du davon?
leggere	lesen
Io invece ho voglia di stare in casa e leggere in pace.	Ich hingegen habe Lust, zu Hause zu bleiben und in aller Ruhe zu lesen.

l'**attività**	Aktivität; Freizeitbeschäftigung
le **bocce** *pl*	Bocciaspiel
Vieni con me a fare una partita a bocce?	Kommst du mit auf eine Partie Boccia?
il **circolo**	Kreis; Gesellschaft; Zirkel
Nel nostro paese hanno aperto un circolo dei giocatori di bocce.	In meinem Dorf wurde ein Boccia-Club gegründet.
il **commento**	Kommentar
Lo so, ho già sentito molti commenti sui problemi che comporta l'iscrizione.	Ich weiß, ich habe schon viele Kommentare zu den Schwierigkeiten bei der Aufnahme gehört.

comportare	mit sich bringen; nach sich ziehen
introdurre Se vuoi, ti introduco io.	einführen Wenn du willst, führe ich dich ein.
nuovo, a	neu
il **giocattolo** Il bambino si gode i suoi giocattoli nuovi.	Spielzeug Das Kind hat Freude an seinen neuen Spielsachen.
godersi	Spaß haben
la **macchina fotografica** Mi puoi prestare la tua macchina fotografica?	Fotoapparat Kannst du mir deinen Fotoapparat ausleihen?
l'**obiettivo** Ho comprato un obiettivo nuovo per la mia macchina fotografica.	Objektiv; Ziel Ich habe für meinen Fotoapparat ein neues Objektiv gekauft.
la **pellicola** Sì, ma devi prendere una pellicola nuova, perché la mia è finita.	Film Ja, aber du brauchst einen neuen Film, da meiner zu Ende ist.
sviluppare Vorrei fare sviluppare subito le fotografie di oggi.	entwickeln Ich möchte die heutigen Fotos sofort entwickeln lassen.
il **negativo,** la **negativa** Se mi dai le negative faccio stampare le copie per tutti.	Negativ Wenn du mir die Negative gibst, lasse ich Abzüge für alle machen.
la **raccolta** Maurizio fa la raccolta di libri antichi.	Sammlung Maurizio sammelt alte Bücher.
raccogliere E' molto interessante! – E tu cosa raccogli?	sammeln Sehr interessant! – Und was sammelst du?
i **fumetti** *pl* Io raccolgo i fumetti degli anni quaranta.	Comics Ich sammle Comics aus den 40er Jahren.
il **lotto** Ho sentito che i tuoi vicini hanno vinto molti soldi al lotto.	Lotto Ich habe gehört, daß deine Nachbarn viel Geld im Lotto gewonnen haben.
la **schedina** Se mi dai una schedina, posso giocare anch'io.	(Tipp)schein Wenn du mir einen Tippschein gibst, kann ich auch spielen.
gli **scacchi** *pl* Vogliamo fare una partita a scacchi?	Schach Wollen wir eine Partie Schach spielen?

il **dado**	Würfel
Sì, ma dopo giochiamo anche a dadi, d'accordo?	Ja, aber später machen wir auch ein Würfelspiel, einverstanden?
il **cruciverba**	Kreuzworträtsel
Mi piace molto fare i cruciverba e a te?	Ich mache gerne Kreuzworträtsel, und du?
la **fortuna**	Glück
Ma che fortuna! Ai dadi vinci sempre!	Was für ein Glück! Immer gewinnst du beim Würfeln!
fortunato, a	glücklich
Sei sempre molto fortunato! – Sì, sono proprio nato con la camicia.	Du hast immer sehr viel Glück! – Ja, ich bin ein geborener Glückspilz.

Zerstreuung und Wochenende

ballare	tanzen
il **ballo**	Tanz
la **discoteca**	Diskothek
Vieni con noi in discoteca? – No, quell'ambiente non mi piace.	Kommst du mit uns in die Disco? – Nein, die Atmosphäre dort gefällt mir nicht.
l'**ambiente** *m*	Milieu; Atmosphäre
la **passeggiata**	Spaziergang
Durante la passeggiata ho perso il portafoglio.	Beim Spaziergang habe ich meine Brieftasche verloren.
annoiarsi	sich langweilen
Vogliamo passare la serata in modo da non annoiarci.	Wir wollen den Abend so verbringen, daß wir uns nicht langweilen.
la **compagnịa**	Gesellschaft; Begleitung
State tranquilli, non c'è gente noiosa nella mia compagnia.	Beruhigt euch, in meinem Bekanntenkreis gibt es keine Langweiler.
monọtono, a	monoton, eintönig
Come sono monotone queste domeniche!	Wie eintönig diese Sonntage sind!
la **banda musicale**	Musikkapelle
Perché non andiamo a sentire la banda musicale in piazza?	Warum gehen wir nicht zur Piazza und hören die Musikkapelle?
noioso, a	langweilig

la **serata**	Abend *(in seinem ganzen Verlauf)*
l'**avventura** Con lui diventa un'avventura anche andare in bicicletta.	Abenteuer; Erlebnis Mit ihm wird auch eine Radtour zum Erlebnis.
la **gita**	Ausflug
andarci Hanno organizzato una bella gita a Palermo, ci andiamo anche noi?	hingehen Es ist ein netter Ausflug nach Palermo organisiert worden. Schließen wir uns an?
la **piscina** Noi andiamo tutti i sabati in piscina.	Schwimmbad Wir gehen jeden Samstag ins Schwimmbad.
la **barca** Non ne ho voglia, vorrei piuttosto fare una gita in barca.	Boot Ich habe keine Lust; ich möchte lieber eine Bootsfahrt machen.
il **motoscafo** Benissimo! Allora andiamo in motoscafo all'Isola del Giglio.	Motorboot In Ordnung! Dann fahren wir mit dem Motorboot zur Isola del Giglio.
la **spiaggia** Martina ha preso le sdraio ed è andata alla spiaggia.	Strand Martina hat die Liegestühle genommen und ist zum Strand gegangen.
lo **sdraio**	Liegestuhl
riposare Perché non vai a riposare anche tu?	(aus)ruhen Warum gehst du dich nicht auch ein wenig ausruhen?
riposarsi Mi riposerò durante il fine settimana.	sich ausruhen Ich werde mich am Wochenende ausruhen.
sdraiarsi	sich hinlegen
la **bicicletta** Chi ha voglia di fare un giro in bicicletta?	Fahrrad Wer hat Lust auf eine Fahrradtour?
il **giro** Io verrei volentieri a fare un giro ma ho lasciato il borsellino a casa e non posso noleggiare la bicicletta.	Tour; Runde Ich würde gerne auf eine Tour mitkommen, aber ich habe meinen Geldbeutel zu Hause gelassen und kann kein Rad mieten.
il **borsellino**	Geldbeutel

la **noia** Cosa possiamo fare di bello per far passare la noia?	Langeweile Was können wir Schönes tun, um die Langeweile zu vertreiben?
passare	verbringen
il **fine settimana** Avete già deciso come passerete il fine settimana?	Wochenende Habt ihr schon entschieden, wie ihr das Wochenende verbringen wollt?
passeggiare Sì, vogliamo andare a passeggiare nei boschi degli Apennini.	spazierengehen; wandern Ja, wir wollen durch die Wälder der Apenninen wandern.
il **passeggio** A Silvana piace molto andare a passeggio in città.	Spaziergang Silvana macht sehr gerne Stadtbummel.
frequentare Frequentate ancora i vecchi amici della spiaggia?	verkehren; Umgang haben Habt ihr noch Kontakt zu den alten Freunden vom Strand?
frequente Sì, ci incontriamo di frequente.	häufig Ja, wir treffen uns häufig.
la **giostra** Abbiamo promesso ai bambini di farli andare in giostra.	Karussell Wir haben den Kindern versprochen, sie Karussell fahren zu lassen.
la **cabina** E' meglio non lasciare il portamonete nella cabina.	Kabine Den Geldbeutel sollte man lieber nicht in der Kabine lassen.
l'**entrata** Quanto si paga per l'entrata?	Eingang; Eintritt Was kostet der Eintritt?
tentare Alcuni ragazzi hanno tentato di entrare senza pagare.	versuchen Einige Jugendliche haben versucht hereinzukommen, ohne zu bezahlen.
il **tentativo**	Versuch
noleggiare Noleggiamo una barca a remi?	mieten Sollen wir ein Ruderboot mieten?
remare Certo, sappiamo remare tutti molto bene!	rudern Natürlich! Wir können alle sehr gut rudern.
affogare Sì, ma non tutti sappiamo nuotare e rischiamo di affogare.	ertrinken Ja, aber wir können nicht alle schwimmen und laufen Gefahr zu ertrinken.
la **barca a remi**	Ruderboot

la **vela**	Segel
Ora c'è vento, tira su le vele!	Es ist Wind aufgekommen, zieh die Segel hoch!
la **barca a vela**	Segelboot
Andare in barca a vela è una cosa meravigliosa.	Mit dem Segelboot zu fahren ist herrlich.
avventuroso, a	abenteuerlich; riskant
D'accordo, ma se non sei esperto può diventare anche molto avventuroso.	In Ordnung, aber wenn du keine Erfahrung hast, kann es auch sehr riskant sein.

Allgemeine Begriffe

lo **sport** Perché non fai un po' di sport? Ti farebbe bene!	Sport Warum treibst du nicht etwas Sport? Es würde dir guttun!
praticare Quale sport devo praticare, secondo te?	ausüben Welche Sportart soll ich deiner Meinung nach treiben?
sportivo, a Da giovane ero molto sportivo, ora non più.	sportlich In meiner Jugend war ich sehr sportlich, jetzt nicht mehr.
la **tuta (sportiva)** Mettiamoci la tuta, è ora dell'allenamento.	Trainings-, Sportanzug Ziehen wir den Sportanzug an, es ist Zeit zum Training!
l'**allenamento**	Training
l'**atleta** *mf* Tutti gli atleti e le atlete erano presenti allo stadio.	Athlet(in) Alle Athleten und Athletinnen waren im Stadion anwesend.
lo **stadio**	Stadion
il **campione,** la **campionessa** Giovanni è il campione di tennis del nostro club. Ha fatto una bellissima carriera ed è diventata campionessa del mondo.	Meister(in) Giovanni ist Tennismeister unseres Clubs. Sie hat eine großartige Karriere gemacht und ist Weltmeisterin geworden.
la **carriera**	Karriere
vịncere Se vogliamo vincere la gara, dobbiamo darci da fare.	siegen; gewinnen Wenn wir den Wettbewerb gewinnen wollen, müssen wir uns anstrengen.
la **gara**	Wettkampf; Wettlauf
il **campionato** Quale squadra vincerà il campionato secondo te?	Meisterschaft Welche Mannschaft wird deiner Ansicht nach die Meisterschaft gewinnen?
pẹrdere Il tuo giocatore preferito ha perso il titolo nella partita di ieri.	verlieren Dein Lieblingsspieler hat im gestrigen Match den Titel verloren.
la **partita**	Match; Partie

l'**arbitro** Con un altro arbitro la vittoria sarebbe stata nostra!	Schiedsrichter(in) Mit einem anderen Schiedsrichter wäre der Sieg unser gewesen.
la **sconfitta** E' stata una brutta sconfitta, ma la prossima volta vinceremo noi.	Niederlage Das war eine schmerzliche Niederlage, aber nächstes Mal gewinnen wir.
fischiare L'arbitro ha già fischiato, non hai sentito?	pfeifen Der Schiedsrichter hat schon gepfiffen, hast du das nicht gehört?
la **vittoria** La prima vittoria a scacchi contro di lui è stata una grande soddisfazione.	Sieg Der erste Sieg gegen ihn beim Schachspiel war eine große Genugtuung für mich.
la **medaglia** E' la quarta medaglia che vince.	Medaille Das ist die vierte Medaille, die er gewinnt.
il **titolo**	Titel
la **coppa** Il Milan ha vinto la coppa dei Campioni nel 1990.	Pokal Der AC Mailand hat 1990 den Pokal der Landesmeister gewonnen.
mondiale	Welt-
la **finale** La finale avrà luogo fra tre giorni.	Finale, Endspiel Das Finale findet in drei Tagen statt.

gli **articoli sportivi** *pl* Dove c'è un buon negozio di articoli sportivi?	Sportartikel Wo gibt es ein gutes Sportartikelgeschäft?
l'**attrezzatura sportiva**	Sportausrüstung
il, la **dilettante** Siamo ancora dilettanti, ma abbiamo già un'attrezzatura sportiva da professionisti.	Amateursportler(in) Wir sind noch Amateure, aber wir haben schon eine Sportausrüstung für Profis.
il, la **professionista**	Profisportler(in)
il **campo sportivo** La folla nel campo sportivo gridava a più non posso.	Sportplatz Die Menge auf dem Sportplatz schrie ohrenbetäubend.
la **folla**	Menge
il **campo da tennis** I campi da tennis sono già aperti.	Tennisplatz Die Tennisplätze sind schon geöffnet.

la **squadra**	Mannschaft
il **club**	Klub
l'**asso** Tra i membri del nostro club ci sono molti assi del tennis.	As Unter den Mitgliedern unseres Clubs sind viele Tenniscracks.
il **vincitore,** la **vincitrice** Il vincitore aveva il vantaggio di giocare in casa.	Sieger(in) Der Sieger hatte Heimvorteil.
la **rivincita** Il vincitore gli ha promesso una partita di rivincita.	Revanche Der Sieger hat ihm eine Revanche versprochen.
il **vantaggio** Dopo cinque minuti eravamo già in vantaggio.	Vorteil; Führung Nach fünf Minuten lagen wir schon in Führung.
pareggiare Hanno pareggiato cinque minuti fa.	ausgleichen Vor fünf Minuten haben sie den Ausgleich erzielt.
il **pareggio**	Ausgleich
lo **svantaggio** La nazionale ha superato lo svantaggio in pochi minuti.	Rückstand; Nachteil Die Nationalmannschaft hat binnen weniger Minuten den Rückstand aufgeholt.
superare	übertreffen; überragen; bestehen
la **nazionale**	Nationalmannschaft
qualificato, a I non qualificati non possono giocare.	qualifiziert Wer nicht qualifiziert ist, darf nicht spielen.
scommettere Scommetto dieci a uno sulla mia squadra.	wetten Ich wette 10:1 auf meine Mannschaft.
la **scommessa** Accetto la scommessa.	Wette Ich nehme die Wette an.
il **fisico** Non ho il fisico adatto per questo sport.	Konstitution Für diese Sportart habe ich nicht die geeignete Konstitution.
faticoso, a Questo sport è troppo faticoso per me.	anstrengend Diese Sportart ist mir zu anstrengend.
la **fatica** Fai tanta fatica perché ti manca il fiato.	Anstrengung Du quälst dich so ab, weil dir die Luft fehlt.
il **fiato**	Atem; Luft

Sportarten

la **corsa** La corsa avrà inizio alle ore 11.00.	Lauf Der Lauf beginnt um 11.00 Uhr.
il **traguardo** Chi è arrivato primo al traguardo?	Ziel Wer war als erster am Ziel?
la **ginnạstica** Quante ore di ginnastica fai alla settimana?	Gymnastik Wie viele Stunden Gymnastik machst du pro Woche?
la **caccia**	Jagd
cacciare	jagen
il **salto** Fra poco cominceranno le gare di salto in alto, in lungo e con l'asta.	Sprung Gleich beginnen die Wettkämpfe im Hochsprung, Weitsprung und Stabhochsprung.
il **ping-pong**	Tischtennis
nuotare Ho voglia di muovermi, chi viene a nuotare con me?	schwimmen Ich will mir Bewegung verschaffen; wer kommt mit zum Schwimmen?
cọrrere	laufen
gli **sci** *pl* Credo che questi sci siano troppo lunghi per me.	Skier Ich glaube, diese Skier sind zu lang für mich.
la **slitta** Com'è bello andare in slitta insieme a te!	Schlitten Wie schön es ist, mit dir Schlitten zu fahren!
la **pista** Mi può dire, per favore, dove c'è una pista per pattinare?	Piste; Bahn Können Sie mir bitte sagen, wo hier eine Eisbahn ist?
pattinare	Schlittschuh laufen
la **boxe** [bɔks] Stasera vogliono guardare tutti la boxe in TV.	Boxen Heute abend wollen alle den Boxkampf im Fernsehen ansehen.
bạttere	schlagen; besiegen
l'**avversario,** l' **avversaria** L'avversario era molto forte, ma l'abbiamo battuto lo stesso.	Gegner(in) Der Gegner war sehr stark, aber wir haben ihn dennoch besiegt.

l'**atletica leggera** Da quanti anni fai atletica leggera?	Leichtathletik Seit wie vielen Jahren betreibst du Leichtathletik?
la **corsia** Tu dovrai correre nella terza corsia.	Laufbahn, Aschenbahn Du wirst auf Bahn drei laufen müssen.
l'**ostacolo** La corsa agli ostacoli è già finita da un'ora.	Hindernis; Hürde Der Hürdenlauf ist schon seit einer Stunde zu Ende.
l'**asta**	Stab; Stange
il **nuoto** Il nuoto è lo sport più completo.	Schwimmsport Das Schwimmen ist die komplet-teste aller Sportarten.
il **salvagente** Mariella non sa nuotare, dalle un salvagente.	Rettungsring Mariella kann nicht schwimmen; gib ihr einen Rettungsring.
tuffarsi Bene, allora tuffiamoci!	sich stürzen; untertauchen Gut! Stürzen wir uns also hinein!
lo **sci nautico** E' possibile fare lo sci nautico in questa zona?	Wasserski Kann man in dieser Gegend Wasserski fahren?
sciare Perché non scii più? – Perché voglio prima riposarmi un po'.	Ski laufen Warum läufst du nicht mehr Ski? – Weil ich mich erst ein wenig ausruhen möchte.
il **ciclismo** Il ciclismo è molto popolare in Italia.	Radsport Der Radsport ist in Italien sehr populär.
il **Giro d'Italia** Quando passa il Giro d'Italia tutti fanno festa.	Giro d'Italia *(Radrundfahrt)* Wenn der Giro d'Italia vorbei-kommt, feiern alle.
la **lotta** Che tipo di lotta fai? – Lotta libera.	Ringen Welche Kampfart betreibst du? – Freistilringen.
lottare Ho dovuto lottare molto per vincere.	ringen; kämpfen Ich mußte sehr kämpfen um zu gewinnen.

Fußball

il **calcio** Anche in Italia il calcio è lo sport nazionale.	Fußball Fußball ist auch in Italien Nationalsport.
il **giocatore,** la **giocatrice** I giocatori famosi vengono pagati a peso d'oro.	Spieler(in) Berühmte Spieler werden förmlich mit Gold aufgewogen.
svelto, a	flink
il **pallone** Tutti i ragazzi amano il gioco del pallone.	Ball; Fußball Alle Jungen spielen gerne Fußball.
la **palla**	Ball
il **portiere** Il portiere è riuscito a fermare la palla.	Torwart Dem Torwart ist es gelungen, den Ball zu halten.
la **rete** Giorgio Chinaglia ha segnato la rete della vittoria.	Netz; Tor Giorgio Chinaglia hat den Siegestreffer erzielt.
la **difesa** Non vale molto in difesa, ma all'attacco è bravissimo.	Verteidigung In der Verteidigung taugt er nicht viel, aber im Angriff ist er hervorragend.
l'**attacco**	Angriff
l'**ạngolo**	Eckball; Ecke
tirare Chi tira i vostri calci d'angolo?	schießen Wer schießt bei euch die Eckbälle?
segnare	markieren; erzielen
il **gol**	Tor
il **tempo** Nel primo tempo hanno fatto tre gol.	Halbzeit In der ersten Halbzeit wurden drei Tore erzielt.

il **tifo** Dobbiamo fare il tifo, altrimenti la nostra squadra non vince.	Anfeuerung; Begeisterung Wir müssen sie anfeuern, sonst gewinnt unsere Mannschaft nicht.
il **tifoso,** la **tifosa** Se i tifosi si comportano male, devono uscire dallo stadio.	Fan; Anhänger(in) Wenn sich die Fans schlecht benehmen, müssen sie das Stadion verlassen.
la **ripresa** Nella ripresa, la Lazio ha giocato molto meglio.	zweite Halbzeit In der zweiten Halbzeit hat Lazio Rom viel besser gespielt.
supplementare Speriamo che non ci siano i tempi supplementari.	zusätzlich Hoffentlich gibt es keine Verlängerung.
l'**area** Tutti i giocatori si trovano nell'area avversaria.	Strafraum Alle Spieler befinden sich im gegnerischen Strafraum.
la **porta** Oggi giochiamo con Fiori in porta.	Tor Heute spielen wir mit Fiori im Tor.
il **libero** Con Pino Wilson come libero abbiamo vinto lo scudetto.	Libero Mit Pino Wilson als Libero haben wir den Titel gewonnen.
l'**intervento** L'intervento dell'arbitro era corretto.	Einschreiten Der Schiedsrichter hat zu Recht eingegriffen.
il **tiro**	Schuß
il **passaggio**	Paß
passare Dopo aver respinto l'attacco, dovrebbe passare la palla in avanti.	zuspielen Nachdem der Angriff abgewehrt ist, müßte er den Ball nach vorne passen.
respingere	abwehren
sforzarsi	sich anstrengen
lo **sforzo** Gli sforzi di tutta la squadra hanno contribuito alla vincita dello scudetto.	Anstrengung Das Engagement der gesamten Mannschaft hat zum Gewinn der Meisterschaft beigetragen.
contribuire ‹contribuisco›	beitragen
il **rigore** In quella partita ci sono stati tre calci di rigore.	Elfmeter; Strafstoß In dem Spiel gab es drei Elfmeter.
lo **scudetto**	Titel; nationale Meisterschaft

Reise und Reisevorbereitungen

l'**agenzia viaggi** Quest'agenzia viaggi è piccola, ma molto buona.	Reisebüro Dieses Reisebüro ist klein, aber sehr gut.
il, la **cliente** Sì, lo so. Sono cliente anch'io.	Kunde, Kundin Ja, ich weiß; ich bin ebenfalls Kunde.
la **conferma**	Bestätigung
l'**orario** Ho bisogno dell'orario arrivi - partenze.	Fahrplan Ich brauche den Fahrplan für Ankunft und Abfahrt.
l'**arrivo**	Ankunft
la **partenza** La partenza è stata rimandata di un'ora.	Abfahrt; Abreise Die Abreise wurde um eine Stunde verschoben.
informarsi	sich informieren; sich erkundigen
l'**itinerario** Vi siete informati sull'itinerario del viaggio?	Reiseroute; Reiseplan Habt ihr euch über die Reiseroute informiert?
il **programma** In mancanza di un programma migliore, seguiremo quello dell'ultimo viaggio.	Programm In Ermangelung eines besseren Programms folgen wir dem Plan der letzten Reise.
la **mancanza**	Fehlen
viaggiare Amo molto viaggiare, e tu?	reisen Ich reise sehr gerne, und du?
il **sogno** Sì, è sempre stato il mio sogno.	Traum Ja, das war immer mein Traum.
sognare Stanotte ho sognato di essere in viaggio per Torino.	träumen Heute nacht träumte ich, ich sei unterwegs nach Turin.
il **viaggio**	Reise
annullare Ho annullato già la prenotazione.	annullieren; absagen; stornieren Ich habe die Vorbestellung schon abgesagt.
l'**andata** Volete un biglietto di andata e ritorno?	Hinfahrt Wollt ihr eine Rückfahrkarte?

il **ritorno**	Rückfahrt
ritornare	zurückkehren
la **valigia**	Koffer
il **bagaglio**	Gepäck
Con tutto questo bagaglio abbiamo bisogno di un portabagagli.	Bei all diesem Gepäck brauchen wir einen Träger.
la **carta geografica**	Landkarte
Ho comprato una carta geografica di tutta la regione, perché non ne sono pratico.	Ich habe eine Landkarte der gesamten Region gekauft, weil ich mich hier nicht auskenne.
imbarcarsi	sich einschiffen; einsteigen; an Bord gehen
Abbiamo una comunicazione importante per i passeggeri che si sono imbarcati qui.	Wir haben eine wichtige Mitteilung für die Reisenden, die hier an Bord gegangen sind.
la **comunicazione**	Mitteilung

rivolgersi a	sich wenden an
la **camera singola**	Einzelzimmer
Se cerchi una camera matrimoniale ed una camera singola, puoi rivolgerti alla pensione "La Rovere" nel Vicolo Sant'Onofrio.	Wenn du ein Doppelzimmer und ein Einzelzimmer suchst, kannst du dich an die Pension "La Rovere" in Vicolo Sant'Onofrio wenden.
la **camera matrimoniale**	Doppelzimmer
l'**azienda di soggiorno**	Fremdenverkehrsbüro
Per tutte le informazioni turistiche, può rivolgersi all'azienda di soggiorno.	Für alle touristischen Fragen können Sie sich an das Fremdenverkehrsbüro wenden.
facilitare	erleichtern
Questo ci faciliterebbe tutto.	Das würde uns alles erleichtern.
rimandare	verschieben
Abbiamo rimandato il viaggio, anche se avevamo pagato già un acconto.	Wir haben die Reise verschoben, obwohl wir schon eine Anzahlung geleistet hatten.
l'**acconto**	Anzahlung
il **viaggiatore,** la **viaggiatrice**	Reisende(r)
I signori viaggiatori sono pregati di allacciare le cinture di sicurezza.	Die Fahr-/Fluggäste werden gebeten, die Sicherheitsgurte anzulegen.
La viaggiatrice è arrivata bene, ma è molto stanca.	Die Reisende ist gut angekommen; sie ist aber sehr müde.
il **visto**	Visum
Non occorre più il visto per andare in quel paese.	Für dieses Land braucht man kein Visum mehr.

il **deposito bagagli**	Gepäckaufbewahrung
Lasciamo tutte le valigie al deposito bagagli.	Wir lassen alle unsere Koffer bei der Gepäckaufbewahrung.
lo **scompartimento**	Abteil
il **fumatore**	Raucher
Dov'è lo scompartimento per fumatori?	Wo ist das Raucherabteil?
il **bagagliaio**	Gepäckraum
il **portabagagli**	Gepäckträger
la **carta stradale**	Straßenkarte
Questa strada non è segnata sulla carta stradale.	Diese Straße ist auf der Karte nicht eingezeichnet.
la **carta verde**	grüne Versicherungskarte
La carta verde, prego!	Ihre grüne Karte bitte!
l'**autostop**	Autostopp
Facciamo l'autostop?	Fahren wir per Anhalter?
l'**imbarcazione** *f*	Boot
E' sicura quest'imbarcazione?	Ist dieses Boot sicher?
la **crociera**	Kreuzfahrt
Allora, si va in crociera o no, quest'anno?	Also, machen wir dieses Jahr eine Kreuzfahrt oder nicht?
la **seggiovia**	Sessellift
Non posso andare in seggiovia perché soffro di vertigini.	Ich kann nicht mit dem Sessellift fahren, da mir schwindelig wird.

Ferienaufenthalt

il, la **turista**	Tourist(in)
Chi accompagna le turiste ed i turisti?	Wer begleitet die Touristinnen und Touristen?
turistico, a	touristisch
Abbiamo fatto un giro turistico bellissimo.	Wir haben eine sehr schöne Besichtigungstour gemacht.
prenotare	reservieren; vorbestellen; buchen
Avete già prenotato l'albergo?	Habt ihr das Hotel schon gebucht?
la **prenotazione**	Vorbestellung; Buchung
Sì, la prenotazione è stata confermata ieri.	Ja, die Buchung ist gestern bestätigt worden.
l'**albergo**	Hotel

costoso, a	kostspielig; teuer
Cerchiamo un buon albergo, ma non troppo costoso.	Wir suchen ein gutes, nicht zu teures Hotel.
il **vitto**	Verpflegung
Il vitto in quest'albergo è ottimo.	Die Verpflegung in diesem Hotel ist ausgezeichnet.
la **vacanza**	Urlaub
Abbiamo fatto una bellissima vacanza a Roma.	Wir haben einen wunderschönen Urlaub in Rom verbracht.
l'**hotẹl** *m*	Hotel
i **preparativi** *pl*	Vorbereitungen
L'hotel sta facendo i preparativi per la grande festa di domani.	Das Hotel trifft Vorbereitungen für das große Fest morgen.
la **pensione**	Pension
Conoscete qualche pensione vicino al mare?	Kennt ihr irgendeine Pension am Meer?
completo, a	ausgebucht
Mi dispiace, signore, ma siamo al completo.	Es tut mir leid, mein Herr, aber wir sind voll belegt.
occupato, a	besetzt; belegt
Ma come, siamo solo all'inizio della stagione, ed è già tutto occupato?	Wieso denn das? Es ist doch erst Saisonbeginn, und es ist schon alles belegt?
riservato, a	reserviert
Questo tavolo è riservato per noi.	Dieser Tisch ist für uns reserviert.
trovarsi	sich befinden; liegen; sich treffen
Dove si trova l'albergo di cui mi parlavi?	Wo liegt das Hotel, von dem du mir erzählt hast?
Ci troviamo tutti a casa mia verso le nove, va bene?	Wir treffen uns alle gegen neun bei mir zu Hause, in Ordnung?
il **campeggio**	Camping; Campingplatz
A 15 km da qui c'è un campeggio con atrezzature modernissime.	15 Kilometer von hier ist ein äußerst modern ausgestatteter Zeltplatz.
la **tenda**	Zelt
accomodare	reparieren; ausbessern; schlichten
Prima di montare la tenda dobbiamo accomodarla perché si è rotta.	Bevor wir das Zelt aufschlagen, müssen wir es reparieren, da es kaputt ist.
la **vịsita**	Besuch; Besichtigung
La visita della città durerà circa quattro ore.	Die Stadtbesichtigung dauert etwa vier Stunden.
visitare	besichtigen; besuchen
Vorrei visitare ancora qualche museo, vieni anche tu?	Ich möchte noch ein paar Museen besichtigen; kommst du mit?

la **guida turistica**	Reiseführer(in); Fremdenführer(in)
Abbiamo bisogno di una guida turistica che parli tedesco.	Wir brauchen einen Fremdenführer, der deutsch spricht.
la **grotta**	Grotte
Lungo quella spiaggia ci sono molte grotte.	Entlang dieses Strandes sind viele Grotten.
le **ferie** *pl*	Ferien; Urlaub
Quando andrai in ferie quest'anno?	Wann fährst du dieses Jahr in Urlaub?
il **turismo**	Tourismus
Qui, per fortuna non c'è ancora troppo turismo.	Gott sei Dank gibt es hier noch nicht zuviel Tourismus.
il **dépliant**	Prospekt
l'**albergatore,** l' **albergatrice**	Hotelier
Chiedi ancora un dépliant per Maria all'albergatore.	Bitte den Hotelier noch um einen Prospekt für Maria.
accogliente	einladend
E' un hotel molto accogliente e ci troviamo bene.	Das Hotel ist sehr einladend, und wir fühlen uns dort wohl.
mezzo, a	Halb-
il **pernottamento**	Übernachtung
Desiderano solo il pernottamento, mezza pensione o pensione completa?	Wünschen Sie nur Übernachtung, Halbpension oder Vollpension?
pernottare	übernachten
Se non troviamo posto all'ostello pernotteremo nel sacco a pelo.	Wenn wir in der Jugendherberge keinen Platz finden, werden wir im Schlafsack übernachten.
l'**ostello (della gioventù)**	Jugendherberge
il **sacco a pelo**	Schlafsack
l'**acqua corrente**	fließendes Wasser
Vorrei avere almeno l'acqua corrente!	Wenigstens hätte ich gerne fließendes Wasser!
lo **zaino**	Rucksack
Non uso mai la valigia, preferisco lo zaino.	Ich nehme nie einen Koffer mit, ich ziehe den Rucksack vor.
il **camper**	Campingbus
Abbiamo comprato un camper nuovo per il prossimo viaggio.	Für die nächste Reise haben wir uns einen neuen Campingbus gekauft.
la **roulotte** [ru'lɔt]	Wohnwagen

la **gondola** Vuoi fare un giro in gondola con me?	Gondel Willst du mit mir eine Gondelfahrt machen?
folcloristico, a Stasera ci sarà uno spettacolo folcloristico in piazza.	folkloristisch Heute abend gibt es eine folkloristische Veranstaltung auf der Piazza.

Postwesen

la **lẹttera** Sì, e c'è anche una lettera per te.	Brief Ja, es ist auch ein Brief für dich dabei.

la **posta** — Post
E' già arrivata la posta stamattina? — Ist die Post heute morgen schon angekommen?

la **lẹttera** — Brief
Sì, e c'è anche una lettera per te. — Ja, es ist auch ein Brief für dich dabei.

mandare — schicken
Mandiamo una cartolina postale ai nostri amici. — Wir schicken unseren Freunden eine Postkarte.

il **francobollo** — Briefmarke
Puoi comprare i francobolli sia alla posta che dal tabaccaio. — Du kannst die Briefmarken sowohl bei der Post als auch beim Tabakhändler kaufen.

il **destinatario,** la **destinataria** — Empfänger(in)
Si prega di scrivere a stampatello il nome del destinatario. — Den Namen des Empfängers bitte in Blockschrift schreiben.

il **mittente** — Absender(in)
Non dimenticare di scrivere il nome del mittente sulla busta. — Vergiß nicht, den Absender auf den Umschlag zu schreiben.

spedire ‹spedisco› — absenden
Spedisci per raccomandata - espresso, è più sicuro. — Schick einen eingeschriebenen Eilbrief. Das ist sicherer.

l'**espresso** — Eilbrief

la **raccomandata** — Einschreiben

la **cartolina** — Ansichtskarte
Quante cartoline vogliamo spedire? — Wie viele Ansichtskarten wollen wir schicken?

la **cartolina postale** — Postkarte

la **cassetta delle lẹttere** — (Haus)briefkasten
La cassetta delle lettere si trova vicino alla porta di casa. — Der Briefkasten befindet sich bei der Haustür.

la **corrispondenza** — Post; Korrespondenz
La mia corrispondenza arriva ferma in posta. — Meine Korrespondenz kommt postlagernd an.

il **postino,** la **postina** — Briefträger(in)
Il postino suona sempre due volte. — Der Briefträger klingelt immer zweimal.

lo **sportello** — Schalter
A quale sportello si fanno i telegrammi? — An welchem Schalter kann man Telegramme aufgeben?

il **telegramma**	Telegramm
il **pacchetto**	Päckchen
il **pacco**	Paket

Poste e Telecomunicazioni	Post und Fernmeldewesen
Poste e Telegrafi Il cartello PPTT significa Poste e Telegrafi.	Post und Telegrafenamt Das Schild PPTT bedeutet "Post und Telegrafenamt".
via aerea Quanto costa spedire questa lettera per via aerea?	Luftpost Was kostet es, diesen Brief per Luftpost zu schicken?
affrancare Non lo so con sicurezza, falla affrancare alla posta.	frankieren Ich weiß es nicht genau, laß ihn bei der Post frankieren.
le **stampe** *pl*	Drucksache
fermo in posta	postlagernd
il **codice di avviamento postale** Vorrei comprare un elenco dei codici di avviamento postale.	Postleitzahl Ich möchte ein Postleitzahlenverzeichnis kaufen.
la **casella postale** Se non conosci l'indirizzo, scrivi il numero della casella postale.	Postfach Wenn du die Adresse nicht kennst, schreib die Postfachnummer auf.
consegnare Mi è stato consegnato un pacchetto senza mittente.	zustellen Mir ist ein Päckchen ohne Absender zugestellt worden.
inviare Ho detto di inviarti tutto per contrassegno.	schicken Ich habe gesagt, daß dir alles per Nachnahme geschickt werden soll.
il **contrassegno**	Nachnahme
il **modulo** Troverà tutti i moduli necessari su quel tavolo a sinistra.	Formular Sie finden alle notwendigen Formulare auf dem Tisch links.
il **fax**	Fax
faxare	faxen
il **telex** Non c'è più tempo per mandare una lettera, faremo un telex.	Fernschreiben; Telex Es bleibt keine Zeit, einen Brief zu schreiben. Wir schicken ein Telex.
egregio, a Egregio Sig. Mario Russo	sehr geehrte(r) Sehr geehrter Herr Russo *(Briefanrede)*

a **stampatello**	in Druckschrift; in Blockschrift
il **bollo**	Stempel
Su questa cartolina non c'è il bollo.	Diese Karte ist nicht abgestempelt.
il **timbro**	Stempel
In questi giorni la posta usa un timbro speciale e voglio averlo per la mia collezione.	In diesen Tagen verwendet die Post einen Sonderstempel, den ich gerne für meine Sammlung hätte.
timbrare	stempeln
imbucare	einwerfen
la **buca delle lettere**	Briefkasten
Questa busta non entra nella buca delle lettere.	Dieser Umschlag paßt nicht in den Briefkasten.
entrare	hineinpassen, hineingehen

Telefonieren

il **telẹfono**	Telefon
Il mio telefono è rotto, posso usare il tuo?	Mein Telefon ist kaputt, kann ich deines benutzen?
lo **scatto**	Gebühreneinheit
Quanti scatti devo pagare?	Wie viele Einheiten habe ich zu zahlen?
telefonare	telefonieren; anrufen
Avete già telefonato ai vostri parenti che siete arrivati bene?	Habt ihr schon eure Verwandten angerufen, um zu sagen, daß ihr gut angekommen seid?
la **cabina telefọnica**	Telefonzelle
No, perché non abbiamo ancora trovato una cabina telefonica che funzioni a monete e non a gettoni.	Nein, denn wir haben noch keine Telefonzelle gefunden, bei der man Münzen und keine Jetons benutzen kann.
il **gettone**	Jeton
fare il nụmero	wählen
Mi scusi, ho fatto il numero sbagliato!	Entschuldigen Sie, ich habe mich verwählt!
il **nụmero (di telẹfono)**	(Telefon)nummer
sbagliare (nụmero)	sich verwählen
pronto	hallo
Pronto, chi parla? – Qui è casa Bertini, chi desidera?	Hallo, wer spricht da bitte? – Hier ist Familie Bertini. Wen möchten Sie sprechen?

la **comunicazione**	Verbindung
Purtroppo la comunicazione è stata interrotta, devo rifare il numero.	Die Verbindung ist leider unterbrochen. Ich muß neu wählen.
passare	verbinden; durchstellen
Pronto? Attenda un attimo, Le passo il signor Martini.	Hallo? Einen Augenblick, ich verbinde Sie mit Herrn Martini.
interrọmpere	unterbrechen
Siamo stati interrotti, bisogna chiamare di nuovo.	Wir sind unterbrochen worden und müssen noch einmal anrufen.
riattaccare	auflegen
squillare	läuten
Non sentite che il telefono squilla? Chi va a rispondere?	Hört ihr nicht, daß das Telefon läutet? Wer geht ran?
lo **squillo**	Klingeln
Dopo il terzo squillo risponde la segreteria telefonica.	Nach dem dritten Klingeln schaltet sich der Anrufbeantworter ein.

la **telecomunicazione**	Fernmeldewesen; Telekommunikation
SIP	Telefongesellschaft
Se hai bisogno di molti gettoni, ti conviene andare alla SIP.	Wenn du viele Jetons brauchst, solltest du zur SIP gehen.
la **scheda magnẹtica**	Telefonkarte
Sì, ma voglio comprare anche una scheda magnetica.	Ja, aber ich möchte auch eine Telefonkarte kaufen.
la **telefonata**	Telefongespräch
Devo fare una telefonata molto urgente.	Ich muß ein sehr dringendes Telefongespräch führen.
urgente	dringend
l'**elenco telefọnico**	Telefonbuch
Potrebbe darmi per favore l'elenco telefonico di Genova?	Könnten Sie mir bitte das Telefonbuch von Genua geben?
le **pạgine gialle** *pl*	Gelbe Seiten
Se cercate il numero di una ditta fate prima a guardare nelle pagine gialle.	Die Nummer einer Firma findet ihr am schnellsten, wenn ihr in den Gelben Seiten nachschlagt.
staccare	abheben; aushängen
Molti italiani staccano il telefono prima di uscire di casa.	Viele Italiener heben den Hörer ab, bevor sie aus dem Haus gehen.
il **ricevitore**	Hörer
Se tieni il ricevitore così lontano, è normale che non senti niente.	Wenn du den Hörer so weit weg hältst, hörst du natürlich nichts.

il **prefisso** Qual'è il prefisso per la Germania? – Dall'Italia è 0049.	Vorwahl Wie ist die Vorwahl von Deutschland? – Von Italien aus: 0049.
il **centralino** E' sempre occupato, è meglio farsi passare la linea dal centralino.	Zentrale Immer noch besetzt, wir lassen uns besser von der Zentrale verbinden.
occupato, a	besetzt
la **lịnea**	Leitung
il **collọquio** Il colloquio è stato interrotto perché è caduta la linea.	Gespräch Das Gespräch wurde unterbrochen, weil die Leitung gestört ist.
la **teleselezione** Devi telefonare qui in città o in teleselezione?	Ferngespräch Mußt du ein Stadtgespräch oder ein Ferngespräch führen?
l'**interurbana** Devo fare una (telefonata) interurbana.	Ferngespräch Ich muß ein Ferngespräch führen.
la **segreterịa telefọnica**	Anrufbeantworter

Presse

la **stampa**	Presse
Tutta la stampa ha parlato molto di quel fatto.	Die gesamte Presse hat ausführlich über diese Sache berichtet.
il **fatto**	Faktum; Tatsache
il **particolare**	Detail
il **giornale**	Zeitung
Moltissimi italiani leggono il giornale tutti i giorni.	Sehr viele Italiener lesen täglich die Zeitung.
il **quotidiano**	Tageszeitung
Gli italiani non amano abbonarsi ad un quotidiano, preferiscono andare a comprarlo tutti i giorni all'edicola.	Die Italiener abonnieren nicht gerne eine Tageszeitung; sie kaufen sie lieber täglich am Kiosk.
abbonarsi	abonnieren
abbonato, a	abonniert
Io invece sono abbonata al giornale della mia città.	Ich habe allerdings die Zeitung meiner Stadt abonniert.
il **settimanale**	Wochenzeitung
la **rivista**	Illustrierte; Zeitschrift
Ho fatto il confronto tra molte riviste. Questa è la più interessante.	Ich habe viele Zeitschriften miteinander verglichen. Diese ist die interessanteste.
il **confronto**	Vergleich
il, la **giornalista**	Journalist(in)
Chi è il giornalista che ha scritto quell'articolo?	Wer ist der Journalist, der diesen Artikel geschrieben hat?
Non conosco i giornalisti che scrivono per quel giornale.	Ich kenne die Journalisten nicht, die für diese Zeitung schreiben.
l'**articolo**	Artikel
pubblicare	veröffentlichen
Queste sono le notizie più attuali che hanno pubblicato.	Dies sind die neuesten Nachrichten, die man veröffentlicht hat.
attuale	aktuell
recente	neu; aktuell
l'**attualità**	Aktualität
Cerco un buon settimanale d'attualità italiano, quale mi consiglia?	Ich suche eine gute italienische Wochenzeitschrift, welche empfehlen Sie mir?

quale	welche(r, s)
illustrare	illustrieren; schildern
Quest'articolo illustra molto bene la situazione ed ha colpito molto l'opinione pubblica.	Dieser Artikel schildert die Situation sehr gut und hat die Öffentlichkeit sehr beeindruckt.
l'**opinione pubblica**	öffentliche Meinung; Öffentlichkeit
la **situazione**	Lage; Situation
l'**edicola**	Kiosk
Se quell'edicola è chiusa, puoi andare dal giornalaio di via Roma.	Wenn der Kiosk geschlossen ist, kannst du auch zu dem Zeitungshändler in der Via Roma gehen.
il **giornalaio,** la **giornalaia**	Zeitungshändler(in)
stampare	drucken
lo **scritto**	Schreiben; Schriftstück
Quando verranno stampati i tuoi scritti?	Wann werden deine Manuskripte gedruckt?
la **casa editrice**	Verlag(shaus)
i **mass media** *pl*	Massenmedien
I mass media hanno un grande potere anche in Italia.	Die Massenmedien haben auch in Italien großen Einfluß.
aggiornarsi	sich auf dem laufenden halten; sich weiterbilden
E' ora che ti aggiorni un po', non segui la stampa e la TV?	Es wird Zeit, daß du dich ein wenig informierst; liest du denn keine Zeitung, und siehst du nicht fern?
tendere	tendieren
Tendono ad influenzare l'opinione pubblica.	Sie neigen dazu, die öffentliche Meinung zu beeinflussen.
influenzare	beeinflussen
la **tendenza**	Tendenz
uscire	erscheinen
Oggi i quotidiani escono in ritardo a causa dello sciopero.	Wegen des Streiks erscheinen die Tageszeitungen heute mit Verspätung.
l'**agenzia stampa**	Presseagentur
la **pubblicazione**	Veröffentlichung; Publikation
Ho bisogno di una buona pubblicazione scientifica per il mio lavoro.	Für meine Arbeit brauche ich eine gute wissenschaftliche Publikation.
la **rubrica**	Rubrik
Questa rubrica si occupa solo di teatro.	Diese Rubrik beschäftigt sich ausschließlich mit Theater.

autẹntico, a	authentisch
l'**avvenimento** Di quell'avvenimento ne parlarono tutti i giornali già un anno fa.	Ereignis Über dieses Ereignis haben alle Zeitungen schon vor einem Jahr berichtet.
riportare Anche il quotidiano che leggo io l'ha riportato in modo relativamente chiaro.	berichten Auch meine Tageszeitung hat ziemlich klar darüber berichtet.
rivelare Vorrei sapere chi ha rivelato quella storia ai giornalisti.	enthüllen; entdecken Ich möchte wissen, wer die Angelegenheit den Journalisten offenbart hat.
la **faccenda**	Angelegenheit
la **libertà di stampa** Evviva la libertà di stampa!	Pressefreiheit Es lebe die Pressefreiheit!
inserire ‹inserisco› Se non trovi casa perché non inserisci sul giornale?	inserieren Warum inserierst du nicht in der Zeitung, wenn du keine Wohnung findest?
l'**inserzione** *f* Ho trovato l'indirizzo di quella ditta in un'inserzione pubblicitaria.	Inserat; Anzeige Ich habe die Adresse der Firma in einer Werbeanzeige gefunden.
pubblicitario, a	Werbe-
l'**annuncio** Ho trovato il suo annuncio sul quotidiano di ieri.	Annonce Ich habe seine Anzeige in der gestrigen Zeitung gefunden.
l'**avviso** Mi dispiace, ma non ho letto quell'avviso sul giornale.	Meldung; Mitteilung Tut mir leid, aber ich habe diese Zeitungsmeldung nicht gelesen.
l'**omaggio** Nelle riviste italiane si trovano spesso omaggi di diverso tipo.	Geschenk In italienischen Zeitschriften findet man oft verschiedene kleine Geschenke.
il **tipo**	Art; Typ

Rundfunk

ascoltare	(zu)hören
la **radio** Accendi la radio, voglio sentire il giornale-radio delle 13.00.	Radio Stell das Radio an, ich will die 13-Uhr-Nachrichten hören.
accẹndere	anschalten; anstellen
il **volume** Il volume è troppo alto!	Lautstärke Das Radio ist zu laut!
spẹgnere Sì, ma appena comincio a lavorare devi spegnerla.	ausschalten; ausmachen Ja, aber sobald ich anfange zu arbeiten, mußt du es ausmachen.
la **conferenza stampa** A che ora sarà trasmessa la conferenza stampa?	Pressekonferenz Um wieviel Uhr wird die Pressekonferenz gesendet?
la **notizia**	Nachricht; Meldung
il **risultato** Secondo le ultime notizie, non si conosce ancora il risultato delle elezioni.	Resultat; Ergebnis Den neuesten Meldungen zufolge ist das Ergebnis der Wahlen noch nicht bekannt.
le **ụltime notizie** *pl*	neueste Meldungen
ricẹvere Il mio apparecchio riceve le onde lunghe, quelle corte e quelle medie.	empfangen Mein Gerät empfängt Lang-, Kurz- und Mittelwelle.
l'**onda**	Welle
lungo, a	lang
medio, a	mittel
corto, a	kurz
trasmẹttere Queste sono le notizie più attuali che hanno trasmesso.	senden; ausstrahlen Dies sind die neuesten Nachrichten, die gesendet wurden.

la **radiotelevisione** RAI-TV è il nome della radio televisione italiana.	Radio und Fernsehen RAI-TV ist der Name der italienischen Rundfunk- und Fernsehanstalt.
il **collegamento**	Verbindung; Schaltung
l'**ascoltatore,** l' **ascoltatrice** Gli ascoltatori erano molto delusi, perché non c'è stato il collegamento con lo stadio.	Hörer(in) Die Hörer waren sehr enttäuscht, weil es keine Übertragung aus dem Stadion gab.
deluso, a	enttäuscht
il **giornale-radio**	Rundfunknachrichten
la **cronaca** La cronaca di quell'avvenimento è stata una vera delusione.	Berichterstattung Die Berichterstattung über dieses Ereignis war wirklich enttäuschend.
la **delusione**	Enttäuschung
collegare Signore e Signori, ci colleghiamo ora con la Scala di Milano per la trasmissione in diretta.	verbinden; schalten Meine Damen und Herren, wir schalten nun um zu einer Direktübertragung aus der Mailänder Scala.
diretto, a	direkt
ultracorto, a La mia radio non riceve le onde ultracorte.	ultrakurz Ich kann mit meinem Radio UKW nicht empfangen.
l'**impianto stereo**	Stereoanlage
il **lettore compact disc**	CD-Spieler
il **compact disc (CD)**	CD-Platte

Fernsehen

la **televisione**
Quando gli italiani parlano di televisione, dicono quasi sempre TV.

Fernsehen
Wenn die Italiener vom Fernsehen sprechen, sagen sie fast immer "tivù".

il **televisore**
Ho comprato un nuovo televisore stereo.

Fernsehapparat
Ich habe ein neues Stereo-Fernsehgerät gekauft.

il **videoregistratore**	Videorecorder
Ormai in quasi tutte le case c'è un videoregistratore anche in Italia.	Inzwischen hat auch in Italien fast jeder Haushalt einen Videorecorder.
la **videocassetta**	Videokassette
il **canale**	Kanal
il **telegiornale**	Fernsehnachrichten
State calmi, per favore, vorrei vedere in pace il telegiornale.	Seid bitte ruhig, ich möchte in Ruhe die Fernsehnachrichten sehen.
il, la **telecronista**	Fernsehreporter(in)
la **stazione (televisiva)**	(Fernseh)sender
l'**intervista**	Interview
Non hanno ottenuto l'intervista perché c'è stato un grande scandalo.	Es wurde kein Interview gewährt, weil es einen großen Skandal gegeben hat.
ottenere	bekommen; erzielen; erreichen
l'**esclusiva**	Exklusivrechte
Ha ottenuto quell'intervista in esclusiva.	Er hat die Exklusivrechte für dieses Interview bekommen.
il **conduttore,** la **conduttrice**	Moderator(in)
Chi era il conduttore di quella trasmissione culturale?	Wer war der Moderator dieser Kultursendung?
culturale	Kultur-; kulturell
lo **scạndalo**	Skandal
l'**interruzione** *f*	Unterbrechung
Bisognerebbe evitare troppe interruzioni con la pubblicità.	Man müßte die vielen Unterbrechungen durch Werbung vermeiden.
la **pubblicità**	Werbung
lanciare	lancieren
E' stata proprio la televisione a lanciare quel prodotto.	Dieses Produkt wurde tatsächlich durch das Fernsehen lanciert.

la **TV** [tiv'vu]	Fernsehen
partecipare	teilnehmen; mitwirken
Chi parteciperà allo spettacolo in TV di stasera?	Wer wirkt bei der Fernsehshow heute abend mit?
la **trasmissione**	Übertragung
La trasmissione ha avuto molto successo perché è stata condotta molto bene.	Die Übertragung war ein großer Erfolg, da sie sehr gut durchgeführt wurde.

condurre	durchführen; leiten
il **successo**	Erfolg
differenziarsi Questi due canali non si differenziano molto tra di loro.	sich unterscheiden Diese beiden Programme unterscheiden sich nicht sehr voneinander.
l'**immagine** *f* Si è creato quell'immagine con il lancio che ha avuto in TV.	Bild; Image Er hat sich dieses Image durch sein Fernsehdebüt geschaffen.
la **telecamera**	Fernsehkamera
il **telecomando**	Fernbedienung
il **lancio**	Einführung; Einstand
intervistare Sai già quali politici intervisteranno?	interviewen Weißt du schon, welche Politiker interviewt werden?
rilasciare No, ma non credo comunque che rilasceranno un'intervista molto brillante.	gewähren Nein, aber ich glaube nicht, daß sie ein besonders glänzendes Interview geben werden.
brillante	glänzend
rilevare	feststellen
l'**antenna** Ho fatto mettere un'antenna nuova e più potente sul tetto.	Antenne Ich habe eine neue und leistungsfähigere Antenne auf dem Dach anbringen lassen.
potente	(leistungs)stark
via satellite Ricevete anche voi le trasmissioni via satellite?	über Satellit Empfangt ihr auch Übertragungen per Satellit?
registrare	aufnehmen
la **registrazione** Mi dispiace, ma la registrazione non è buona.	Aufnahme Tut mir leid, aber die Aufnahme ist nicht gut.

Religion

la **religione**	Religion
Anche in Europa ci sono religioni diverse.	Auch in Europa gibt es unterschiedliche Religionen.
la **setta**	Sekte
sẹgreto, a	geheim
Questa setta non ha niente a che fare con la religione, è una setta segreta.	Diese Sekte hat mit Religion nichts zu tun; sie ist ein Geheimbund.
il **segreto**	Geheimnis
Dịo	Gott
Tu credi in Dio?	Glaubst du an Gott?
la **speranza**	Hoffnung
sperare	hoffen
sopportare	ertragen
Chi sa pregare sopporta meglio i problemi della vita.	Wer beten kann, erträgt die Probleme des Lebens leichter.
l'**ạnima**	Seele
Preghiamo sempre per le anime dei nostri morti.	Wir beten immer für die Seelen unserer Toten.
pregare	beten
felice	glücklich
Sono felice di aver imparato a pregare.	Ich bin glücklich, weil ich gelernt habe zu beten.
la **felicità**	Glückseligkeit
il **mọnaco**	Mönch
Andiamo spesso alla chiesa dei monaci di quel paesino.	Wir gehen oft in die Klosterkirche dieses kleinen Dorfes.
santo, a	heilig
Hai letto qualcosa di San Francesco d'Assisi?	Hast du etwas von Franz von Assisi gelesen?
Oggi è il giorno di Santa Barbara.	Heute ist Barbaratag.
Sant'Antonio protegge gli animali.	Der heilige Antonius ist der Schutzpatron der Tiere.
lo **spịrito**	Geist
la **candela**	Kerze
E' andato in chiesa ad accendere una candela a Sant'Antonio.	Er ist in die Kirche gegangen, um beim heiligen Antonius eine Kerze anzuzünden.

il **destino** Tu credi al destino?	Schicksal Glaubst du an das Schicksal?
religioso, a Francesca è molto religiosa e vuole farsi suora.	religiös Francesca ist tief religiös und will Nonne werden.
la **fede** Gente di poca fede!	Glaube Ihr Kleingläubigen!
il **miracolo**	Wunder
il, la **fedele**	Gläubige(r)
la **superstizione** Non confondere la fede con la superstizione!	Aberglaube Verwechsel den Glauben nicht mit Aberglauben!
la **sorte**	Schicksal; Geschick
la **bestemmia**	Fluch, (Gottes)lästerung
la **preghiera** Il bambino dice le sue preghiere tutte le sere.	Gebet Das Kind spricht jeden Abend seine Gebete.
il **sacrificio**	Opfer
sacrificare	opfern
confidare	anvertrauen
lo **scrupolo** Martina mi ha confidato di avere sempre molti scrupoli.	Skrupel; Gewissenhaftigkeit Martina hat mir anvertraut, daß sie immer noch Bedenken hat.
tollerare In Italia vengono tollerate tutte le religioni.	tolerieren In Italien werden alle Religionen geduldet.
la **sinagoga** Anche in Italia ci sono delle sinagoghe.	Synagoge Auch in Italien gibt es Synagogen.
ebreo, a	jüdisch; hebräisch
la **moschea** Conosci la Moschea Blu di Istanbul?	Moschee Kennst du die Blaue Moschee in Istanbul?
musulmano, a	moslemisch
l'**islam** *m*	Islam
il **tempio** In Sicilia ci sono molti templi antichi.	Tempel In Sizilien gibt es viele antike Tempel.
il **canto** Amo molto ascoltare canti sacri.	Gesang, Lied Ich höre gerne Kirchenlieder.

il **coro**	Chor
sacro, a	heilig; kirchlich
In India le mucche sono sacre.	Die Kühe sind in Indien heilig.
la **carità**	Barmherzigkeit; Almosen
Fammi la carità di ascoltarmi.	Sei so gütig, und hör mir zu.
Facciamo la carità a quella povera donna.	Wir geben dieser armen Frau ein Almosen.
la **virtù**	Tugend
Tra le sue tante virtù c'è anche quella di saper amare il prossimo.	Zu seinen vielen Tugenden zählt auch die Nächstenliebe.
il **prọssimo**	Nächster

Christliche Religion

l'**altare** *m*	Altar
il **vangelo**	Evangelium
Il vangelo è il messaggio di Cristo.	Das Evangelium ist die Botschaft Christi.
Cristo	Christus
Cristo ha predicato la povertà.	Christus hat die Armut gepredigt.
la **povertà**	Armut
predicare	predigen
cristiano, a	christlich
la **croce**	Kreuz
Insegna a quel bambino a fare il segno della croce.	Zeig dem Kind, wie man sich bekreuzigt.
il **segno**	Zeichen
Gesù	Jesus
risọrgere	auferstehen; wiedererstehen
il **peccato**	Sünde
Mi pento dei miei peccati.	Ich bereue meine Sünden.
pentirsi	bereuen
l'**inferno**	Hölle
All'inferno tutti!	Zur Hölle mit allen!
il **paradiso**	Paradies
Chi è buono, può sperare di andare in paradiso.	Ein guter Mensch darf hoffen, ins Paradies zu kommen.

il **papa**	Papst
In quel secolo ci sono stati molti papi famosi.	In dem Jahrhundert gab es viele berühmte Päpste.
il **prete**	Priester
Trovi giusto che i preti cattolici non possano sposarsi?	Findest du es richtig, daß katholische Priester nicht heiraten dürfen?
cattọlico, a	katholisch; Katholik(in)
il **duomo**	Dom
A che ora è la messa in duomo?	Um wieviel Uhr ist die Messe im Dom?
la **messa**	Messe
Credo alle dieci, ma io andrò alla messa a San Giacomo.	Um 10 Uhr, glaube ich, aber ich gehe zur Messe in San Giacomo.
la **chiesa**	Kirche
il **santo,** la **santa**	Heilige(r)
benedire ‹benedisco›	segnen
Dio ti benedica!	Gott segne dich!
l'**ạngelo**	Engel
Questa musica sembra un coro di angeli.	Diese Musik klingt wie ein Chor von Engeln.
il **diạvolo**	Teufel
Ma va' al diavolo, mi hai proprio stancato!	Geh zum Teufel, ich habe wirklich die Nase voll von dir!
Non lasciarti tentare dal diavolo!	Laß dich nicht vom Teufel in Versuchung führen!
la **campana**	Glocke
Le campane di tutta la città suonano a festa.	Die Glocken der ganzen Stadt lassen ihr Festtagsläuten erschallen.
il **campanile**	Glockenturm

celeste	himmlisch
Il regno celeste è il paradiso.	Das Himmelreich ist das Paradies.
pentito, a	reuig
confessarsi	beichten
Non basta confessarsi, bisogna anche essere pentiti.	Es genügt nicht zu beichten, man muß auch Reue empfinden.
assọlvere	freisprechen
E' stato assolto dai suoi peccati.	Er ist von seinen Sünden freigesprochen worden.
il **clero**	Klerus

il **pontefice**	Pontifex, Hohepriester
il **vescovo** E' uso baciare l'anello del vescovo.	Bischof Es ist Sitte, dem Bischof den Ring zu küssen.
l'**uso**	Sitte, Brauch
il **cardinale**	Kardinal
il **parroco** Don Giancarlo è un buon parroco e si occupa davvero della cura delle anime.	Pfarrer Don Giancarlo ist ein guter Pfarrer und widmet sich wirklich der Seelsorge.
don	Don *(Anrede des katholischen Geistlichen)*
la **suora** Spesso le suore lavorano negli ospedali della città.	Nonne, Ordensschwester Ordensschwestern arbeiten oft in den städtischen Krankenhäusern.
il **frate** Da queste parti c'è il famoso convento di fra Cristoforo.	Ordensbruder In dieser Gegend gibt es das berühmte Mönchskloster von Fra Cristoforo.
il **convento**	Kloster
sprecare Perché non fai qualche opera di misericordia, invece di sprecare il tuo tempo?	vergeuden Warum verrichtest du nicht ein paar wohltätige Werke, statt deine Zeit zu vergeuden?
la **misericordia**	Barmherzigkeit
la **grazia** Mattia dice che Santa Lucia gli ha fatto la grazia.	Gnade Mattia sagt, die heilige Lucia habe ihn erhört.
il **battesimo**	Taufe
la **comunione** Domenica prossima Sebastiano farà la Prima Comunione.	Kommunion Kommenden Sonntag feiert Sebastiano seine Erstkommunion.
la **cresima**	Firmung; Konfirmation
il, la **protestante** Ci sono molti protestanti nel tuo paese?	Protestant(in) Gibt es viele Protestanten in deinem Land?
la **bibbia**	Bibel
la **cattedrale** All'interno della cattedrale ci sono bellissime cappelle.	Kathedrale Im Innern der Kathedrale sind wunderschöne Kapellen.
la **cappella**	Kapelle

Feste und Gebräuche

il **regalo**	Geschenk
il **compleanno** Tanti auguri per il tuo compleanno!	Geburtstag Herzlichen Glückwunsch zum Geburtstag!
augurare Vi ạuguro tanta felicità!	wünschen Ich wünsche euch viel Glück!
gli **auguri** *pl*	Glückwünsche
baciare Quando mi saluta mi bacia ed abbraccia sempre.	küssen Wenn sie mich begrüßt, umarmt und küßt sie mich immer.
abbracciare	umarmen
il **bacio**	Kuß
l'**amicizia** Il bacio è un segno d'amore ma anche di amicizia.	Freundschaft Der Kuß ist ein Zeichen der Zuneigung und auch der Freundschaft.
la **gente** Quanta gente avete invitato! E' venuta parecchia gente e ci siamo divertiti moltissimo.	Leute Habt ihr viele Leute eingeladen! Es sind viele Leute gekommen, und wir haben viel Spaß gehabt.
il **contatto**	Kontakt
l'**appuntamento** Ci siamo dati appuntamento per passare insieme Capodanno.	Verabredung, Rendezvous Wir haben uns verabredet, Neujahr gemeinsam zu verbringen.
insieme	zusammen
la **relazione** In questa città abbiamo ottime relazioni.	Beziehung, Kontakt In dieser Stadt haben wir ausgezeichnete Kontakte.
ẹssere disposto, a Saresti disposto a venire insieme a me a quella festa?	bereit sein Wärst du bereit, mit mir zu der Party zu gehen?
la **festa**	Fest, Party
popolare	volkstümlich; Volks-
il **Natale** Auguriamo a tutti un felice Natale ed un buon Anno Nuovo.	Weihnachten Wir wünschen allen ein frohes Weihnachtsfest und ein gutes neues Jahr.
il **Capodanno**	Neujahr

la **Pasqua** Da noi si dice: "Natale con i tuoi, Pasqua con chi vuoi."	Ostern Bei uns sagt man: "Weihnachten feiert man in der Familie, Ostern mit wem man will."
il **carnevale** Desidererei tanto vedere una volta il famoso carnevale di Venezia.	Karneval, Fasching Ich möchte unbedingt einmal den berühmten Karneval von Venedig erleben.
la **tradizione** Se vogliamo rispettare la tradizione, dobbiamo andare tutti in gruppo.	Tradition Wenn wir der Tradition folgen wollen, müssen wir alle als Gruppe gehen.
il **gruppo** Certo! E tutti devono essere in maschera.	Gruppe Genau! Und alle müssen maskiert sein.
la **mạschera**	Maske
l'**usanza**	Brauch

l'**anniversario** Il 20 febbraio abbiamo il nostro decimo anniversario di nozze.	Jahrestag Am 20. Februar feiern wir unseren zehnten Hochzeitstag.
precẹdere	vorangehen
precedente Abbiamo dovuto festeggiare il giorno precedente perché gli ospiti volevano partire.	vorherig Wir mußten am Tag davor feiern, weil die Gäste abreisen wollten.
successivo, a Preferisco che ci incontriamo nei giorni successivi, perché avrò più tempo.	folgend Ich ziehe es vor, daß wir uns an den Tagen danach treffen, weil ich dann mehr Zeit habe.
la **vigilia** Il 24 dicembre è la vigilia di Natale.	Vortag, Vorabend Am 24. Dezember ist Heiligabend.
l'**onomạstico** Il giorno di S. Giuseppe è l'onomastico di molti italiani.	Namenstag San Giuseppe ist der Namenstag vieler Italiener.
l'**annuncio** Quando verrà dato l'annuncio delle nozze?	Ankündigung Wann wird der Hochzeitstermin bekanntgegeben?
l'**invitato,** l' **invitata** Gli invitati sono stati accolti con grande gioia.	Gast Die Gäste wurden mit großer Freude empfangen.
accọgliere	empfangen

festeggiare	feiern
l'**evento** Quando festeggerete il lieto evento?	Ereignis Wann feiert ihr das freudige Ereignis?
familiare Sarà una festa molto familiare.	familiär; Familien- Es wird eine sehr familiäre Feier.
festivo, a In questo mese ci sono molti giorni festivi.	festlich Dieser Monat hat viele Feiertage.
contare su Puoi contare su di me, sono sempre lieto di averti a casa mia.	zählen auf Du kannst auf mich zählen, ich nehme dich immer gerne bei mir auf.
l'**ospitalità** I miei amici ti ringraziano ancora tanto per la tua ospitalità.	Gastfreundschaft Meine Freunde danken dir nochmals sehr für deine Gastfreundschaft.
ospitare Cosa regaliamo ad Alberto e Laura che ci hanno ospitati con tanta gentilezza?	aufnehmen, beherbergen Was schenken wir Alberto und Laura, die uns so freundlich aufgenommen haben?
regalare	schenken
avvọlgere In quale carta avvolgiamo il regalo?	aufrollen; einhüllen Mit welchem Papier sollen wir das Geschenk verpacken?
badare In quella rossa, ma bada di non romperla.	achtgeben Mit dem roten, aber paß auf und mach es nicht kaputt.
la **befana**	*"Befana", großmütterliche Fee, die in Italien zu "Epiphania" nach alter Tradition die Kinder beschenkt.*
La notte dal 5 al 6 gennaio la befana porta dolci ai bambini buoni e carbone a quelli cattivi.	In der Nacht vom 5. auf den 6. Januar bringt die Befana den braven Kindern Süßigkeiten und den bösen Kohlestückchen.
la **leggenda** In Germania non si conosce quella leggenda. Ma anche al Nord ci sono molte leggende misteriose.	Legende In Deutschland kennt man diese Legende nicht. Aber auch im Norden gibt es viele geheimnisvolle Legenden.
misterioso, a	geheimnisvoll

Geschichte

la **storia** — Geschichte
Conosci la storia dell'Italia? — Kennst du die Geschichte Italiens?

la **cultura** — Kultur
Sì, ed anche la sua grande cultura. — Ja, und auch seine großartige Kultur.

l'**erede** *mf* — Erbe, Erbin
E' stata l'erede di quella greca nel Mediterraneo. — Sie war die Erbin der griechischen Kultur im Mittelmeerraum.

ereditare — erben

grande — groß(artig)

lo **splendore** — Glanz
Ancora oggi si vedono i segni degli antichi splendori. — Noch heute sieht man Zeichen alten Glanzes.

antico, a — antik; ehemalig

lo **schiavo,** la **schiava** — Sklave, Sklavin

l'**ẹpoca** — Epoche
Quale epoca ti sembra più interessante? – Ti sembrerà strano, ma amo molto il Medioevo. — Welche Epoche scheint dir die interessanteste? – Es mag dir merkwürdig vorkommen, aber ich liebe besonders das Mittelalter.

il **Medioevo** — Mittelalter

moderno, a — modern
E' stato certo molto importante per i secoli moderni. — Es war sicher von großer Bedeutung für die modernen Jahrhunderte.

pọvero, a — arm
Sì, anche se viene considerata spesso un'epoca povera. — Durchaus, auch wenn es oft als ein armes Zeitalter angesehen wird.

ricco, a — reich

l'**influenza** — Einfluß

il **re,** la **regina** — König(in)
Al giorno d'oggi non ci sono più tanti re, regine ed imperatori. — Es gibt heutzutage nicht mehr viele Könige, Königinnen und Kaiser.

l'**imperatore,** l' **imperatrice** — Kaiser(in)

sovrano, a — souverän

la **ricchezza** — Reichtum
Le ricchezze di quel principe sono famose in tutto il mondo. — Die Reichtümer jenes Fürsten sind in der ganzen Welt berühmt.

il **principe,** la **principessa**	Fürst(in); Prinz, Prinzessin
la **rivoluzione**	Revolution
La rivoluzione era necessaria per rovesciare il governo.	Die Revolution war notwendig, um die Regierung zu stürzen.
la **fortuna**	Glück
Per fortuna non è scoppiata nessuna guerra.	Zum Glück ist kein Krieg ausgebrochen.
il, la **fascista**	Faschist(in)
la **civiltà**	Kultur
colto, a	gebildet
le **rovine** *pl*	Ruinen
In questo paese si possono visitare le rovine di una civiltà antica.	In diesem Land kann man die Ruinen einer alten Kultur besichtigen.
la **colonna**	Säule
Del foro sono rimaste solo poche colonne.	Vom Forum sind nur wenige Säulen übriggeblieben.
storico, a	historisch
il **fenomeno**	Phänomen
Questo è un fenomeno storico-culturale comune a molti popoli.	Dies ist ein kulturhistorisches Phänomen, das vielen Völkern gemeinsam ist.
la **grandezza**	Größe
Ammiro molto la grandezza delle cattedrali medioevali.	Ich bewundere sehr die Großartigkeit der mittelalterlichen Kathedralen.
medioevale	mittelalterlich
rovesciare	stürzen
borghese	bürgerlich
Quella francese è stata una rivoluzione borghese.	Die Französische Revolution war eine Revolution des Bürgertums.
il **Rinascimento**	Renaissance
Il Rinascimento ha favorito lo sviluppo di tutte le arti.	Die Renaissance hat die Entwicklung sämtlicher Künste gefördert.
il **Cinquecento**	16. Jahrhundert
Il Cinquecento è un secolo molto importante per l'arte italiana.	Das 16. Jahrhundert ist sehr wichtig für die italienische Kunst.
il **Risorgimento**	Risorgimento *(Zeit der italienischen Staatsgründung im 19. Jh.)*
Durante il Risorgimento ci sono state molte lotte per creare l'Italia unita.	Während des Risorgimento gab es viele Kämpfe, um die Einigung Italiens zu erreichen.

l'**unità**	Einheit
il **regno** Il regno d'Italia è finito con la seconda guerra mondiale.	Königreich Das Königreich Italien ist im 2. Weltkrieg untergegangen.
la **corona**	Krone
l'**impero** L'impero romano è stato uno dei più grandi dell'antichità.	Kaiserreich; Imperium Das Römische Reich war eines der größten im Altertum.
romano, a	römisch
l'**antichità**	Antike; Altertum
l'**invasione** *f* L'invasione di quel paese è stata la causa della guerra.	Invasion Die Invasion dieses Landes war der Grund für den Krieg.
invạdere	überfallen; eindringen
anzi	im Gegenteil; sogar
la **ribellione** Non sempre la ribellione nuoce, anzi spesso è necessaria.	Rebellion; Aufstand Ein Aufstand ist nicht immer schädlich, manchmal ist er sogar notwendig.
nuọcere	schaden
la **resistenza** Il popolo ha fatto molta resistenza, ma è stato sconfitto.	Widerstand Das Volk hat großen Widerstand geleistet, aber es wurde besiegt.
sconfịggere	besiegen
scavare	ausgraben
gli **scavi** *pl* In questa zona ci sono scavi che meritano di essere visti.	Ausgrabungen In dieser Gegend gibt es Ausgrabungen, die eine Besichtigung lohnen.
il **Novecento** Il Novecento è il secolo delle grandi rivoluzioni tecniche.	20. Jahrhundert Das 20. Jahrhundert ist dasjenige der großen technischen Revolutionen.

Philosophie

la **filosofia**	Philosophie
Mi occupo molto delle filosofie orientali.	Ich beschäftige mich viel mit östlichen Philosophien.
occuparsi	sich beschäftigen
il **filosofo**	Philosoph(in)
Kant è uno dei filosofi occidentali più famosi.	Kant ist einer der berühmtesten westlichen Philosophen.
la **coscienza**	Bewußtsein; Kenntnis
La coscienza di sé è fondamentale per ogni essere umano.	Das Selbstbewußtsein ist für jeden Menschen von fundamentaler Bedeutung.
il **diritto**	Recht
E' logico che tu rispetti i diritti degli altri.	Es ist selbstverständlich, daß du die Rechte anderer respektierst.
l'**elemento**	Element
l'**essere** *m*	Wesen
umano, a	menschlich
assoluto, a	absolut
Non si tratta di un elemento assoluto, ma è valido lo stesso.	Auch wenn es sich um kein Element von absoluter Bedeutung handelt, ist es dennoch gültig.
valido, a	gültig
relativo, a	relativ
Tutto è relativo a questo mondo.	Auf dieser Welt ist alles relativ.
la **ragione**	Vernunft
La ragione non va sempre d'accordo con i sentimenti.	Vernunft und Gefühle sind nicht immer vereinbar.
reale	real; wirklich
individuale	individuell
il **pensiero**	Gedanke
la **realtà**	Wirklichkeit
La realtà è ben diversa da quello che pensi tu.	Die Wirklichkeit ist anders, als du meinst.
fondamentale	grundsätzlich
logico, a	logisch

il **motivo** I nostri motivi non sono certo logici, ma morali sì!	Motiv; Gründe Unsere Gründe sind zwar nicht logisch, sehr wohl aber moralisch.
morale	moralisch
la **categoria** Anche le idee possono essere raccolte in categorie.	Kategorie Auch Ideen lassen sich in Kategorien zusammenfassen.
il **concetto**	Begriff; Idee; Gedanke
elementare	elementar; ursprünglich
essenziale A me interessano solo le cose essenziali.	wesentlich Nur die wesentlichen Dinge interessieren mich.
orientale	östlich
occidentale	westlich
l'**impronta** Quel grande filosofo ha lasciato la sua impronta in tutta la filosofia occidentale.	Abdruck; Stempel Dieser große Philosoph hat der gesamten westlichen Philosophie seinen Stempel aufgedrückt.
il **manifesto** Hai letto il "Manifesto" di Marx?	Manifest Hast du das Kommunistische Manifest von Marx gelesen?
ragionare Ti prego di non perdere la testa e di ragionare con calma.	argumentieren Verlier bitte nicht den Kopf, sondern argumentiere gelassen.
razionale Se useremo un metodo razionale, non avremo problemi.	rational; vernunftbegabt; zweckmäßig Wenn wir zweckmäßig vorgehen, werden wir keine Probleme haben.
assurdo, a Quest'ipotesi è troppo assurda per essere accettata.	absurd Diese Hypothese ist zu absurd, um akzeptiert zu werden.
immaginario, a	imaginär
l'**ipotesi** *f*	Hypothese
la **teoria** Su quali elementi si basa quella teoria?	Theorie Auf welche Elemente stützt sich diese Theorie?
il **metodo**	Methode
la **questione** Ti assicuro che è una questione reale e non immaginaria.	(Streit)frage Ich versichere dir, daß dies eine reale und keine imaginäre Frage ist.

il **principio**	Prinzip

Bildende Künste

il **tesoro**	Schatz
L'Italia è piena di tesori d'arte.	Italien ist voller Kunstschätze.
il **quadro**	Bild
I quadri di quel pittore hanno tutti un grande valore.	Die Bilder dieses Malers sind alle sehr wertvoll.
la **tela**	Leinwand
E' un dipinto su tela?	Ist das Bild auf Leinwand gemalt?
il **pittore,** la **pittrice**	Maler(in)
No, la pittrice preferisce le tavole.	Nein, die Malerin zieht Holztafeln vor.
il **dipinto**	Gemälde
la **pittura**	Malerei
Ti interessi di pittura moderna?	Interessierst du dich für moderne Malerei?
l'**originale** *m*	Original
Questa è davvero una copia perfetta dell'originale.	Dies ist tatsächlich eine perfekte Kopie des Originals.
disegnare	zeichnen
Quand'ero piccola disegnavo molto, ora non più.	Als Kind habe ich viel gezeichnet, jetzt nicht mehr.
l'**esposizione** *f*	Ausstellung
la **galleria**	Galerie
Nella galleria di Via Margutta c'è una bellissima esposizione.	Die Galerie in der Via Margutta zeigt eine wunderschöne Ausstellung.
il **museo**	Museum
Quanti musei ci sono in questa città?	Wie viele Museen gibt es in dieser Stadt?
l'**acquisto**	Errungenschaft; Erwerb
acquistare	erwerben
Il nostro museo ha acquistato un quadro di Modigliani.	Unser Museum hat ein Bild von Modigliani erworben.
il, la **custode**	Museumswärter(in)
la **scultura**	Skulptur; Bildhauerei
Mi piace molto la scultura moderna.	Die moderne Bildhauerei gefällt mir sehr.

classico, a	klassisch
Io preferisco le sculture classiche.	Ich ziehe die klassischen Skulpturen vor.
il **monumento**	Denkmal; Monument
Questi monumenti sono famosi, ma li trovo molto brutti.	Diese Denkmäler sind sehr bekannt, aber ich finde sie ausgesprochen häßlich.
l'**arco**	(Triumph)bogen
Ci incontriamo vicino all'Arco di Augusto, va bene?	Wir treffen uns beim Augustusbogen, okay?

l'**acquarello**	Aquarell
l'**affresco**	Fresko, Freske
Hai già visto gli affreschi della Cappella Sistina dopo i restauri?	Hast du schon die Fresken der Sixtinischen Kappelle gesehen, seit sie renoviert worden sind?
colorato, a	farbig
Non mi piacciono i disegni colorati, li preferisco in bianco e nero.	Farbige Zeichnungen mag ich nicht, ich ziehe Schwarzweißzeichnungen vor.
la **cornice**	Rahmen
Mi servono due cornici per gli acquarelli che ho comprato ieri.	Ich brauche zwei Rahmen für die Aquarelle, die ich gestern gekauft habe.
dipingere	malen
Massimiliano sa dipingere molto bene.	Massimiliano kann sehr gut malen.
il **ritratto**	Portrait
Sì, ha fatto un ritratto del figlio meraviglioso.	Ja, er hat ein wundervolles Portrait seines Sohnes gemalt.
la **pinacoteca**	Pinakothek
Sei mai stato alla Pinacoteca di Brera?	Bist du schon mal in der Pinakothek von Brera gewesen?
lo **schizzo**	Skizze
Il pittore mi ha pregata di esaminare gli schizzi che ha preparato.	Der Maler bat mich, die Skizzen zu begutachten, die er angefertigt hat.
sostituire ‹sostituisco›	ersetzen
Sì, ma dovrebbe sostituire la cornice con un'altra più moderna.	Ja, aber man sollte den Rahmen durch einen moderneren ersetzen.
l'**espressione** *f*	Ausdruck
A me piace molto l'espressione del viso.	Ich finde den Gesichtsausdruck sehr schön.

il **disegno**	Zeichnung
inaugurare Hanno inaugurato la mostra di quello scultore proprio ieri sera.	einweihen Die Ausstellung des Bildhauers wurde gestern abend eröffnet.
la **mostra**	Ausstellung
l'**inaugurazione** *f* Lo so, all'inaugurazione c'era tantissima gente.	Eröffnung; Einweihung Ich weiß, bei der Vernissage waren sehr viele Leute.
il **critico d'arte**	Kunstkritiker(in)
lo **scultore,** la **scultrice**	Bildhauer(in)
scolpire ‹scolpisco›	(be)hauen; (ein)meißeln; schnitzen
contemporaneo, a Ti piace quello scultore contemporaneo?	zeitgenössisch Was hältst du von diesem zeitgenössischen Bildhauer?
restaurare Hanno restaurato gli affreschi della Cappella Sistina.	restaurieren Die Fresken der Sixtinischen Kapelle wurden restauriert.
il **rilievo**	Relief
il **mosaico** Avete già visto i mosaici di Ravenna?	Mosaik Habt ihr schon die Mosaiken von Ravenna besichtigt?
barocco, a Non mi piace l'arte barocca.	Barock-, barock Die Barockkunst sagt mir nicht zu.

Literatur

la **letteratura** Conosco bene sia la letteratura tedesca che quella italiana.	Literatur Sowohl die deutsche als auch die italienische Literatur kenne ich gut.
il **libro** Quale libro ha vinto il Premio Bagutta quest'anno?	Buch Welches Buch hat den diesjährigen Bagutta-Preis gewonnen?
il **premio**	Preis
il **poeta,** la **poetessa** I poeti romantici tedeschi sono famosi anche in Italia.	Dichter(in) Die deutschen Dichter der Romantik sind auch in Italien bekannt.
la **poesia**	Gedicht

il **verso** Ho letto dei versi bellissimi, ma non conosco il titolo della poesia.	Vers Ich habe wunderschöne Verse gelesen, aber ich kenne den Titel des Gedichtes nicht.
lo **scrittore,** la **scrittrice** Secondo me quello scrittore non ha molto talento.	Schriftsteller(in) Meiner Meinung nach hat dieser Schriftsteller kein großes Talent.
il **talento**	Talent
l'**opera**	Werk
il **romanzo** La traduzione di quel romanzo è ottima.	Roman Die Übersetzung dieses Romans ist ausgezeichnet.
la **traduzione**	Übersetzung
il **giallo** I romanzi "gialli" in Italia hanno preso questo nome dal colore della copertina.	Krimi In Italien werden die "Krimis" wegen der Farbe des gelben Buchdeckels so genannt.
il **libro giallo** Se passi in libreria, comprami qualche libro giallo.	Kriminalroman Wenn du in die Buchhandlung gehst, kauf mir ein paar Krimis!
la **libreria**	Buchhandlung
la **copertina**	Buchdeckel; Umschlag
il **racconto** Il racconto ha per sfondo il periodo tra le due guerre mondiali.	Erzählung Der Hintergrund der Geschichte ist die Zeit zwischen den Weltkriegen.
lo **sfondo**	Hintergrund
il **rilievo** In quel racconto viene messo molto in rilievo il paesaggio.	Bedeutung In dieser Erzählung wird die Bedeutung der Landschaft hervorgehoben.
impressionante	eindrucksvoll
il **lettore,** la **lettrice** Tutti i lettori erano d'accordo sulla qualità del libro.	Leser(in) Alle Leser waren sich über die Qualität des Buches einig.
la **biblioteca** Abbiamo una biblioteca molto ricca, vuoi vederla?	Bibliothek Wir haben eine sehr reichhaltige Bibliothek; willst du sie sehen?

ispirare Sembra che sia stata una donna bellissima ad ispirargli la sua lirica.	inspirieren Eine wunderschöne Frau soll seine Lyrik inspiriert haben.
la **lirica**	Lyrik
stupendo, a Questa poesia ha un ritmo stupendo.	großartig; wunderbar Der Rhythmus dieses Gedichts ist wundervoll.
il **ritmo**	Rhythmus
il **metro**	Versmaß
la **rima** Non fa rima, non senti?	Reim Merkst du nicht, daß sich das nicht reimt?
l'**immaginazione** *f* Ci vuole molta immaginazione per capire tutti i suoi simboli.	Phantasie Um alle seine Symbole zu verstehen, braucht man viel Phantasie.
il **simbolo**	Symbol
l'**illustrazione** *f* In questo libro ci sono delle illustrazioni veramente ottime.	Abbildung; Zeichnung; Illustration Dieses Buch ist wirklich großartig illustriert.
creativo, a Quello scrittore ha avuto un periodo molto creativo cinque anni fa.	schöpferisch Dieser Schriftsteller hatte vor fünf Jahren eine äußerst schöpferische Phase.
l'**elaborazione** *f*	Ausarbeitung; Gestaltung
il **capitolo** Quanti capitoli hai già scritto?	Kapitel Wie viele Kapitel hast du schon geschrieben?
la **favola** Avete già letto le favole dei fratelli Grimm?	Märchen Habt ihr schon die Märchen der Gebrüder Grimm gelesen?
il **capolavoro** L'ultima novella di questo autore è veramente un capolavoro.	Meisterwerk Die letzte Novelle dieses Autors ist ein wahres Meisterwerk.
il, la **protagonista** E' piaciuta anche a me, soprattutto per la figura del protagonista.	Hauptperson Mir hat sie auch gefallen, vor allem die Gestalt der Hauptperson.
soprattutto	vor allem; besonders
l'**autore,** l' **autrice**	Autor(in)
la **novella**	Novelle

lo **stile** Ammiro molto lo stile di quella scrittrice americana.	Stil Ich bewundere den Stil dieser amerikanischen Schriftstellerin sehr.
il **diario** I diari di Ernst Jünger vanno annoverati fra i più importanti di questo secolo.	Tagebuch Ernst Jüngers Tagebücher zählen zu den wichtigsten dieses Jahrhunderts.
annoverare	zählen
la **lettura**	Lektüre
il **narratore,** la **narratrice** Ascolto con piacere i narratori dei vecchi tempi.	Erzähler(in) Gerne lausche ich den Erzählern alter Zeiten.
il **volume** Mi puoi prestare quel volume di poesia?	Band Kannst du mir den Gedichtband leihen?
l'**indice** *m*	Inhaltsverzeichnis; Index
l'**introduzione** Devi leggere anche l'introduzione, è molto importante.	Einleitung; Einführung Du mußt auch die Einführung lesen; sie ist sehr wichtig.
importante	wichtig

Musik

la **musica**
Se non ti dispiace, preferirei sentire musica classica.
Musik
Wenn es dich nicht stört, würde ich gern klassische Musik hören.

musicale
Quella ragazza ha un orecchio molto musicale.
musikalisch
Dieses Mädchen hat ein sehr musikalisches Gehör.

la **nota**
Sai leggere le note?
Note
Kannst du Noten lesen?

la **melodia**
Non conosco questa melodia.
Melodie
Ich kenne diese Melodie nicht.

la **voce**
Che bella voce! Dovresti studiare canto.
Stimme
Was für eine schöne Stimme! Du solltest Gesang studieren!

l'**arte** *f*
Mi piacerebbe, ma è un'arte di cui è difficile vivere.
Kunst
Das würde mir Spaß machen, aber es ist eine Kunst, von der man nur schwer leben kann.

il **tenore**	Tenor
Questo tenore è celebre in tutto il mondo.	Dieser Tenor ist weltberühmt.
celebre	berühmt
il, la **cantante**	Sänger(in)
cantare	singen
La canzone è bella, ma non mi piace come la cantano.	Das Lied ist schön, aber mir gefällt nicht, wie es gesungen wird.
la **canzone**	Lied
l'**artista** *mf*	Künstler(in)
il **disco**	Schallplatte
la **sinfonia**	Sinfonie
Mauro mi ha regalato il disco della sinfonia di Beethoven che amo tanto.	Mauro hat mir eine Schallplatte der Beethoven-Sinfonie geschenkt, die ich so liebe.
dirigere	dirigieren
Chi dirigerà l'orchestra stasera?	Wer dirigiert das Orchester heute abend?
suonare	spielen; erklingen
Quei ragazzi non sono molto famosi, ma suonano benissimo.	Die Jungs sind nicht sehr bekannt, spielen aber ausgezeichnet.
lo **strumento musicale**	Musikinstrument
Lo strumento musicale che ascolto più volentieri è il piano.	Das Instrument, das ich am liebsten höre, ist das Klavier.
volentieri	gerne
il **violino**	Violine, Geige
Veronica sta imparando a suonare il violino.	Veronica lernt Geige spielen.
il **piano**	Klavier
il **tasto**	Taste
I tasti di quel vecchio piano sono tutti gialli.	Die Tasten dieses alten Klaviers sind ganz gelb.
la **chitarra**	Gitarre
Ti piace di più la chitarra elettrica o quella classica?	Magst du lieber Elektrogitarre oder klassische?
la **batteria**	Schlagzeug
A quest'ora non puoi suonare la batteria, pensa ai vicini!	Um diese Zeit kannst du nicht mehr Schlagzeug spielen; denk an die Nachbarn!

il, la **musicista** Quella città è sempre stata la patria di grandi musicisti.	Musiker(in) Diese Stadt war stets die Heimat großer Musiker.
il **tono** Hai sentito che tono ha questa tromba?	Ton; Klang Hast du gehört, was diese Trompete für einen Klang hat?
maggiore	Dur
minore Penso che sia meglio usare il tono minore.	Moll Ich glaube, Moll ist vorzuziehen.
il **conservatorio** Alessandro studia al conservatorio per diventare compositore.	Konservatorium Alessandro studiert am Konservatorium, um Komponist zu werden.
il **concorso** Ha vinto un posto di studio facendo un concorso.	Wettbewerb; Aufnahmetest Er hat den Studienplatz nach einem Aufnahmetest bekommen.
il **compositore,** la **compositrice**	Komponist(in)
la **composizione**	Komposition
assistere a Ho assistito alla rappresentazione del balletto "Lo schiaccianoci" alla Scala di Milano.	besuchen; teilnehmen Ich habe eine Aufführung des Balletts "Der Nußknacker" an der Mailänder Scala besucht.
la **danza** Trovo che questa musica non sia troppo adatta per una danza.	Tanz Ich finde diese Musik nicht sonderlich geeignet zum Tanzen.
sinfonico, a	Sinfonie-, sinfonisch
il **direttore d'orchestra** Pare che ci sia un nuovo direttore d'orchestra, ne sai qualcosa?	(Orchester)dirigent(in) Es soll ein neuer Dirigent da sein, weißt du was davon?
il **suono**	Klang
il **flauto** Il suono del flauto è dolcissimo.	Flöte Der Klang der Flöte ist ach so süß!
la **tromba**	Trompete
l'**organo** E' bellissimo sentire l'organo in una vecchia cattedrale.	Orgel Es ist wunderschön, in einer alten Kathedrale dem Orgelspiel zu lauschen.
la **corda**	Saite
il **tamburo** Ai bambini piace molto suonare il tamburo.	Trommel Kinder schlagen sehr gerne die Trommel.

27 Länder, Nationalitäten, Sprachen

Allgemeine Begriffe

il **mondo** Mi piacerebbe vedere tutti i paesi del mondo.	Welt Ich würde gerne alle Länder der Welt kennenlernen.
il **paese**	Land
la **bandiera**	Fahne
la **popolazione** La popolazione italiana supera i 57 milioni.	Bevölkerung Die Bevölkerung Italiens liegt über 57 Millionen.
l'**ẹstero**	Ausland
emigrare Molti abitanti della Sicilia e della Calabria emịgrano all'estero.	auswandern Viele Einwohner Siziliens und Kalabriens wandern aus.
la **frontiera** L'apertura delle frontiere favorisce l'incontro tra i popoli.	Grenze Die Öffnung der Grenzen erleichtert Begegnungen zwischen den Völkern.
il **confine** Li hanno fermati al confine.	Grenze Sie wurden an der Grenze angehalten.
fermare	anhalten
l'**incontro**	Begegnung
la **patria** Tutti amiamo la nostra patria.	Heimat Wir alle lieben unsere Heimat.
l'**emigrato,** l' **emigrata** In Germania ci sono molti emigrati italiani.	Auswanderer(in), Emigrant(in) In Deutschland leben viele italienische Emigranten.
l'**emigrazione** *f*	Auswanderung, Emigration
straniero, a Non è sempre facile vivere in un paese straniero.	ausländisch, fremd Es ist nicht immer leicht, in einem fremden Land zu leben.
la **presenza** Data la presenza di molti stranieri, il problema principale è quello della lingua.	Anwesenheit Da so viele Ausländer hier sind, ist das Hauptproblem die Sprache.
lo **zịngaro,** la **zịngara** Gli zingari invece amano girare da un paese all'altro.	Zigeuner(in) Die Zigeuner jedoch lieben es, von einem Ort zum anderen zu ziehen.

vivere	leben
il **linguaggio**	(Umgangs)sprache
il **dialetto** In questa zona si parla un dialetto molto antico.	Dialekt In dieser Gegend wird ein ganz alter Dialekt gesprochen.

Länder

l'**Austria** Quest'anno andremo a sciare in Austria.	Österreich Dieses Jahr fahren wir nach Österreich zum Skilaufen.
austriaco, a	österreichisch; Österreicher(in)
la **Cina** Non sono ancora stata in Cina, e tu?	China Ich war noch nicht in China, und du?
cinese	chinesisch; Chinesisch; Chinese, Chinesin
la **Francia**	Frankreich
francese Preferisci la cucina francese o quella italiana?	französisch; Französich; Franzose, Französin Magst du die französische oder die italienische Küche lieber?
la **Germania** In Germania ci sono ancora bellissimi boschi.	Deutschland In Deutschland gibt es noch wunderschöne Wälder.
tedesco, a	deutsch; Deutsch; Deutsche(r)
il **Giappone**	Japan
giapponese Stasera andremo tutti in un ristorante giapponese.	japanisch; Japanisch; Japaner(in) Heute abend gehen wir alle in ein japanisches Restaurant.
la **Grecia** Conoscete molto bene la storia dell'antica Grecia!	Griechenland Ihr kennt euch in der Geschichte des alten Griechenlands aber gut aus!
greco, a Sì, ed anche i filosofi greci.	griechisch; Griechisch; Grieche, Griechin Ja, und auch mit den griechischen Philosophen.
l'**Inghilterra**	England

inglese	englisch; Englisch; Engländer(in)
Intorno alla casa faremo un prato all'inglese.	Um das Haus herum legen wir einen englischen Rasen an.
l'**Italia**	Italien
L'Italia è "il paese dove fioriscono i limoni" ha scritto Goethe.	Goethe beschreibt Italien als "das Land, wo die Zitronen blüh'n".
italiano, a	italienisch; Italienisch; Italiener(in)
Stò imparando l'italiano.	Ich lerne jetzt Italienisch.
l'**Olanda**	Holland
olandese	holländisch; Holländisch; Holländer(in)
la **Russia**	Rußland
Ho fatto un viaggio in Russia quindici anni fa.	Vor fünfzehn Jahren habe ich eine Reise nach Rußland gemacht.
russo, a	russisch; Russisch; Russe, Russin
la **Spagna**	Spanien
I miei amici sono tornati ieri dalla Spagna.	Meine Freunde sind gestern aus Spanien zurückgekommen.
spagnolo, a	spanisch; Spanisch; Spanier(in)
la **Svizzera**	Schweiz
svizzero, a	schweizerisch; Schweizer(in)

Allgemeine Verwaltung

il **cittadino,** la **cittadina** — Bürger(in)
E' ora che diventiamo tutti cittadini d'Europa. — Es ist an der Zeit, daß wir alle Bürger Europas werden.

libero, a — frei

il **municipio** — Rathaus

il **sindaco** — Bürgermeister
Il sindaco inaugurerà il nuovo palazzo comunale domani. — Morgen weiht der Bürgermeister das neue Rathaus ein.

residente — wohnhaft
Io sono un'italiana residente all'estero. — Ich bin Italienerin mit Wohnsitz im Ausland.

l'**abitante** *mf* — Einwohner(in)
Quanti abitanti ha questa città? — Wie viele Einwohner hat diese Stadt?

l'**amministrazione** *f* — Verwaltung

la **burocrazia** — Bürokratie
Anche in questo paese c'è troppa burocrazia. — Auch in diesem Land gibt es zuviel Bürokratie.

l'**organizzazione** *f* — Organisation

la **manifestazione** — Veranstaltung

la **misura** — Maßnahme
Queste misure sono state prese dall'amministrazione regionale. — Diese Maßnahmen wurden von der Regionalverwaltung getroffen.

l'**ufficio** — Amt; Büro
Stamattina devo andare nei vari uffici per fare tutti i documenti. — Heute morgen muß ich zu allen möglichen Ämtern gehen, um alle Papiere zu bekommen.

la **funzione** — Funktion; Tätigkeit
Che funzione ha Lei in quest'ufficio? — Welche Funktion haben Sie in diesem Büro?

la **carica** — Amt; Stellung

dettare — diktieren; festlegen

la **guardia** — Wache; Polizist
Se non troviamo la via domandiamo ad una guardia. — Wenn wir den Weg nicht finden, fragen wir einen Polizisten.

la **polizia** — Polizei

la **polizia stradale** Perché la polizia stradale vi ha fatto la multa?	Verkehrspolizei Warum hat euch die Verkehrspolizei eine Geldstrafe aufgebrummt?
il **poliziotto,** la **poliziotta** A quella manifestazione c'erano molti poliziotti.	Polizist(in) Bei der Demonstration waren viele Polizisten aufgeboten.
la **multa**	Geldstrafe
la **provincia** Quante province ha la vostra regione?	Provinz *(Landkreis)* Aus wie vielen Provinzen besteht eure Region?
regionale	regional
la **regione** L'Italia è divisa in venti regioni.	Region Italien ist in zwanzig Regionen unterteilt.
federale La Germania è una repubblica federale.	Bundes- Deutschland ist eine Bundesrepublik.
la **potenza**	Macht; Stärke
il **comune** Ogni provincia è divisa in comuni.	Gemeinde Jede Provinz ist in Gemeinden untergliedert.
comunale	kommunal
il **palazzo comunale**	Rathaus
la **residenza**	Wohnsitz
fisso, a	fest
il **certificato**	Bescheinigung
il **certificato di nascita** Mi serve il certificato di nascita e quello di residenza.	Geburtsurkunde Ich brauche die Geburtsurkunde und die Meldebescheinigung.
la **pubblica amministrazione** E' compito della pubblica amministrazione dettare il piano dei lavori.	öffentliche Verwaltung Es ist Aufgabe der öffentlichen Verwaltung, den Arbeitsplan festzulegen.
il **compito**	Aufgabe
l'**autorità pubblica**	Behörde
i **servizi** *pl* I servizi dell'assistenza sociale sono organizzati molto bene.	Dienste; Dienstleistungen Die Dienste der Sozialfürsorge sind sehr gut organisiert.
l'**assistenza sociale**	Sozialfürsorge

l'**istituzione** *f* Si tratta solo di un'istituzione provvisoria, ma sarebbe bene che diventasse fissa.	Institution; Einrichtung Es handelt sich nur um eine provisorische Institution, aber es wäre gut, wenn eine bleibende Einrichtung daraus würde.
l'**associazione** *f*	Vereinigung, Verband
il **membro** Quanti membri ha la vostra associazione?	Mitglied Wie viele Mitglieder hat eure Gesellschaft?
provvisorio, a	provisorisch
l'**ente** *m* Per queste cose sono competenti gli enti pubblici.	Anstalt; Körperschaft Hierfür sind die öffentlichen Anstalten zuständig.
incaricare	beauftragen
l'**incạrico** L'ispettore ha ricevuto l'incarico di controllare le operazioni.	Auftrag Der Inspektor erhielt den Auftrag, die Arbeiten zu überwachen.
l'**inchiesta** Chi è stato incaricato di svolgere l'inchiesta?	Untersuchung Wer wurde mit der Durchführung der Untersuchung beauftragt?
svọlgere	durchführen
la **questura** La questura è l'organo principale della polizia in ogni provincia.	Polizeipräsidium Die Polizeipräsidium ist das wichtigste Polizeiorgan jeder Provinz.
principale	hauptsächlich; Haupt-
l'**ọrgano**	Organ
il **commissariato** Dobbiamo andare subito al commissariato a denunciare il fatto.	Kommissariat Wir müssen sofort zum Kommissariat gehen, um den Fall zu melden.
l'**ispettore,** l' **ispettrice**	Inspektor(in)
sfuggire All'attenzione dell'ispettore non è sfuggito nulla della dichiarazione che hai fatto.	entgehen; entfliehen Der Aufmerksamkeit des Inspektors, ist nichts von deinen Ausführungen entgangen.
la **dichiarazione**	Erklärung

Kriminalität

il, la **criminale**	Kriminelle(r), Verbrecher(in)
Il criminale è stato arrestato stanotte.	Der Verbrecher wurde diese Nacht festgenommen.
il **reato**	Delikt; Straftat
arrestare	festnehmen
l'**allarme** *m*	Alarm
Abbiamo fatto mettere l'impianto d'allarme anche in casa.	Wir haben auch im Haus eine Alarmanlage installieren lassen.
allarmare	alarmieren
Ancora non si sa chi ha allarmato la polizia.	Es ist noch nicht bekannt, wer die Polizei alarmiert hat.
la **sirena**	Sirene
indagare	nachforschen
Lo so, ma stanno indagando.	Ich weiß, aber man ist dabei nachzuforschen.
rubare	stehlen
il **ladro,** la **ladra**	Dieb(in)
Pare che il ladro abbia rubato proprio tutto.	Es sieht so aus, als habe der Dieb tatsächlich alles mitgehen lassen.
la **banda**	Bande
Finalmente hanno scoperto il capo di quella banda di ladri.	Der Kopf der Diebesbande ist endlich aufgespürt worden.
il **ricatto**	Erpressung
violentare	vergewaltigen
il **sospetto**	Verdacht
C'è anche il sospetto che abbia violentato la ragazza, ma mancano le prove.	Es besteht auch der Verdacht, daß er das Mädchen vergewaltigt hat, aber es fehlen die Beweise.
la **prova**	Beweis
provare	beweisen
Non è stato difficile per Luigi provare che era innocente.	Es war nicht schwierig für Luigi, seine Unschuld zu beweisen.
innocente	unschuldig
il, la **terrorista**	Terrorist(in)
Vogliono portare i terroristi in una prigione più sicura.	Man beabsichtigt, die Terroristen in ein sichereres Gefängnis zu schaffen.
la **prigione**	Gefängnis

migliorare Certo, ma dovranno anche migliorare il sistema di isolamento.	verbessern In Ordnung, aber man muß auch das Isolationssystem verbessern.
isolare	isolieren
l'**isolamento**	Isolation
il **detenuto,** la **detenuta** Questo detenuto deve essere isolato dagli altri.	Häftling Dieser Häftling ist von den übrigen zu isolieren.
evạdere	ausbrechen
il **delitto** Nell'Italia del Sud si parlava molto di delitto d'onore in passato, ora non più.	Delikt; Verbrechen In der Vergangenheit war in Süditalien häufig von einem "Ehrendelikt" die Rede; heute nicht mehr.
l'**onore** *m*	Ehre
lo **spaccio** Lo spaccio di droga più pericoloso è quello nelle scuole.	Handel; Vertrieb Der Drogenhandel in den Schulen ist am gefährlichsten.
l'**omicidio** I giornali parlano di omicidio e non di un incidente con la rivoltella.	Mord Die Zeitungen sprechen von Mord und nicht von einem Unfall beim Hantieren mit dem Revolver.
la **rapina** Comunque sia, se non avessero fatto la rapina non sarebbe successo niente.	Raubüberfall Wie dem auch sei, ohne den Raubüberfall wäre nichts passiert.
la **rivoltella**	Revolver
sequestrare La polizia ha sequestrato due rivoltelle.	beschlagnahmen Die Polizei hat zwei Revolver beschlagnahmt.
lo **sparo**	Schuß
sparare Dicono che siano stati in due a sparare e non uno solo.	schießen Es heißt, zwei Täter hätten geschossen und nicht nur einer.
il **fucile** Hai sentito? Questo era un colpo di fucile!	Gewehr Hast du das gehört? Das war ein Gewehrschuß!
il **colpo**	Schlag; Schuß
il **rapimento** Il signor Paolini è stato liberato un mese dopo il rapimento.	Entführung Herr Paolini wurde einen Monat nach der Entführung befreit.

liberare	befreien
rapire ‹rapisco› Hanno rapito di nuovo un ricco industriale.	entführen Schon wieder ist ein reicher Industrieller entführt worden.
ingannare Non credo che sia tanto facile ingannare la polizia.	täuschen Ich glaube nicht, daß es so einfach ist, die Polizei zu täuschen.
l'**inganno**	Täuschung
la **truffa** E' stato condannato per truffa ed inganno.	Betrug Er wurde wegen Betruges und arglistiger Täuschung verurteilt.
il **tradimento**	Verrat
tradire ‹tradisco› Se fai così, tradisci la fiducia di tutti.	verraten; betrügen Wenn du das tust, mißbrauchst du das Vertrauen aller.
il **furto**	Diebstahl
il, la **delinquente** Il delinquente è riuscito a commettere il furto con un trucco.	Verbrecher(in) Dem Verbrecher gelang es mit einem Trick, den Diebstahl auszuführen.
commẹttere	begehen
la **mafia** Il fenomeno della mafia tocca ormai tutto il mondo.	Mafia Das Phänomen Mafia betrifft inzwischen die ganze Welt.
toccare	betreffen; berühren
il **trucco**	Trick

Justiz

la **giustizia**	Justiz
la **legge** La legge protegge i cittadini.	Gesetz Das Gesetz schützt die Bürger.
legale	legal; gesetzlich
protẹggere	beschützen
il **cạrcere** L'imputato è in carcere già da sei mesi.	Gefängnis Der Angeklagte sitzt schon seit sechs Monaten im Gefängnis.

sicuro, a	sicher
la **fuga**	Flucht
fuggire Quel detenuto ha cercato di fuggire già due volte.	fliehen Dieser Häftling hat schon zwei Fluchtversuche unternommen.
inseguire	verfolgen
l'**imputato,** l' **imputata**	Angeklagte(r)
accusare E' stato accusato di furto.	anklagen; bezichtigen Er wurde des Diebstahls bezichtigt.
l'**accusa** In base all'accusa verrà fatto un processo penale.	Anklage; Anschuldigung Aufgrund der Anklage kommt es zu einem Strafprozeß.
il **processo**	Prozeß
rinviare Il processo è stato rinviato a marzo.	verschieben, vertagen Der Prozeß wurde auf März verschoben.
sospendere	aussetzen; einstellen; suspendieren
civile	Zivil-
penale	Straf-
la **causa** Come è finita la causa civile di Antonio?	Verfahren; Sache Wie ist Antonios Zivilprozeß ausgegangen?
il **giudice** Il giudice ha dato ragione a lui.	Richter(in) Der Richter hat ihm recht gegeben.
l'**avvocato,** l' **avvocatessa**	Rechtsanwalt/-anwältin
la **corte** La corte si è riunita in camera di consiglio.	Gerichtshof; Gericht Das Gericht hat sich im Beratungszimmer versammelt.
riunirsi	zusammentreten, sich versammeln
riunire ‹riunisco›	(wieder)vereinigen
la **carta da bollo**	Stempelpapier *(notwendig für amtliche Bescheinigungen oder Anträge)*
la **pretura** Dovete presentare la domanda in carta da bollo alla pretura.	Amtsgericht Ihr müßt den Antrag auf Stempelpapier beim Amtsgericht einreichen.
il **tribunale**	Gericht
il, la **testimone** I testimoni sono stati obbligati a presentarsi in tribunale.	Zeuge, Zeugin Die Zeugen wurden vor Gericht geladen.

obbligare	verpflichten
condannare Il delinquente è stato condannato a quattro anni e cinque mesi.	verurteilen Der Verbrecher wurde zu vier Jahren und fünf Monaten Haft verurteilt.
punire ‹punisco› Chi testimonia il falso verrà punito.	bestrafen Wer falsch aussagt, wird bestraft.
la **costituzione** Nell'Ottocento ci sono state grandi lotte per ottenere la costituzione.	Verfassung Im 19. Jahrhundert gab es heftige Kämpfe um die Einführung der Verfassung.
lo **statuto**	Statut, Satzung
il **codice** I due codici più importanti sono quello penale e quello civile.	Gesetzbuch Die beiden wichtigsten Gesetzbücher sind das Strafgesetzbuch und das Bürgerliche Gesetzbuch.
costituire ‹costituisco›	bilden; einsetzen
denunciare Avete già denunciato il fatto?	anzeigen Habt ihr die Sache schon angezeigt?
offeso, a Sì, perché siamo molto offesi.	beleidigt; verletzt Ja, denn wir sind sehr verletzt.
la **scomparsa** Ieri è stata denunciata la scomparsa di altre tre persone.	Verschwinden Gestern wurde das Verschwinden dreier weiterer Personen gemeldet.
il **vigore**	(Rechts)kraft
violare Hanno violato una vecchia legge in vigore da tanti anni.	übertreten; verletzen Sie haben ein altes Gesetz übertreten, das seit vielen Jahren in Kraft ist.
vigilare	überwachen
la **procura** Ho dato la procura al miglior avvocato della città.	Vollmacht Ich habe den besten Anwalt der Stadt bevollmächtigt.
il **procuratore della Repubblica** Il procuratore della Repubblica tutela il rispetto della legge.	Staatsanwalt Der Staatsanwalt überwacht die Einhaltung von Recht und Gesetz.
la **lite**	Rechtsstreit
pendente Questa lite è pendente già da troppo tempo.	anhängig Dieser Rechtsstreit ist schon viel zu lange anhängig.

svolgersi Il processo si svolgerà a porte chiuse.	ablaufen; vonstatten gehen Der Prozeß wird unter Ausschluß der Öffentlichkeit stattfinden.
il **compromesso** Finirà certo con un compromesso.	Kompromiß; Vergleich Es wird sicher wieder auf einen Vergleich hinauslaufen.
tutelare	überwachen; schützen
la **tutela** I figli sono stati affidati alla tutela della madre.	Sorgerecht Das Sorgerecht für die Kinder wurde der Mutter zugesprochen.
affidare	anvertrauen
la **giuria** Nei tribunali italiani non c'è la giuria come in quelli americani.	Geschworenengericht Die italienischen Gerichte kennen keine Geschworenen wie die amerikanischen.
testimoniare	bezeugen
l'**interrogatorio**	Verhör; Befragung
la **condanna** La condanna è stata molto dura, ma giusta.	Urteil; Verurteilung Das Urteil war sehr hart aber gerecht.

Militär

l'**esercito** I carabinieri fanno parte dell'esercito.	Heer Die Carabinieri sind Teil des Heeres.
militare Giuliano è partito ieri per il servizio militare.	militärisch; Militär- Giuliano hat gestern seinen Militärdienst angetreten.
il **servizio militare**	Militärdienst
il **soldato** I soldati andranno in manovra per due settimane.	Soldat Die Soldaten gehen für zwei Wochen ins Manöver.
il **nemico,** la **nemica** Il nemico ascolta!	Feind(in) Feind hört mit!
il **maresciallo**	Marschall; Unteroffizier der Carabinieri
il **carabiniere**	Carabiniere *(italienischer Gendarm)*

la **marina**	Marine
Lorenzo vuole diventare ufficiale di marina.	Lorenzo will Marineoffizier werden.
l'**ufficiale** *m*	Offizier
il **generale**	General
Quante stelle ha quel generale?	Wie viele Sterne hat dieser General?
l'**arma**	Waffe
Stanno usando le armi più moderne che ci sono.	Die modernsten Waffen, die es gibt, kommen zum Einsatz.
armato, a	bewaffnet
la **bomba**	Bombe
esplodere	explodieren
La bomba è esplosa a pochi metri dalle case.	Die Bombe explodierte wenige Meter von den Häusern entfernt.
l'**esplosione** *f*	Explosion
sfollare	sich verlaufen; räumen; evakuieren
La gente era già sfollata dalla zona.	Die Gegend war schon von Leuten geräumt.
distruggere	zerstören
L'esplosione ha distrutto tutto il paese.	Die Explosion hat das ganze Dorf zerstört.
resistere	Widerstand leisten
la **resistenza**	Widerstand; Widerstandsbewegung
Mio zio ha combattuto nella resistenza.	Mein Onkel hat in der Widerstandsbewegung gekämpft.
abbasso	nieder!
Abbasso la guerra!	Nieder mit dem Krieg!
ritirarsi	sich zurückziehen
L'esercito si è ritirato dopo tre giorni di dure lotte.	Das Heer hat sich nach drei Tagen heftiger Kämpfe zurückgezogen.
la **violenza**	Gewalt
la **vittima**	Opfer
Anche al giorno d'oggi ci sono troppe vittime della violenza.	Auch heutzutage gibt es zu viele Opfer von Gewalt.
la **guerra**	Krieg
Speriamo che non scoppi più nessuna guerra.	Wir hoffen, daß es keinen Krieg mehr gibt.
evviva	es lebe
Evviva la pace!	Es lebe der Frieden!

la **pace**	Frieden
la **manovra**	Manöver
la **caserma** Chissà se Lili-Marlene aspetta ancora davanti alla caserma!?	Kaserne Ob Lili Marlen wohl immer noch vor der Kaserne wartet?
la **divisa** La nostra divisa è grigioverde, e la vostra?	Uniform Unsere Uniform ist graugrün, und eure?
l'**uniforme** *f*	Uniform
la **spada** Secondo il regolamento, con quell'uniforme va portata anche la spada.	Degen; Schwert Das Reglement schreibt vor, daß zu dieser Uniform auch der Degen zu tragen ist.
il **regolamento**	Reglement: Vorschrift; Ordnung
la **marcia** La Lunga Marcia dei cinesi è diventata famosa.	Marsch Der lange Marsch der Chinesen ist berühmt geworden.
marciare Sì, come quella dei fascisti che marciarono su Roma nel 1922.	marschieren Ja, genau wie derjenige der Faschisten, die 1922 nach Rom marschierten.
il **missile**	Rakete
il **conflitto** Nell'ultimo conflitto è stato lanciato un numero enorme di missili.	Konflikt Beim letzten Konflikt wurde eine Unmenge von Raketen abgefeuert.
lanciare	werfen; abschießen
l'**aggressione** *f*	Aggression
l'**assalto**	Angriff; Überfall
conquistare Ti pare giusto conquistare un paese con l'aggressione?	erobern Findest du es richtig, daß ein Land durch Aggression erobert wird?
la **conquista**	Eroberung
la **rivolta** C'è stata una rivolta militare contro il dittatore.	Revolte Es kam zu einer Militärrevolte gegen den Diktator.
combattere	kämpfen; bekämpfen
violento, a E' stato combattuto in modo violento da entrambe le parti.	heftig Auf beiden Seiten wurde heftig gekämpft.

radicale	radikal
neutrale	neutral
Il nostro paese non può restare neutrale, anche se lo vorrebbe.	Unser Land kann nicht neutral bleiben, auch wenn es das möchte.
il **prigioniero,** la **prigioniera**	Kriegsgefangene(r)
arrẹndersi	sich ergeben
I soldati si sono arresi e sono stati fatti prigionieri.	Die Soldaten ergaben sich und wurden gefangengenommen.
la **commissione**	Kommission
il **disarmo**	Abrüstung
La commissione internazionale per il disarmo si è riunita ieri.	Die internationale Abrüstungskommission trat gestern zusammen.
l'**entusiasmo**	Begeisterung
il **trionfo**	Triumph
Il trionfo dell'esercito ha suscitato un grande entusiasmo.	Der Triumph des Heeres hat große Begeisterung ausgelöst.
suscitare	auslösen

Innenpolitische Ordnung

lo **Stato**	Staat
Lo Stato deve difendere il suo territorio.	Der Staat muß sein Territorium verteidigen.
difẹndere	verteidigen
il **territorio**	Territorium
statale	staatlich
il **pọpolo**	Volk
La democrazia è il governo del popolo.	Demokratie bedeutet Volksherrschaft.
la **democrazịa**	Demokratie
il **partito**	Partei
Gioacchino è diventato segretario del partito socialista.	Gioacchino wurde Sekretär der Sozialistischen Partei.
il, la **presidente**	Präsident(in)
Chi è ora Presidente della Repubblica?	Wer ist zur Zeit Präsident der Republik?
il **capo del governo**	Regierungschef(in)
Non ricordo il nome, ma ti posso dire chi è il Capo del governo.	Mir fällt der Name nicht ein, aber ich kann dir sagen, wer Regierungschef ist.

il **parlamento** Il parlamento ha grosse difficoltà perché l'opposizione è molto forte.	Parlament Die Parlamentsarbeit ist sehr schwierig, da die Opposition sehr stark ist.
l'**opposizione** *f*	Opposition
il **deputato,** la **deputata** Il parlamento italiano è composto dalla Camera dei Deputati e dal Senato.	Abgeordnete(r) Das italienische Parlament besteht aus dem Abgeordnetenhaus und dem Senat.
il **governo**	Regierung
il **crollo**	Zusammenbruch
crollare Il governo è crollato di nuovo.	zusammenbrechen; einstürzen Schon wieder ist die Regierung gestürzt worden.
il **ministro** Dopo la crisi del governo il ministro Rossi si è ritirato.	Minister(in) Nach der Regierungskrise trat Minister Rossi zurück.
ritirarsi	zurücktreten
votare Votare è un diritto ma anche un obbligo civile.	wählen; abstimmen Wählen ist ein Recht, aber auch eine Bürgerpflicht.
il **favore** A favore di chi voterai?	Gunst Für wen wirst du stimmen?
la **femminista** Non credo che darò il mio voto alle femministe.	Feministin Ich glaube nicht, daß ich meine Stimme den Feministinnen gebe.
il **voto**	Stimme; Votum
favorẹvole	günstig
la **polịtica** Non riusciamo più a capire la politica del nostro paese.	Politik Es gelingt uns nicht mehr, die Politik unseres Landes zu verstehen.
il **polịtico**	Politiker(in)
la **crịtica** La critica è stata feroce con i politici del partito di destra.	Kritik Die Kritik an den Politikern der Rechtsparteien war äußerst heftig.
pụbblico, a Sono in atto molte riforme del diritto pubblico e di quello privato.	öffentlich Zur Zeit werden viele Reformen des öffentlichen Rechts und des Privatrechts durchgeführt.
privato, a	privat
la **riforma**	Reform

la **repụbblica** La repubblica è una forma di governo democratico molto antica.	Republik Die Republik ist eine sehr alte demokratische Staatsform.
democrạtico, a	demokratisch
socialista	sozialistisch
comunista Il partito comunista sta attraversando una grave crisi.	kommunistisch Die kommunistische Partei macht eine schwere Krise durch.
democristiano, a Il partito democristiano spera di avere la maggioranza dei voti.	christdemokratisch Die christdemokratische Partei hofft auf eine Stimmenmehrheit.
repubblicano, a	republikanisch
la **Cạmera dei deputati** La Camera dei deputati italiana conta attualmente 630 membri.	Abgeordnetenhaus Das italienische Abgeordnetenhaus zählt zur Zeit 630 Mitglieder.
il **senato** Il Senato ha sede a Palazzo Madama.	Senat Sitz des Senats ist der Palazzo Madama.
la **sede**	Sitz
la **maggioranza**	Mehrheit
la **minoranza**	Minderheit
governare Per governare ci vuole la maggioranza.	regieren Zum Regieren braucht man eine Mehrheit.
il **potere**	Macht
il **ministero** Mi può dire, per favore, dov'è la sede del Ministero degli Esteri?	Ministerium Können Sie mir bitte sagen, wo der Sitz des Außenministeriums ist?
le **elezioni** *pl* A chi darai il tuo voto alle prossime elezioni?	Wahlen Wem gibst du bei den kommenden Wahlen deine Stimme?
l'**elettore**, l'**elettrice**	Wähler(in)
elẹggere Puoi eleggere solo le persone indicate nell'elenco.	wählen Du kannst nur die auf der Liste aufgeführten Personen wählen.
l'**elenco**	Liste; Register

il **bollettino** Hai letto l'ultimo bollettino regionale?	Bulletin; Bericht Hast du den letzten Bericht zur Lage der Region gelesen?
il **dittatore**	Diktator
corrotto, a	korrupt; bestechlich
il **sistema** Secondo l'opinione pubblica questo sistema è troppo corrotto.	System Der öffentlichen Meinung nach ist dieses System zu korrupt.
spiare	spionieren
la **spia** *mf* Vorrei sapere quante spie lavorano in questo ministero!	Spion(in) Ich möchte wissen, wie viele Spione in diesem Ministerium arbeiten!
lo **spionaggio**	Spionage

Internationale Beziehungen

la **nazione**	Nation
la **comunità** L'Italia e la Germania fanno parte della Comunità Europea.	Gemeinschaft Italien und Deutschland gehören der Europäischen Gemeinschaft an.
l'**integrazione** *f*	Integration; Eingliederung
la **conferenza** Dove avrà luogo la conferenza dei ministri?	Konferenz Wo wird die Ministerkonferenz stattfinden?
il **congresso** Siamo appena tornati da un congresso internazionale molto interessante.	Kongreß; Tagung Wir sind eben von einem sehr interessanten internationalen Kongreß zurückgekommen.
la **riunione**	Versammlung
il **diạlogo** Il dialogo fra i popoli europei è diventato molto più intenso.	Dialog Der Dialog zwischen den europäischen Völkern ist sehr viel intensiver geworden.
internazionale	international
liberamente	frei

il **mondo** Tutti desideriamo la pace nel mondo.	Welt Wir alle wünschen uns Frieden auf der Welt.
la **posizione**	Position; Standpunkt
la **discussione** Questa discussione deve servire a chiarire la posizione politica di ciascuno di noi.	Diskussion Diese Diskussion soll zur Klärung des politischen Standpunkts eines jeden von uns dienen.
ciascuno, a	jede(r, s)
diplomạtico, a	diplomatisch
il **cọnsole** Mio figlio vuole fare la carriera diplomatica e diventare console.	Konsul Mein Sohn will die Diplomatenlaufbahn einschlagen und Konsul werden.
il **privilegio**	Privileg
la **monarchịa** La monarchia esiste ancora in diversi paesi europei.	Monarchie Mehrere europäische Länder sind noch Monarchien.

la **Comunità Europẹa**	Europäische Gemeinschaft
unire ‹unisco› Se quegli stati uniranno le loro forze, potranno fare molto di più.	vereinen; vereinigen Wenn diese Staaten ihre Kräfte vereinen, können sie viel mehr erreichen.
l'**unione** *f*	Einheit; Einigkeit; Union
l'**autonomịa**	Autonomie
autọnomo, a Il Trentino-Alto Adige è una regione autonoma.	autonom Trentino-Alto Adige ist eine autonome Region.
l'**indipendenza** Autonomia ed indipendenza non sono la stessa cosa.	Unabhängigkeit Autonomie und Unabhängigkeit sind nicht identisch.
negoziare	verhandeln
la **trattativa** Nei prossimi giorni avranno inizio le trattative tra i due paesi.	Verhandlung In den nächsten Tagen beginnen Verhandlungen zwischen den beiden Ländern.
il **vẹrtice** Questo sarà un incontro al vertice.	Gipfel Es wird zu einem Gipfeltreffen kommen.
la **sfida**	Herausforderung

progredire ‹progredisco› L'idea europea è progredita nel corso degli anni.	fortschreiten, sich fortentwickeln Die europäische Idee hat sich im Laufe der Jahre fortentwickelt.
disporre	disponieren; verfügen
la **disposizione** Bisogna osservare le disposizioni in vigore.	Anordnung; Verfügung Man muß die geltenden Verfügungen beachten.
osservare	beachten; einhalten
l'**ambasciata** Per queste pratiche devi rivolgerti all'ambasciata e non al consolato.	Botschaft In diesen Angelegenheiten mußt du dich an die Botschaft und nicht ans Konsulat wenden.
la **prạtica**	Akte; Angelegenheit
il **consolato**	Konsulat
l'**asilo** La gente che è scappata dal proprio paese ha trovato asilo qui.	Asyl Die Leute, die aus ihrem Land geflohen sind, haben hier Asyl gefunden.
scappare	fortlaufen; entkommen
l'**esilio** Durante il periodo fascista molte persone sono andate in esilio.	Exil Während der Zeit des Faschismus gingen viele Leute ins Exil.
la **solidarietà** La solidarietà è un regalo ed un privilegio per chi la riceve.	Solidarität Solidarität ist ein Geschenk und ein Privileg für den, der sie erfährt.

29 Geographie und Landschaftsformen

Geographie

la **geografịa**	Erdkunde, Geographie
A scuola ho sempre studiato con piacere la geografia.	In der Schule habe ich immer gerne Geographie gehabt.
il **nord**	Norden
Il lago di Garda si trova nel nord d'Italia.	Der Gardasee befindet sich im Norden Italiens.
il **sud**	Süden
A sud di Monaco incominciano le Alpi.	Südlich von München beginnen die Alpen.
l'**est** *m*	Osten
Soffia un vento gelido dall'est.	Es bläst ein eiskalter Wind von Osten.
l'**ovest** *m*	Westen
L'ovest dell'Europa si avvicina all'est.	Der Westen Europas nähert sich dem Osten.
il **polo**	Pol
il **globo**	Erdball; Globus
Hai fatto bene a regalare un globo ai tuoi figli.	Du hast gut daran getan, deinen Kindern einen Globus zu schenken.
il **continente**	Erdteil; Kontinent
Le due Americhe vengono chiamate continente nuovo.	Amerika heißt auch die "neue Welt".

l'**Amẹrica**	Amerika
americano, a	amerikanisch; Amerikaner(in)
l'**Ạfrica**	Afrika
africano, a	afrikanisch; Afrikaner(in)
il **negro,** la **negra**	Neger(in), Schwarze(r)
l'**Europa**	Europa
europẹo, a	europäisch; Europäer(in)
indiano, a	indisch; Inder(in); indianisch; Indianer(in)
l'**Asia**	Asien
Africa, Europa ed Asia vengono chiamate continente antico.	Afrika, Europa und Asien heißen "Urkontinent".

asiạtico, a	asiatisch; Asiat(in)
l'**Australia**	Australien
australiano, a	australisch; Australier(in)
l'**Oceania**	Ozeanien
L'Australia e l'Oceania sono dette continente nuovissimo.	Australien und Ozeanien nennt man den "jüngsten Erdteil".
il **meridiano**	Meridian, Längengrad
A Greenwich passa il meridiano zero.	Der Null-Meridian verläuft durch Greenwich.
meridionale	südlich; Süd-
Nell'Italia meridionale ci sono molti vulcani.	In Süditalien gibt es viele Vulkane.
settentrionale	nördlich; Nord-
In quella settentrionale invece le montagne più alte.	Im Norden hingegen liegen die höchsten Gebirge.
l'**occidente** *m*	Westen; Okzident
Ad occidente c'è il Mar Tirreno, ad oriente l'Adriatico.	Im Westen liegt das Tyrrhenische Meer und im Osten die Adria.
l'**oriente** *m*	Osten; Orient

Land

il **paesaggio**	Landschaft
Ammiriamo l'armonia di questo paesaggio.	Wir bewundern die Harmonie dieser Landschaft.
l'**armonịa**	Harmonie
il **panorama**	Panorama
la **pianura**	Ebene
il **deserto**	Wüste
vasto, a	weit; ausgedehnt
la **foresta**	Wald
In questa zona non ci sono più vaste foreste.	In dieser Gegend gibt es keine ausgedehnten Wälder mehr.
il **luogo**	Ort
Vorrei abitare in un luogo sul mare.	Ich möchte irgendwo am Meer wohnen.
la **collina**	Hügel
Preferisci andare in collina o in montagna?	Fährst du lieber in eine Hügellandschaft oder ins Gebirge?

la **montagna**	Gebirge
l'**eco** Senti com'è forte l'eco su queste montagne!	Echo Hör nur, wie stark in diesen Bergen das Echo ist!
il **vulcano** Il Vesuvio e l'Etna sono i due vulcani più famosi in tutta l'Europa.	Vulkan Der Vesuv und der Ätna sind die beiden bekanntesten Vulkane Europas.
avvicinarsi	sich nähern
il **terremoto** Gli animali sentono prima dell'uomo l'avvicinarsi di un terremoto.	Erdbeben Die Tiere spüren eher als die Menschen, wenn ein Erdbeben bevorsteht.
la **scossa**	Erdstoß
la **valanga** La scossa ha causato una valanga che ha coperto molte case.	Lawine Die Erschütterung hat eine Lawine ausgelöst, die viele Häuser verschüttet hat.

la **zona** Qui comincia la zona del deserto.	Gegend Hier beginnt die Wüstenlandschaft.
la **superficie** La penisola italiana ha una superficie di 301.278 km.	Oberfläche Die italienische Halbinsel erstreckt sich über eine Gesamtfläche von 301.278 Kilometer.
la **roccia** In alcune zone ci sono case scavate nella roccia.	Felsen In manchen Gegenden finden sich in den Felsen gegrabene Behausungen.
caratteristico, a Quelle colline hanno una forma molto caratteristica.	charakteristisch Diese Hügel haben eine ganz charakteristische Form.
il **monte**	Berg
la **cima** Siamo saliti fino in cima al monte.	Gipfel Wir sind bis zum Gipfel des Berges gestiegen.
la **valle**	Tal
circondare La valle è circondata da alti monti.	umgeben Das Tal ist von hohen Bergen umgeben.
estendersi	sich erstrecken

il **ghiacciaio** Il ghiacciaio si estende per molti chilometri quadrati.	Gletscher Der Gletscher erstreckt sich über viele Quadratkilometer.

Wasser

il **mare**	Meer
mosso, a	bewegt; unruhig
la **riva** Com'è bello stare seduti in riva al mare!	Ufer; Küste Wie schön ist es, am Meeresstrand zu sitzen!
il **golfo** Il Golfo di Napoli è uno dei più belli d'Italia.	Golf Der Golf von Neapel ist einer der schönsten Italiens.
l'**isola**	Insel
pescare Quell'isola è il posto ideale per andare a pescare.	fischen Diese Insel ist der ideale Platz, um fischen zu gehen.
lo **scoglio** Hai già sentito la leggenda dello scoglio di Lorelei?	Felsen; Klippe Hast du schon die Legende vom Felsen der Lorelei gehört?
la **costa** L'Italia, isole comprese, ha circa 7500 km di coste.	Küste Einschließlich der Inseln weist Italien ungefähr 7500 Kilometer Küste auf.
l'**orizzonte** *m* La nave è sparita lentamente all'orizzonte.	Horizont Langsam entschwand das Schiff am Horizont.
sparire ‹sparisco›	verschwinden
il **fiume** Il Po è il più grande fiume italiano.	Fluß Der Po ist der längste der italienischen Flüsse.
attraversare Sì, ed attraversa la grande pianura alla quale dà il nome.	überqueren; durchqueren Ja, und er durchquert die große Ebene, der er den Namen gegeben hat.
scorrere	fließen
la **cascata**	Wasserfall

il **lago** In Italia ci sono anche molti laghi.	See In Italien gibt es auch viele Seen.
l'**ocẹano** Per arrivare in quel paese si deve attraversare l'oceano.	Ozean Um dieses Land zu erreichen, muß man den Ozean überqueren.
la **marẹa** E' bello camminare sulla spiaggia con la bassa marea, ed uscire in barca con quella alta.	Gezeiten Es ist schön, bei Ebbe den Strand entlang zu spazieren und bei Flut mit dem Boot hinauszufahren.
marino, a	Meeres-; Meer-
mediterraneo, a	Mittelmeer-; mediterran
la **penịsola** La penisola italiana ha proprio la forma di uno stivale.	Halbinsel Die italienische Halbinsel hat tatsächlich die Form eines Stiefels.
la **fonte**	Quelle
la **sorgente** Nell'isola d'Ischia ci sono molte sorgenti di acque minerali.	Quelle Auf der Insel Ischia gibt es viele Mineralquellen.
sommẹrgere L'acqua del fiume ha sommerso tutta la valle.	überschwemmen; überfluten; versenken Der Fluß hat das gesamte Tal überschwemmt.

Wetter

il **tempo**	Wetter
Forse veniamo domani, dipende tutto dal tempo però.	Vielleicht kommen wir morgen, aber das hängt alles vom Wetter ab.
Che tempo fa da voi?	Wie ist das Wetter bei euch?
tịpico, a	typisch
il **cambiamento**	Änderung
Abbastanza bello, anche se qui sono tipici i cambiamenti rapidi.	Ganz schön trotz der typischen schnellen Schwankungen.
il **cielo**	Himmel
coperto, a	bedeckt
Oggi il cielo è tutto coperto.	Der Himmel ist heute ganz bedeckt.
il **sole**	Sonne
splẹndere	scheinen; strahlen
Secondo le previsioni il cielo sarà sereno e splenderà il sole.	Der Vorhersage nach wird der Himmel heiter sein, und die Sonne scheinen.
la **nụvola**	Wolke
nuvoloso, a	wolkig, bewölkt
il **vento**	Wind
Per fortuna il vento ha portato via tutte le nuvole.	Glücklicherweise hat der Wind alle Wolken vertrieben.
soffiare	wehen
Sì, soffiava molto forte.	Ja, es wehte ein starker Wind.
il **soffio**	Hauch
il **grado**	Grad
fresco, a	frisch
Qui l'aria è fresca e pulita.	Die Luft ist hier frisch und rein.
il **caldo**	Hitze
scaldare	wärmen; heizen; erhitzen
il **freddo**	Kälte
Ieri faceva più caldo, oggi c'è un freddo intenso.	Gestern war es wärmer; heute ist es ziemlich kalt.
l'**aria**	Luft
piọvere	regnen
In alcune regioni dell'Italia spesso non piove per diversi mesi.	In manchen Gegenden Italiens regnet es oft monatelang nicht.

bagnato, a	naß
umido, a Non camminare a piedi nudi, la terra è ancora umida.	feucht Lauf nicht barfuß herum, der Boden ist noch feucht!
bagnarsi Con questa pioggia mi sono bagnata tutta.	naß werden Bei diesem Regen bin ich durch und durch naß geworden.
la **pioggia** E' caduta poca pioggia ed i prati sono appena bagnati.	Regen Es hat nur wenig geregnet, und die Wiesen sind kaum naß geworden.
l'**arcobaleno**	Regenbogen
il **temporale**	Gewitter
violento, a Quest'estate abbiamo avuto temporali molto violenti.	heftig Diesen Sommer hatten wir heftige Gewitter.
afoso, a Sì, e l'aria era sempre afosa.	schwül Ja, und es war ständig schwül.
nevicare Ha nevicato tutta la notte.	schneien Es hat die ganze Nacht geschneit.
la **neve** La neve cadeva lenta e silenziosa.	Schnee Langsam und leise fielen die Flocken.
silenzioso, a	still
gelare	gefrieren
il **ghiaccio** Bisogna fare attenzione, le strade sono piene di ghiaccio.	Eis Es gilt vorsichtig zu sein, die Straßen sind völlig vereist.
la **luce**	Licht
il **clima** Com'è il clima da voi?	Klima Was für ein Klima habt ihr?

la **previsione**	Vorhersage
il **bollettino meteorologico** Il bollettino meteorologico parlava di nevicate diffuse.	Wetterbericht Der Wetterbericht sprach von ausgedehnten Schneefällen.
diffuso, a	ausgedehnt; verbreitet
il **periodo** In questo periodo sono frequenti anche da noi.	Zeitraum Um diese Zeit schneit es auch bei uns häufig.
sereno, a	heiter, wolkenlos

brillare	strahlen
rispecchiare	widerspiegeln
la **temperatura** La temperatura è calata in modo estremo durante la notte.	Temperatur In der Nacht gab es einen extremen Temperatursturz.
mite E' vero, ieri era molto più mite.	mild Stimmt, gestern war es viel milder.
costante	beständig; konstant
calare	sinken
estremo, a	extrem
passeggero, a	vorübergehend
la **tempesta**	Sturm
il **tuono** Si sentiva da lontano il rumore dei tuoni.	Donner Von fern vernahm man das Grollen des Donners.
tuonare	donnern
il **fulmine** E' caduto un fulmine a pochi passi dalla casa.	Blitz(schlag) Wenige Schritte vom Haus entfernt hat ein Blitz eingeschlagen.
il **lampo** Il cielo era illuminato della luce dei lampi.	Blitz Der ganze Himmel war vom Licht der Blitze erhellt.
illuminare	erleuchten; erhellen
l'**uragano** Gli uragani hanno distrutto moltissimi alberi.	Orkan Die Orkane haben viele Bäume vernichtet.
la **grandine**	Hagel
l'**umidità** Oggi l'aria è piena di umidità.	Feuchtigkeit Die Luftfeuchtigkeit ist heute sehr hoch.
la **nevicata**	Schneefall
il **fiocco**	Flocke
il **gelo** Dopo la nevicata di stanotte è arrivato il gelo.	Frost Nach dem Schneefall heute nacht kam der Frost.
scivolare C'è pericolo di scivolare.	rutschen; ausgleiten Es besteht Rutschgefahr.
buio, a In questa stagione fa buio molto presto.	dunkel In dieser Jahreszeit wird es früh dunkel.

il **crepuscolo**	Dämmerung
La luce del crepuscolo fa sembrare tutto più morbido.	Das Licht der Dämmerung läßt alles weicher erscheinen.
l'**ombra**	Schatten
Al sole fa troppo caldo, mettiamoci all'ombra.	In der Sonne ist es zu heiß, setzen wir uns in den Schatten.

Umweltproblematik

la **natura**	Natur
La natura è in pericolo e dobbiamo fare di tutto per salvarla.	Die Natur ist in Gefahr, und wir müssen alles tun, sie zu retten.
conservare	bewahren
E' vero, non siamo stati capaci di conservarla.	Das ist wahr, wir sind nicht fähig gewesen, sie zu schützen.
l'**ambiente** *m*	Umwelt
la **riduzione**	Abnahme; Verringerung
La riduzione dello strato di ozono è un problema molto grave.	Die Abnahme der Ozonschicht ist ein sehr ernstes Problem.
lo **strato**	Schicht
l'**apparenza**	Anschein
l'**inquinamento**	Umweltverschmutzung
Le apparenze spesso ingannano e non mostrano il grado di inquinamento.	Der Schein trügt oft und offenbart nicht den Grad der Umweltverschmutzung.
mostrare	zeigen; aufweisen
contaminare	verseuchen; kontaminieren
Il terreno è contaminato, non puoi coltivarci niente.	Das Gelände ist verseucht, hier kann man nichts mehr anbauen.
la **contaminazione**	Verseuchung; Kontaminierung
la **radiazione**	Strahlung
Queste radiazioni rappresentano un grande pericolo per la salute.	Diese Strahlung stellt ein hohes Gesundheitsrisiko dar.
il **rapporto**	Bericht
Hai letto l'ultimo rapporto sulle condizioni di quel paese?	Hast du den jüngsten Bericht über die Zustände in diesem Land gelesen?
rapido, a	schnell
L'effetto della pioggia acida è stato molto rapido.	Die Auswirkungen des sauren Regens zeigten sich sehr schnell.

acido, a	sauer
salvare	retten
consistere	bestehen
Il lavoro più grande consiste ora nell'eliminare tutte le sostanze nocive.	Die Hauptaufgabe besteht nun in der Entsorgung aller Schadstoffe.
nocivo, a	schädlich
la **conseguenza**	Folge
La sfida dell'uomo alla natura ha portato conseguenze molto serie.	Die Herausforderung der Natur durch den Menschen hat ernste Folgen gehabt.
serio, a	ernst
intenso, a	intensiv
Sono in atto intense ricerche, per lo sfruttamento di materie che non inquinano.	Es sind intensive Forschungsarbeiten im Gang zur Nutzung von Stoffen, die die Umwelt nicht verschmutzen.
in atto	im Gang
l'**esperienza**	Erfahrung
Speriamo che l'esperienza ci abbia insegnato quale pericolo corre il nostro ambiente naturale.	Hoffen wir, daß uns die Erfahrung gelehrt hat, in welcher Gefahr unsere Umwelt schwebt.
pericoloso, a	gefährlich
il **pericolo**	Gefahr
la **schiuma**	Schaum
l'**effetto**	Wirkung
L'effetto di quelle schiume è terribile per le acque.	Diese Schäume haben eine verheerende Auswirkung auf die Gewässer.
rischiare	riskieren
puzzare	stinken
Questa sostanza puzza, ma non è pericolosa.	Diese Substanz stinkt, ist aber ungefährlich.
bruciare	brennen
I pozzi di petrolio che bruciano sono un incubo che ci accompagnerà per molto tempo.	Die brennenden Ölfelder sind ein Alptraum, der uns noch lange erhalten bleibt.
l'**ozono**	Ozon

prezioso, a La nostra atmosfera è troppo preziosa, non possiamo rischiare di distruggerla.	wertvoll Unsere Atmosphäre ist zu wertvoll; wir dürfen nicht riskieren, sie zu zerstören.
l'**atmosfera**	Atmosphäre
ridurre Bisogna assolutamente ridurre la quantità di rifiuti che produciamo.	verringern Es ist notwendig, die von uns produzierte Abfallmenge umgehend zu reduzieren.
i **rifiuti** *pl*	Abfälle
buttar via	wegwerfen
l'**avvertimento** Non abbiamo capito in tempo molti avvertimenti.	Warnung Viele Warnungen haben wir nicht rechtzeitig verstanden.
l'**ecologia** L'ecologia è la scienza che ci aiuta a salvare l'ambiente.	Ökologie Die Ökologie ist die Wissenschaft, die uns bei der Rettung der Umwelt hilft.
l'**inquinamento atmosferico**	Luftverschmutzung
l'**effetto serra** Ancora non si sa quali saranno le conseguenze dell'effetto serra.	Treibhauseffekt Es ist noch unklar, welche Folgen der Treibhauseffekt haben wird.
sfruttare Dobbiamo smettere di sfruttare la natura in questo modo.	ausnutzen; ausbeuten Wir müssen aufhören, die Natur auf diese Weise auszubeuten.
lo **sfruttamento**	Ausnutzung; Ausbeutung
inquinare	verschmutzen
l'**incubo**	Alptraum
apparire Questi esperimenti appaiono molto importanti.	erscheinen Diese Experimente erscheinen sehr wichtig.
l'**esperimento**	Experiment
l'**equilibrio** Non dobbiamo disturbare gli equilibri, se non vogliamo causare la rovina del nostro mondo.	Gleichgewicht Wir dürfen die Gleichgewichte nicht stören, wenn wir nicht unsere Welt ruinieren wollen.
la **rovina**	Ruin; Ruine
disturbare	stören
le **immondizie** *pl* Purtroppo ci sono persone che portano ancora le immondizie nei boschi.	Müll; Abfälle Leider gibt es immer noch Leute, die ihre Abfälle in den Wäldern ablagern.

la **scoria** E' importante eliminare bene le scorie industriali.	Schlacke; Abfälle Es ist wichtig, den Industriemüll gut zu entsorgen.
eliminare	eliminieren; ausschalten
sciogliere Perché hai sciolto tutti quei sali? Ora finiscono nella canalizzazione.	auflösen Warum hast du diese Salze alle aufgelöst? Jetzt gelangen sie ins Abwasser.
sciogliersi	schmelzen; sich auflösen
causare	verursachen
avvelenare Tutti quei gas avvelenano l'aria.	vergiften Alle diese Gase verseuchen die Luft.
la **canalizzazione**	Kanalisation

31 Tierwelt

Allgemeine Begriffe

l'**animale** *m*	Tier
la **protezione** Per fortuna, ora si sta facendo di più per la protezione degli animali.	Schutz Glücklicherweise wird heute mehr für den Tierschutz getan.
la **bestia** Alcune bestie feroci vivono nelle foreste.	Tier; Bestie Einige wilde Tiere leben in den Wäldern.
la **fẹmmina** La femmina non ha le piume così belle come il maschio.	Weibchen So schöne Federn wie das Männchen hat das Weibchen nicht.
il **maschio**	Männchen
la **razza** Di che razza è il tuo cane?	Rasse Was ist dein Hund für eine Rasse?
l'**ala** Quell'uccello ha le ali molto grandi.	Flügel Dieser Vogel hat sehr große Flügel.
volare	fliegen
il **muso** Il topo ha il muso piccolo e la coda lunga.	Schnauze Die Maus hat eine kleine Schnauze und einen langen Schwanz.
la **coda**	Schwanz
le **penne** *pl* Guarda che bel colore hanno quelle penne!	Federn Sieh nur, was diese Federn für eine schöne Farbe haben!
la **zampa** Il gatto ha una zampa ferita.	Pfote; Tatze Die Katze hat sich an einer Pfote verletzt.
l'**artiglio** Attento agli artigli di quella bestia!	Kralle; Klaue Hüte dich vor den Klauen dieser Bestie!
velenoso, a	giftig
mọrdere	beißen
il **morso** Il morso di quel serpente è velenoso.	Biß Der Biß dieser Schlange ist giftig.
il **grido**	Schrei

la **stalla** La stalla si trova dietro la casa.	Stall Der Stall befindet sich hinter dem Haus.
il **bestiame** I ragazzi hanno portato il bestiame a pascolare.	Vieh Die Jungen haben das Vieh auf die Weide gebracht.
domẹstico, a Gli animali domestici sono molto utili e spesso amici dell'uomo.	Haus- Haustiere sind sehr nützlich und oft Freunde des Menschen.
il **nido** In quell'albero ci sono molti nidi.	(Vogel)nest In diesem Baum sind viele Vogelnester.
la **tana**	Höhle; Bau

la **fạuna** Giorgio va in Africa per studiare la fauna di quei paesi.	Fauna, Tierwelt Giorgio reist nach Afrika, um die dortige Fauna zu studieren.
il **rifugio** Molti animali non possono restare più nel loro ambiente naturale e non sanno dove trovare rifugio.	Zuflucht; Schlupfwinkel Viele Tiere können nicht mehr in ihrer natürlichen Umwelt bleiben und finden keinen Unterschlupf.
restare	bleiben
feroce	wild
dọcile	zahm; gelehrig
addomesticato, a I miei amici hanno in casa un piccolo leone addomesticato.	zahm; gezähmt Meine Freunde haben im Hause ein zahmes Löwenjunges.
la **creatura** Dobbiamo rispettare tutte le creature della terra.	Kreatur; Geschöpf Wir müssen alle irdischen Geschöpfe achten.
sopravvịvere	überleben
selvạtico, a Per molti animali selvatici è diventato difficile sopravvivere.	wild Das Überleben ist für viele wilde Tiere schwierig geworden.
selvaggio, a	wild
il **mammịfero** Ci sono alcuni mammiferi che vivono nell'acqua.	Säugetier Es gibt ein paar Säugetiere, die im Wasser leben.
l'**istinto**	Instinkt
l'**olfatto**	Geruchssinn

lo **scheletro** In quella montagna hanno trovato degli scheletri antichissimi.	Skelett In diesem Gebirge wurden uralte Skelette gefunden.
il **becco**	Schnabel
il **pelo** La volpe perde il pelo, ma non il vizio.	Haar; Fell Mit dem Fell wechselt der Fuchs keineswegs den Charakter.
la **piuma** Le piume dell'oca vengono usate per fare coperte e giacche.	Feder Gänsefedern verwendet man für Decken und Jacken.
la **pinna**	Flosse
masticare	kauen
l'**urlo** Nella notte si sentivano gli urli dei lupi.	Geheul In der Nacht war das Heulen der Wölfe zu hören.
leccare Il gatto si lava leccandosi.	lecken Die Katze leckt sich sauber.
la **trappola** In cantina ci sono le trappole per i topi.	Falle Im Keller stehen Mausefallen.
la **rabbia** La rabbia è una malattia molto pericolosa.	Tollwut Die Tollwut ist eine äußerst gefährliche Krankheit.
il **gregge**	Herde

Haustiere

l'**anatra** Su quel piccolo lago si vedono molte anatre.	Ente Man kann auf diesem kleinen See viele Enten sehen.
il **bue** I buoi servono per i lavori nei campi.	Ochse Ochsen dienen zur Feldarbeit.
il **cane**	Hund
la **capra** Tu vuoi sempre salvare capra e cavoli!	Ziege Du willst immer alles haben.
il **cavallo** E' bello guardare correre i cavalli.	Pferd Es ist schön, den Pferden beim Laufen zuzusehen.

il **gallo**	Hahn
la **gallina**	Huhn; Henne
Quante uova hanno fatto le galline?	Wie viele Eier haben die Hennen gelegt?
il **gatto,** la **gatta**	Kater; Katze
Guarda com'è grazioso quel gattino!	Sieh nur, was für ein niedliches Kätzchen!
grazioso, a	niedlich; reizend
il **maiale**	Schwein
Quel contadino non alleva più maiali da tanto tempo.	Dieser Bauer züchtet schon lange keine Schweine mehr.
allevare	züchten; aufziehen; ziehen
la **mucca**	Kuh
Le mucche sono tutte sul prato.	Die Kühe sind alle auf der Weide.
il **mulo**	Maulesel, Maultier
Il mulo è capace di portare molto peso.	Das Maultier vermag schwere Lasten zu tragen.
l'**ạsino**	Esel; Saumtier
l'**oca**	Gans
la **pẹcora**	Schaf
Qui ci sono molti greggi di pecore.	In dieser Gegend gibt es viele Schafherden.
il **piccione**	Taube
Piazza San Marco è piena di piccioni.	Der Markusplatz ist voller Tauben.
la **traccia**	Spur
Sì, e lasciano le loro tracce dappertutto!	Ja, und sie hinterlassen überall ihre Spuren.
il **somaro**	Esel; Saumtier

Freilebende Tiere

l'**insetto**	Insekt
Da queste parti non ci sono molti insetti.	In dieser Gegend gibt es nicht viele Insekten.
la **formica**	Ameise
Le formiche sono famose per la loro organizzazione di vita.	Im Leben der Ameisen ist die Arbeitsaufteilung von großer Bedeutung.

la **farfalla** Il mio giardino è pieno di farfalle.	Schmetterling Mein Garten ist voller Schmetterlinge.
la **mosca**	Fliege
cacciare via	verjagen, wegjagen
Caccia via quelle mosche dal pesce!	Vertreibe die Fliegen vom Fisch!
la **zanzara** Le punture delle zanzare danno molto fastidio.	(Stech)mücke Mückenstiche sind sehr lästig.
la **vespa** Sì, ma quelle delle vespe sono peggio!	Wespe Stimmt, aber Wespenstiche sind schlimmer!
la **puntura**	Stich
pungere Mi ha punto una vespa!	stechen Eine Wespe hat mich gestochen.
l'**ape** *f*	Biene
la **rana**	Frosch
il **rospo**	Kröte
sputare Conosci il modo di dire in italiano "sputare il rospo"? – Sì, significa parlare di qualcosa che crea problemi.	spucken Kennst du die italienische Redewendung "eine Kröte spucken"? – Ja, das bedeutet über etwas sprechen, das Probleme bereitet, also "es ausspucken".
l'**uccello**	Vogel
l'**aquila** L'aquila è stata spesso il simbolo della potenza.	Adler Der Adler war häufig das Symbol der Macht.
solitario, a L'aquila viene considerata anche un animale molto solitario.	solitär; Einzelgänger Der Adler gilt als Einzelgänger unter den Tieren.
la **rondine** Una rondine non fa primavera.	Schwalbe Eine Schwalbe macht noch keinen Sommer.
il **pappagallo**	Papagei
imitare Senti come il mio pappagallo mi imita bene!	imitieren, nachahmen Hör nur, wie gut mein Papagei mich imitiert!
il **lupo**	Wolf
la **volpe**	Fuchs

il **leone,** la **leonessa**	Löwe, Löwin
la **tigre** I bambini vanno allo zoo per vedere le tigri.	Tiger Die Kinder gehen in den Zoo, um die Tiger zu sehen.
il **coccodrillo**	Krokodil
la **scimmia** A me invece piace guardare le scimmie.	Affe Ich sehe mir aber lieber die Affen an.
il **topo**	Maus

la **conchiglia** Su questa spiaggia si trovano conchiglie molto rare.	Muschel An diesem Strand findet man sehr seltene Muscheln.
il **verme**	Wurm
il **ragno** I ragni mangiano gli insetti e sono utili.	Spinne Spinnen fressen Insekten und sind daher nützlich.
il **rẹttile** I rettili mi hanno sempre fatto paura.	Reptil Reptilien haben mir immer Angst gemacht.
il **serpente**	Schlange
la **vịpera** Negli Appennini ci sono le vipere.	Viper In den Apenninen leben Vipern.
il **cigno** I cigni sono molto eleganti e ammirati.	Schwan Die Schwäne werden wegen ihrer Eleganz bewundert.
il **pạssero**	Sperling, Spatz
la **balena** La caccia alle balene deve essere proibita.	Wal Der Walfang muß verboten werden.
l'**elefante** *m* L'elefante è il più grosso animale che abbiamo sulla terra.	Elefant Der Elefant ist das größte Landlebewesen.
l'**orso** In italiano si paragona all'orso non chi è forte, ma chi è chiuso e non vuole contatti.	Bär In Italien ist der Bär kein Symbol der Stärke, sondern der Verschlossenheit.
il **cammello** Dare del cammello a qualcuno, in italiano non significa niente.	Kamel Jemanden als Kamel zu bezeichnen, ist in Italien nichts Schlimmes.
lo **zoo**	Zoo

la **gabbia**	Käfig
Non tutti gli animali sono nelle gabbie, alcuni sono nei recinti.	Nicht alle Tiere sind in Käfigen, manche sind in Freigehegen.
il **recinto**	Zaun; Gehege
lo **scoperto**	Freie
Questi animali dormono allo scoperto anche nello zoo.	Diese Tiere schlafen auch im Zoo im Freien.

Allgemeine Begriffe

la **pianta**	Pflanze
il **seme** Dove posso comprare i semi per l'orto?	Samen Wo kann ich Samen für meinen Gemüsegarten kaufen?
la **buccia**	Schale; Haut
la **radice** Questa pianta ha le radici molto profonde.	Wurzel Diese Pflanze hat sehr tiefreichende Wurzeln.
profondo, a	tief
il **tronco** Nel tronco si può leggere l'età di un albero.	Stamm Im Stamm kann man das Alter des Baumes ablesen.
la **corteccia**	Rinde; Borke
il **ramo**	Ast
la **foglia** Queste foglie hanno una forma molto strana.	Blatt Diese Blätter sind sehr merkwürdig geformt.
cọgliere Cogliamo qualche ramo da mettere nel vaso?	sammeln; pflücken Sammeln wir ein paar Zweige, um sie in die Vase zu stellen?
il **vaso**	Vase; Blumentopf
il **prato**	Wiese
il **bosco** In Germania ci sono molti boschi, più che in Italia.	Wald In Deutschland gibt es viel mehr Wälder als in Italien.
la **coltura**	Anbau
piantare	pflanzen

biolọgico, a Sono molto di moda le colture chiamate "biologiche".	biologisch Der sogenannte "biologische Anbau" ist sehr in Mode.
la **vegetazione** In questa zona la vegetazione è molto ricca.	Vegetation Die Vegetation ist in dieser Gegend sehr üppig.
vegetale Noi mangiamo molti cibi vegetali.	pflanzlich Wir nehmen viel Pflanzenkost zu uns.

la **specie**	Art; Spezies
seminare Ormai è ora di seminare.	säen Es ist Zeit für die Aussaat.
selezionare Uso solo semi che vengono selezionati da esperti.	auswählen; selektieren Ich verwende nur von Experten ausgewähltes Saatgut.
la **selezione**	Auswahl; Selektion
la **spina**	Dorn; Stachel
fiorire ‹fiorisco›	blühen
la **pineta** Vicino al mare ci sono molte pinete.	Pinienhain Am Meer gibt es viele Pinienwäldchen.
la **macchia** Nelle regioni mediterranee ci sono molte macchie.	Dickicht; Macchia Die Mittelmeergegenden sind reich an Macchia.
servirsi	sich bedienen
la **serra** In inverno bisogna servirsi delle serre anche in Italia.	Gewächshaus; Treibhaus Auch in Italien braucht man im Winter Gewächshäuser.

Nutzpflanzen

l'**uva** L'uva è il frutto della vite.	Weintraube Die Weintraube ist die Frucht des Weinstocks.
il **frutto**	Frucht
la **menta**	Minze
il **fungo** Anche nei nostri boschi ci sono molti funghi.	Pilz Auch in unseren Wäldern gibt es viele Pilze.
commestịbile Questa specie non è commestibile, non confonderla.	eßbar Diese Art ist nicht eßbar; verwechsel sie nicht mit den anderen!
confọndere	verwechseln
i **legumi** *pl*	Hülsenfrüchte
la **verdura** Abbiamo piantato molta verdura nel nostro orto.	Gemüse In unserem Garten haben wir viel Gemüse gepflanzt.

la **lenticchia**	Linse
i **cereali** *pl*	Getreide
In questo campo coltiviamo solo cereali.	Auf diesem Feld wird nur Getreide angebaut.
il **grano**	Korn
il **frumento**	Weizen
il **mais**	Mais
Con la farina di mais si prepara un piatto tipico italiano.	Ein typisches italienisches Gericht wird mit Maismehl zubereitet.
l'**orzo**	Gerste
l'**avena**	Hafer
Vorrei dei fiocchi d'avena per colazione.	Zum Frühstück hätte ich gerne Haferflocken.
la **sẹgale,** la **sẹgala**	Roggen
A me piace molto il pane di segale, ed a te?	Ich liebe Roggenbrot, und du?

Blumen und Bäume

il **fiore**	Blume
Senti che profumo di fiori nell'aria?	Riechst du den Blumenduft in der Luft?
la **margherita**	Margerite
Il prato è pieno di piccole margherite.	55Die Wiese ist voller kleiner Margeriten.
il **giglio**	Lilie
Il giglio è il simbolo della purezza.	Die Lilie ist das Symbol der Reinheit.
la **purezza**	Reinheit
la **rosa**	Rose
il **garọfano**	Nelke
Devo prendere un mazzo di rose o di garofani?	Soll ich einen Strauß Rosen oder Nelken nehmen?
la **viola**	Veilchen
il **tulipano**	Tulpe
I tulipani sono fiori di primavera.	Tulpen sind Frühlingsblumen.
il **lillà**	Flieder
L'odore dei lillà è molto intenso.	Fliederduft ist sehr intensiv.

marcire ‹marcisco› Con tutta questa pioggia i fiori sono marciti.	(ver)faulen; modern Bei all dem Regen sind die Blumen verfault.
seccare Voglio far seccare quei fiori e farne un bel mazzo.	trocknen; dörren Ich will die Blumen trocknen und einen schönen Strauß davon machen.
il **mazzo**	Strauß
l'**ạlbero**	Baum
l'**abete** *m* Anche in Italia si usa l'abete come albero di Natale.	Tạnne Auch in Italien verwendet man die Tanne als Weihnachtsbaum.
il **cipresso** Andiamo a passeggio lungo il viale dei cipressi.	Zypresse Wir spazieren die Zypressenallee entlang.
il **pino**	Pinie
la **quercia** Quell'uomo è forte come una quercia!	Eiche Dieser Mann ist stark wie eine Eiche.
il **sụghero**	Korkeiche

Ansiedlungen

la **città**	Stadt
La mia città è stata fondata dagli antichi romani.	Meine Heimatstadt wurde von den alten Römern gegründet.
fondare	gründen
il **quartiere**	Stadtteil
la **periferia**	Peripherie; Stadtrand
Noi preferiamo abitare in periferia.	Wir wohnen lieber am Stadtrand.
il **ponte**	Brücke
il **centro**	Zentrum
Per favore, mi dice la via per arrivare in centro?	Können Sie mir bitte sagen, wie ich ins Zentrum komme?
centrale	zentral
Questo è uno dei quartieri centrali.	Dies ist eines der zentralen Stadtviertel.
il **paese**	Dorf
Gli Appennini sono pieni di piccoli paesi medioevali.	Die Apenninen sind voller kleiner, mittelalterlicher Dörfer.
intorno a	um ... herum
Intorno alla mia città c'è molto verde.	Meine Heimatstadt liegt mitten im Grünen.
il **villaggio**	Dorf
Era un villaggio di pescatori, ed ora è un centro turistico.	Es war anfangs ein Fischerdorf und ist nun ein Touristenzentrum.
dappertutto	überall
Sì, purtroppo hanno costruito case dappertutto.	Ja, leider wurden überall Häuser gebaut.
il **cortile**	Hof
Questa casa ha un'uscita sulla strada ed un'uscita sul cortile.	Dieses Haus verfügt über einen Ausgang zur Straße und einen zum Hof.
l'**uscita**	Ausgang
uscire	hinausgehen
Quando esci ricordati di chiudere bene tutto.	Denk daran, alles gut abzuschließen, wenn du das Haus verläßt.
aprire	öffnen
Ho dimenticato la chiave, puoi aprirmi, per favore?	Ich habe den Schlüssel vergessen, kannst du mir bitte aufmachen?

chiụdere	(ab)schließen
la **chiave**	Schlüssel
l'**ạngolo**	Ecke; Winkel
Quest'angolo della città è molto bello.	Dieser Teil der Stadt ist wunderschön.
accanto a	neben
il **castello**	Burg; Schloß
Il castello è dell'epoca medioevale.	Diese Burg stammt aus dem Mittelalter.
la **villa**	Villa; Landhaus
interno, a	intern; Innen-
occupare	besetzen; einnehmen
esterno, a	Außen-; äußere(r, s)

intero, a	ganz; vollständig
L'intero settore nord è occupato dall'industria.	Im gesamten Nordabschnitt befinden sich Industrieansiedlungen.
il **settore**	Abschnitt
la **capitale**	Hauptstadt
Ho già visto molte capitali europee.	Ich habe schon viele europäische Hauptstädte gesehen.
sanitario, a	Gesundheits-; gesundheitlich; sanitär
I servizi sanitari della capitale sono ottimi.	Der Gesundheitsdienst der Hauptstadt ist ausgezeichnet.
l'**accesso**	Zugang; Zufahrt
Non c'è nessuna strada d'accesso qui.	Hier gibt es keine Zufahrtsstraße.
lontano, a	entfernt
Quanto è lontana la tua casa dal centro?	Wie weit ist dein Haus von der Stadtmitte entfernt?
la **vicinanza**	Nähe
Abito qui nelle vicinanze.	Ich wohne hier in der Nähe.
il **domicilio**	Wohnsitz; Wohnung
Non abbiamo domicilio in questo paese.	Wir haben keinen Wohnsitz in diesem Dorf.
l'**edificio**	Gebäude
Dov'è l'ingresso dell'edificio?	Wo ist der Eingang dieses Gebäudes?
il **pọrtico**	Säulenhalle; Portikus
Dato che piove andremo a fare le spese sotto i portici.	Da es regnet, erledigen wir unsere Einkäufe unter den Arkaden.

il **posto** Questo posto mi piace molto.	Platz; Stelle Dieser Platz gefällt mir sehr.
vantare Vanta una tradizione di secoli come punto d'incontro nella nostra città.	sich rühmen; aufweisen Er hat eine jahrhundertealte Tradition als Treffpunkt in unserer Stadt.
la **torre** Hai già visto la torre in fondo ai portici?	Turm Hast du schon den Turm am Ende der Arkaden gesehen?
l'**ingresso**	Eingang
l'**apertura** Vorrei sapere l'orario di apertura e di chiusura dei musei.	Öffnung Ich wüßte gerne die Öffnungszeiten der Museen.
la **chiusura**	Schließung
il **cancello** Il cancello di quella villa è sempre chiuso.	Gitter; Gatter Das Tor zu dieser Villa ist immer geschlossen.

Städtische Infrastruktur

la **strada** Tutte le strade portano a Roma.	Straße Alle Straßen führen nach Rom.
stradale	Straßen-
il **blocco** Hanno fatto un blocco stradale a due chilometri dalla città.	Blockade Zwei Kilometer vor der Stadt war die Straße gesperrt.
bloccare	blockieren; versperren
la **via**	Straße
il **viale** A Milano ci sono viali lunghissimi.	Allee In Mailand gibt es sehr lange Alleen.
la **zona**	Zone; Gebiet; Gegend
la **piazza** La famosa arena di Verona si trova in Piazza Bra.	Platz Die berühmte Arena in Verona liegt an der Piazza Bra.
il **marciapiede** Cammina sul marciapiede, per favore!	Bürgersteig Geh bitte auf dem Bürgersteig!

il, la **passante**	Passant(in)
il **passaggio pedonale**	Zebrastreifen
il **magazzino**	Lager(halle)
il **parcheggio**	Parkplatz
parcheggiare Ora domandiamo ad un passante dove possiamo parcheggiare.	parken Wir fragen jetzt einen Passanten, wo wir parken können.
aggiụngere Ha detto di andare avanti fino ai magazzini, ma ha aggiunto che sarà difficile trovare posto.	hinzufügen Er sagte, wir sollten bis zu den Lagerhallen fahren, fügte aber hinzu, es sei schwer, dort einen Platz zu finden.
attirare Questa zona non attira molti turisti.	anziehen Diese Gegend zieht nicht viele Touristen an.
il **parco**	Park
la **panchina** Sarebbe opportuno che mettessero più panchine in questo parco.	Sitzbank Es wäre angebracht, in diesem Park mehr Sitzbänke aufzustellen.
opportuno, a	angebracht; nützlich
il **campo da gioco** Il campo da gioco si trova accanto al parco.	Spielplatz Der Spielplatz liegt neben dem Park.
aumentare E' ora di aumentare gli spazi verdi anche nelle grandi città.	erhöhen; zunehmen Es ist Zeit, auch in den Großstädten mehr Grünflächen zu schaffen.
lo **spazio**	Platz; Raum
l'**aumento**	Zunahme; Erhöhung
la **base** Qui c'è una grande base militare.	Basis; Grundlage Hier gibt es eine große Militärbasis.
il **bisogno** L'aumento deve essere pari al bisogno.	Bedarf Das Angebot muß der Nachfrage entsprechend steigen.
la **struttura**	Struktur

allargare Per fortuna, hanno allargato l'incrocio, era troppo pericoloso.	verbreitern Zum Glück wurde die Kreuzung verbreitert; sie war zu gefährlich.
l'**incrocio**	Kreuzung
il **tratto** In quel tratto di strada ci sono spesso lavori in corso.	Abschnitt In diesem Teil der Straße sind häufig Arbeiten in Gang.
il **vịcolo** Nella zona vecchia ci sono vicoli strettissimi.	Gasse In der Altstadt gibt es viele sehr enge Gassen.
il **corso**	Korso; Hauptstraße
polveroso, a Questa strada è troppo polverosa.	staubig Diese Straße ist viel zu staubig.
il **piazzale** Per arrivare a Piazzale Matteotti, devi passare per il corso.	großer Platz Um zum Piazzale Matteotti zu kommen, fährst du durch den Korso.
il **faro** Sul molo hanno costruito un grande faro.	Leuchtturm Auf der Mole ist ein großer Leuchtturm gebaut worden.
il **porto** L'anno scorso hanno allargato il porto.	Hafen Vergangenes Jahr wurde die Hafenanlage erweitert.
il **molo**	Mole
il **sottopassaggio pedonale** Non puoi attraversare la strada, devi usare il sottopassaggio pedonale.	Fußgängerunterführung Du kannst die Straße nicht überqueren; du mußt die Fußgängerunterführung benutzen.
alimentare Il riscaldamento è alimentato a nafta.	versorgen Diese Heizung wird mit Öl betrieben.
approfittare	profitieren
la **fiera** La fiera resterà aperta dal 15 al 21 aprile.	Messe Die Messe ist vom 15. bis 21. April geöffnet.
il **progresso**	Fortschritt
attribuire ‹attribuisco› Tutto questo progresso viene attribuito alle nuove tecniche.	zuschreiben Der ganze Fortschritt wird der modernen Technik zugeschrieben.
appoggiare	stützen

basarsi Su che cosa si basa l'economia della vostra città?	sich gründen Worauf gründet sich die Wirtschaft eurer Stadt?
l'**appoggio** Al momento l'appoggio maggiore viene dato dall'industria del mobile.	Stütze; Halt Zur Zeit stellt die Möbelindustrie die größte Stütze dar.
la **prospettiva** E quali prospettive avete per il futuro?	Perspektive Und welche Perspektiven habt ihr für die Zukunft?
la **centrale elettrica**	Kraftwerk
la **centrale nucleare** Le centrali nucleari sono molto temute per il pericolo che rappresentano.	Atomkraftwerk Atomkraftwerke sind sehr gefürchtet wegen der Gefahr, die sie darstellen.
destinare Questo quartiere è destinato a morire, se non verrà curato.	bestimmen Dieser Stadtteil ist zum Untergang verurteilt, wenn nichts unternommen wird.
la **destinazione**	Bestimmung

Das Fahrzeug

guidare	lenken; Auto fahren
Non è facile guidare nelle grandi città italiane.	In den großen italienischen Städten Auto zu fahren ist nicht einfach.
la **scuola guida**	Fahrschule
i **documenti** *pl*	Papiere
Speriamo che il vigile non mi fermi, ho dimenticato a casa i documenti.	Hoffentlich hält mich der Polizist nicht an, ich habe meine Papiere zu Hause vergessen.
la **macchina**	Auto; Wagen
Ho di nuovo un guasto alla macchina!	Ich habe schon wieder eine Autopanne!
l'**autofficina**	Autoreparaturwerkstätte
Allora cerchiamo subito una buona autofficina.	Dann suchen wir sofort eine gute Werkstatt.
la **moto(cicletta)**	Motorrad
In estate è bellissimo andare in moto.	Im Sommer Motorrad zu fahren ist wunderbar.
i **mezzi** *pl*	(Finanz)mittel
Se avessi i mezzi, mi comprerei anch'io una moto.	Wenn ich das nötige Kleingeld hätte, kaufte ich mir auch ein Motorrad.
il **casco**	Sturzhelm
Anche in Italia c'è l'obbligo di mettere il casco.	Auch in Italien besteht Helmpflicht.
la **cintura di sicurezza**	Sicherheitsgurt
Sì, ed anche quello di allacciare la cintura di sicurezza.	Ja, und auch den Sicherheitsgurt muß man anlegen.
allacciare	schließen; befestigen
il **freno**	Bremse
il **fanale**	Leuchte; Scheinwerfer
Perché guidi con i fanali spenti?	Warum fährst du mit abgeschalteten Scheinwerfern?
gli **abbaglianti** *pl*	Fernlicht
Attento, hai ancora gli abbaglianti accesi!	Achtung, du hast noch das Fernlicht eingeschaltet!
gli **anabbaglianti** *pl*	Abblendlicht
il **volante**	Lenkrad; Steuer
Ti prego di tenere il volante con tutte e due le mani.	Halt das Lenkrad bitte mit beiden Händen!

tenere	(fest)halten
il **motore**	Motor
potente	kraftvoll
i **cavalli** *pl* Che motore potente! Quanti cavalli ha?	P.S. Was für ein kraftvoller Motor! Wieviel P.S. hat er?
la **ruota**	Rad
la **marcia** Non riesco mai a fare entrare la marcia indietro senza rumore!	Gang Es gelingt mir nie, den Rückwärtsgang geräuschlos einzulegen.
il **rumore**	Lärm
la **continuazione** La galleria ci impediva di vedere la continuazione della strada.	Fortsetzung; Beständigkeit Der Tunnel hat uns gehindert zu sehen, wie die Straße weiterging.
avanti	vorwärts
indietro	rückwärts
il **clacson** Suona il clacson, quella macchina non ha ancora visto che stai andando a marcia indietro.	Hupe Hup mal, der Fahrer dort hat noch nicht gemerkt, daß du im Rückwärtsgang fährst!

il **veicolo** Questa strada è riservata ai veicoli pubblici.	Fahrzeug Diese Straße ist reserviert für öffentliche Verkehrsmittel.
il **segnale** Mi dispiace, non avevo visto il segnale.	Signal; Verkehrsschild Tut mir leid, ich hatte das Schild nicht gesehen.
confuso, a Sono confusa da tutti questi segnali!	verwirrt; durcheinander Ich bin ganz durcheinander von all diesen Verkehrszeichen.
segnalare	anzeigen; melden; signalisieren
cambiare marcia Cambia marcia e metti la seconda!	(um)schalten Schalt um in den zweiten Gang!
l'**asse anteriore** *m*	Vorderachse
l'**asse posteriore** *m*	Hinterachse
posteriore	Hinter-
anteriore	Vorder-
il **cambio** Non mi piacciono le macchine con il cambio automatico.	Schaltung; Getriebe Autos mit automatischer Schaltung liegen mir nicht.

spegnersi	ausgehen
Se non premi la frizione si spegne il motore.	Wenn du die Kupplung nicht betätigst, geht der Motor aus.
la **frizione**	Kupplung
il **paraurti**	Stoßstange
Non è successo niente, avete solo toccato il paraurti.	Es ist nichts passiert, ihr habt nur die Stoßstange berührt.
il **parafango**	Kotflügel
il **tergicristallo**	Scheibenwischer
Dobbiamo cambiare subito il tergicristallo perché non funziona più bene.	Wir müssen sofort den Scheibenwischer auswechseln, weil er nicht mehr richtig funktioniert.
il **motorino**	Mofa
Vuole che vada in motorino perché è meno pericoloso.	Er will, daß sie Mofa fährt, weil das weniger gefährlich ist.
il **portapacchi**	Gepäckträger
Cerco un piccolo portapacchi per il mio motorino.	Ich suche einen kleinen Gepäckträger für mein Moped.
il **guasto**	Schaden; Defekt
il **pneumatico**	Reifen
Devo cambiare due pneumatici, mi aiuti con il cric?	Ich muß zwei Reifen wechseln, hilfst du mir mit dem Wagenheber?
il **cric**	Wagenheber
usato, a	gebraucht
Perché ti sei comprato una macchina usata?	Warum hast du dir einen Gebrauchtwagen gekauft?

Im Straßenverkehr

il **traffico**	Verkehr
A quest'ora c'è molto traffico, è meglio aspettare.	Um diese Zeit ist viel Verkehr; es ist besser zu warten.
il **semaforo**	Ampel
Dopo il terzo semaforo dobbiamo girare a sinistra.	Nach der dritten Ampel müssen wir links abbiegen.
la **direzione**	Richtung
Sei sicuro che stiamo seguendo la direzione giusta?	Bist du sicher, daß wir in die richtige Richtung fahren?
il **cartello**	Schild

il **distributore (di benzina)** — Tankstelle
Secondo il cartello, il prossimo distributore di benzina è a quaranta chilometri da qui. — Dem Schild nach ist die nächste Tankstelle vierzig Kilometer von hier entfernt.

la **benzina** — Benzin

il **serbatoio** — Tank
Il serbatoio è vuoto, dobbiamo fare benzina. — Der Tank ist leer, wir müssen tanken.

il **pieno** — Tankfüllung
Mi faccia il pieno, per favore! — Volltanken bitte!

l'**incidente** *m* — Unfall
A causa dell'incidente c'è una lunga fila di macchine. — Wegen des Unfalls hat sich eine lange Autoschlange gebildet.

la **fila** — Reihe; Schlange

l'**elicọttero** — Hubschrauber
Gli elicotteri della polizia stanno controllando la situazione sull'autostrada. — Die Polizeihubschrauber kontrollieren die Verkehrslage auf der Autobahn.

lo **scontro** — Zusammenstoß

l'**automobilista** *mf* — Autofahrer(in)

frenare — bremsen
C'è stato uno scontro perché quell'automobilista ha accelerato invece di frenare. — Es kam zu einem Zusammenstoß, weil der Autofahrer beschleunigt hat, statt zu bremsen.

il **sorpasso** — Überholvorgang
Sì, voleva fare un sorpasso molto pericoloso. — Ja, er plante ein sehr gefährliches Überholmanöver.

accelerare — beschleunigen

il **vịgile,** la **vigilessa** — Verkehrspolizist(in)

l'**autostrada** — Autobahn
Fai attenzione ai cartelli per l'autostrada. In Italia sono verdi. — Paß auf die Autobahnschilder auf. In Italien sind sie grün.

la **spinta** — Stoß

spịngere — schieben; drücken; stoßen

la **curva** — Kurve
La moto è uscita dalla curva perché andava ad alta velocità. — Das Motorrad wurde aus der Kurve getragen, da es mit hoher Geschwindigkeit fuhr.

la **contravvenzione** Il vigile ha fatto la contravvenzione a tutti gli automobilisti che sono passati col rosso.	gebührenpflichtige Verwarnung Der Verkehrspolizist hat allen Autofahrern einen Strafzettel verpaßt, die bei Rot weitergefahren sind.
alt	halt
sorpassare Non sorpassare a destra!	überholen Nicht rechts überholen!
svoltare Dopo che hai sorpassato ricordati di svoltare a destra.	abbiegen; wenden Vergiß nicht nach dem Überholen rechts abzubiegen!
sostare Non puoi sostare qui, c'è divieto di sosta continuo.	haltmachen; stehenbleiben Du kannst hier nicht stehenbleiben, es besteht Parkverbot.
la **sosta**	Halt; Aufenthalt
continuo, a	ständig
la **precedenza** Attenzione, quella macchina ha la precedenza!	Vorfahrt Achtung, das Auto dort hat Vorfahrt!
spostarsi	ausweichen
il **libretto di circolazione** Il libretto di circolazione è scaduto.	Zulassung; KFZ-Schein Die Zulassung ist abgelaufen.
avanzare	weiterfahren
la **barriera** Qui bisogna avanzare piano, perché stanno costruendo una barriera stradale.	Schranke; Sperre Hier heißt es langsam fahren, da gerade eine Straßensperre errichtet wird.
la **confusione** Con questa confusione non è possibile avanzare.	Verwirrung; Unordnung; Durcheinander Bei diesem Durcheinander ist kein Vorwärtskommen möglich.
voltare	umkehren; wenden
il **senso unico** Questa strada è a senso unico, non puoi voltare.	Einbahnstraße Dies ist eine Einbahnstraße, du kannst nicht wenden.
il **senso vietato** Con tutti questi sensi vietati non si sa più dove passare.	Einfahrtverbot Bei all diesen Einfahrtverboten weiß man gar nicht, wie man fahren soll.
la **deviazione**	Umleitung

il **limite di velocità**	Geschwindigkeitsbeschränkung
la **strettoia** Qui c'è il limite di velocità a causa della strettoia che vedrai fra poco.	Engpaß Hier besteht eine Geschwindigkeitsbeschränkung wegen der Fahrbahnverengung, die du gleich siehst.
la **circolazione** Oggi la circolazione è permessa alle macchine con il numero di targa pari.	Straßenverkehr Heute sind alle Autos mit gerader Endnummer zum Verkehr zugelassen.
pari	gerade
dispari Sì, e domenica prossima a quelle con il numero dispari.	ungerade Ja, und kommenden Sonntag die mit ungerader Nummer.
la **targa**	Nummernschild
la **(benzina) super** Mi faccia il pieno di super senza piombo, per favore!	Super(benzin) Bitte volltanken mit Super bleifrei!
senza piombo	bleifrei
con piombo	verbleit
il **gasolio** La mia macchina va a gasolio e consuma poco.	Diesel Mein Auto läuft mit Diesel und verbraucht wenig.
autostradale In Italia abbiamo una buona rete autostradale, ma si paga.	Autobahn- In Italien haben wir ein gut ausgebautes Autobahnnetz, aber die Benutzung ist kostenpflichtig.
l'**autogrill** *m* Ci fermiamo al prossimo autogrill, d'accordo?	Raststätte Wir halten an der nächsten Raststätte an, einverstanden?

Personenverkehr

andare Andiamo in treno o in aereo?	fahren; reisen Fahren wir mit dem Zug, oder nehmen wir das Flugzeug?
durare Preferisco l'aereo perché il viaggio in treno dura troppo.	dauern Ich ziehe das Flugzeug vor, weil die Reise mit dem Zug zu lange dauert.

il **pullman**	Reisebus
Io viaggio volentieri anche in pullman.	Ich reise gerne auch mit dem Bus.
l'**aereo**	Flugzeug
l'**altoparlante**	Lautsprecher
L'altoparlante ha appena annunciato che il volo da Roma è in ritardo.	Der Lautsprecher hat eben durchgesagt, daß der Flug von Rom verspätet ist.
appena	kaum; gerade; eben
il **ritardo**	Verspätung
in ritardo	verspätet
la **carrozza**	(Eisenbahn)wagen
Le carrozze di prima classe sono al centro.	Die Wagen der ersten Klasse befinden sich in der Zugmitte.
la **classe**	Klasse
il **vagone**	Waggon
Alla stazione di Bologna hanno aggiunto altri quattro vagoni.	Im Bahnhof von Bologna wurden vier weitere Wagen angekoppelt.
il **binario**	Gleis
Il treno per Firenze parte dal binario 12.	Der Zug nach Florenz fährt auf Gleis 12 ab.
il **finestrino**	(Zug)fenster
spọrgersi	sich hinauslehnen
E' vietato sporgersi dai finestrini.	Nicht hinauslehnen!
la **stazione**	Bahnhof
accompagnare	begleiten
Mi puoi accompagnare alla stazione? – Sì, a che ora parte il treno?	Kannst du mich zum Bahnhof bringen? – Ja, um wieviel Uhr geht dein Zug?
il **treno**	Zug
partire	abfahren; abreisen
il **tassì**, il **taxi**	Taxi
A quest'ora è molto difficile trovare un tassì.	Um diese Zeit ist es schwierig, ein Taxi zu finden.
la **fermata**	Haltestelle
il **tram**	Straßenbahn
Allora andiamo alla fermata del tram.	Dann laßt uns zur Straßenbahnhaltestelle gehen!
la **metropolitana**	U-Bahn
Nella mia città non c'è ancora la metropolitana, purtroppo.	In meiner Heimatstadt gibt es leider noch keine U-Bahn.

l'**autobus** *m* Qui non ci sono i tram, ma gli autobus.	Autobus Hier verkehren keine Straßenbahnen sondern Busse.
il **bus**	Bus
il **controllore**	Schaffner(in)
il **facchino**	Gepäckträger
la **buca** Fermiamoci, da qui in poi la strada è piena di buche.	Loch; Graben; Grube Laß uns anhalten. Von hier ab ist die Straße voller Schlaglöcher.
fermarsi	anhalten
il **vaporetto** Il vaporetto passa per il Canal Grande e si ferma spesso.	Dampfboot Der Vaporetto fährt durch den Canal Grande und hält häufig.

l'**aeroporto** L'aeroporto di Linate è chiuso per nebbia.	Flughafen Der Flughafen Linate ist wegen Nebels geschlossen.
la **nebbia**	Nebel
la **compagnia aerea** Con quale compagnia aerea voli più volentieri?	Fluggesellschaft Mit welcher Fluggesellschaft fliegst du am liebsten?
il **volo**	Flug
lo **scalo** Questo volo è diretto, non faremo scalo.	(Zwischen)landung; Landeplatz Dies ist ein Direktflug, wir machen keine Zwischenlandung.
atterrare	landen
la **rotta** Abbiamo dovuto cambiare rotta a causa del cattivo tempo.	Route Wegen des schlechten Wetters mußten wir eine andere Route nehmen.
il **capitano** Il capitano è riuscito a fare un atterraggio di fortuna.	Flugkapitän Dem Kapitän ist die Notlandung geglückt.
la **cabina**	Kabine
il, la **pilota**	Pilot(in)
l'**equipaggio**	Besatzung
l'**atterraggio (di fortuna)**	(Not)landung
il **passeggero,** la **passeggera**	Passagier
stressante	anstrengend

le **Ferrovie dello Stato** *pl* FFSS significa Ferrovie dello Stato.	(Italienische) Staatsbahn FFSS bedeutet "Bahnen des Staates".
il **vagone letto** Bisogna ricordarsi di prenotare in tempo il vagone letto.	Schlafwagen Man muß daran denken, beizeiten den Schlafwagenplatz zu reservieren.
il **biglietto** Ci penseremo quando faremo il biglietto.	Fahrkarte Das erledigen wir, wenn wir die Fahrkarte lösen.
il **vagone ristorante** Il vagone ristorante è in fondo.	Speisewagen Der Speisewagen befindet sich am Zugende.
l'**acqua potabile** Attenzione, non è acqua potabile!	Trinkwasser Achtung, das ist kein Trinkwasser!
la **vettura**	Wagen; Auto
rallentare La vettura non ha rallentato abbastanza.	abbremsen Der Wagen hat nicht genügend abgebremst.
riparare	reparieren
la **riparazione** Ho la macchina in riparazione e devo partire assolutamente.	Reparatur Mein Wagen ist in Reparatur, und ich muß unbedingt abreisen.
l'**automezzo** A me va bene un automezzo qualsiasi, basta che cammini.	Fahrzeug Mir ist jedes Fahrzeug recht, wenn es nur fährt!
l'**auto(mobile)** *f*	Auto(mobil)
la **coincidenza** Abbiamo perso la coincidenza e dobbiamo proseguire in automobile.	Anschluß Wir haben den Anschluß verpaßt und müssen mit dem Auto weiterfahren.
attraversare E' vietato attraversare i binari.	überqueren Es ist verboten, die Gleise zu überqueren.

Gütertransport

la **sicurezza**	Sicherheit
il **carico** Come vogliamo trasportare questo carico?	Ladung Wie sollen wir diese Ladung transportieren?
trasportare	transportieren
il **trasporto** Penso che il mezzo di trasporto migliore sia l'autocarro.	Transport Ein Lastwagen wäre meiner Ansicht nach das beste Transportmittel.
la **spedizione**	Versand; Beförderung
rimborsare Puoi farti rimborsare le spese di spedizione?	(zurück)erstatten; zurückzahlen Kannst du dir die Versandkosten zurückerstatten lassen?
il **chilometro** Dopo due chilometri circa deve girare a sinistra, poi prendere la seconda a destra e proseguire sempre dritto.	Kilometer Nach etwa zwei Kilometern müssen Sie links abbiegen, dann nehmen Sie die zweite Straße rechts und fahren immer geradeaus.
la **sinistra**	links
la **destra**	rechts
dritto, a	geradeaus
la **distanza** Che distanza c'è fra Padova e Venezia?	Entfernung Wie weit ist es von Padua nach Venedig?
la **dogana**	Zoll
la **sbarra** Le sbarre della dogana sono quasi sempre alzate.	Schranke Die Zollschranken sind fast immer geöffnet.
sbarrare	versperren
l'**autocarro**	Lastwagen
carico, a	voll; beladen
caricare Potete partire appena abbiamo finito di caricare.	(be)laden Ihr könnt abfahren, sobald wir mit dem Beladen fertig sind.
l'**autotreno** L'autotreno si è già avviato verso l'autostrada.	Lastzug Der Lastzug ist schon Richtung Autobahn abgebogen.

avviarsi	sich auf den Weg machen; sich anschicken
lento, a	langsam
veloce Mi piace guidare una macchina veloce.	schnell Ich fahre gerne schnelle Autos.
sbarcare Ci siamo imbarcati a Genova e siamo sbarcati a Napoli.	an Land gehen Wir haben uns in Genua eingeschifft und sind in Neapel von Bord gegangen.
la **nave**	Schiff
smarrire ‹smarrisco›	verlieren
smarrirsi Ci siamo smarriti ed abbiamo dovuto chiedere le indicazioni tre volte.	sich verirren; sich verfahren Wir haben uns verirrt und mußten dreimal nach dem Weg fragen.
pẹrdersi Dove ci diamo appuntamento, nel caso che dovessimo perderci?	sich (aus den Augen) verlieren; sich verirren Wo sollen wir uns verabreden, für den Fall, daß wir uns aus den Augen verlieren?
l'**indicazione** *f*	Angabe; Hinweis
l'**attesa** Durante l'attesa potete telefonare a casa.	Warten Während des Aufenthalts könnt ihr zu Hause anrufen.
rientrare Vorranno certo sapere quando rientriamo.	zurückkommen Man will sicher wissen, wann wir zurückkommen.
la **discesa** Attenzione, discesa pericolosa!	Abfahrt; Gefälle Achtung, gefährliches Gefälle!
la **salita** Questa salita è molto ripida.	Steigung Diese Steigung ist äußerst steil.
rịpido, a	steil
distante	entfernt
l'**azienda di trasporti** Il signor Alberici ha aperto un'azienda di trasporti.	Transportfirma Signor Alberici hat eine Transportfirma gegründet.
scạrico, a	unbeladen
scaricare	entladen

il **camion** Gli operai stanno scaricando il camion.	Lastwagen Die Arbeiter entladen gerade den Lastwagen.
la **scorta** Debbo montare la ruota di scorta, può aiutarmi, per favore?	Eskorte; Reserve Ich muß das Reserverad montieren, können Sie mir bitte helfen?
la **ruota di scorta**	Reserverad
il **carro attrezzi** Abbiamo chiamato il carro attrezzi perché non era possibile rimorchiare la macchina.	Pannenwagen Wir haben den Pannendienst gerufen, da es nicht möglich war, das Auto abzuschleppen.
rimorchiare	abschleppen
la **ferrovia**	Eisenbahn
la **locomotiva**	Lokomotive
il **vapore** Guarda che bella locomotiva a vapore di altri tempi!	Dampf Sieh nur, eine schöne, altmodische Dampflokomotive!
la **velocità**	Geschwindigkeit
proseguire Qui ci sono molte curve, è meglio proseguire a bassa velocità.	weiterfahren; fortfahren Die Strecke ist hier sehr kurvenreich, es empfiehlt sich, mit gedrosselter Geschwindigkeit weiterzufahren.
il **traghetto**	Fähre
la **traversata** La traversata con il traghetto dura circa quattro ore.	Überfahrt Die Überfahrt mit der Fähre dauert etwa vier Stunden.

Erde und Weltraum

la **terra**	Erde
terrestre	irdisch
l'**energia**	Energie
Sulla terra abbiamo bisogno di enormi quantità di energia.	Wir brauchen auf der Erde enorme Mengen Energie.
enorme	enorm; außerordentlich
lo **spazio**	(Welt)raum
La conquista dello spazio è stato un passo molto importante per il futuro.	Die Eroberung des Weltraums war ein sehr wichtiger Schritt für die Zukunft.
infinito, a	unendlich
E' impossibile farsi un'idea dello spazio infinito.	Es ist unmöglich, sich die Unendlichkeit des Weltraums vorzustellen.
extraterrestre	außerirdisch
ET è probabilmente l'essere extraterrestre più amato dai bambini.	E.T. ist vermutlich das bei den Kindern beliebteste außerirdische Wesen.
vuoto, a	leer
Lo spazio non è vuoto come sembra.	Der Weltraum ist nicht so leer, wie es scheint.
sembrare	scheinen
scoprire	entdecken
L'uomo ha scoperto molte stelle lontanissime da noi.	Der Mensch hat viele Sterne entdeckt, die unendlich weit von uns entfernt sind.
attraverso	durch
Attraverso i dati che ci arrivano dai satelliti abbiamo imparato molte cose.	Durch die Daten, die uns die Satelliten übermitteln, haben wir viele Dinge erfahren.
i **dati** *pl*	Daten

l'**universo** La terra è solo un punto piccolissimo nell'universo immenso.	Universum Die Erde ist nur ein winziger Punkt im riesigen Universum.
immenso, a	riesig
lo **strato** Lo strato d'aria vicino alla terra è già stato troppo inquinato.	Schicht Die Luftschicht um die Erde ist schon zu stark verschmutzt.
l'**atomo** Per lungo tempo si è creduto che l'atomo fosse la parte più piccola di un elemento chimico.	Atom Lange Zeit glaubte man, das Atom sei der kleinste Bestandteil eines chemischen Elements.
atomico, a	atomar
universale	universell
il **satellite**	Satellit
il **razzo**	Rakete
spaziale In questo secolo è cominciata l'epoca spaziale.	Raum-; Weltraum-; räumlich Das Raumfahrtzeitalter begann in diesem Jahrhundert.
l'**adesione** Per quest'impresa spaziale occorre l'adesione di molte nazioni.	Beteiligung; Beitritt An diesem Raumfahrtunternehmen ist die Beteiligung vieler Nationen erforderlich.
l'**astronave** *f* L'attrezzatura dell'astronave è stata costruita secondo le tecnologie più moderne.	Raumschiff Die Ausrüstung des Raumschiffes wurde mit Hilfe modernster Technologien hergestellt.
l'**astronauta** *m* Neil Armstrong è il primo astronauta che è sbarcato sulla luna.	Astronaut Neil Armstrong landete als erster Astronaut auf dem Mond.
la **solitudine** Per poter fare il loro lavoro, gli astronauti non devono temere la solitudine.	Einsamkeit Um ihre Arbeit tun zu können, dürfen die Astronauten keine Angst vor der Einsamkeit haben.
vano, a	leer; vergeblich

Gestirne

la **stella**	Stern
il **sole**	Sonne
la **luna** Quando c'è la luna piena, molte persone non riescono a dormire.	Mond Bei Vollmond können viele Leute nicht schlafen.
tramontare A che ora tramonta oggi il sole?	untergehen Um wieviel Uhr ist heute Sonnenuntergang?
il **tramonto**	(Sonnen)untergang
sọrgere Non lo so, ma so che è sorto alle 6 e 15.	aufgehen Keine Ahnung, aber ich kann dir sagen, daß sie um 6.15 Uhr aufgegangen ist.
il **raggio** In questa stagione i raggi del sole sono già caldi.	Strahl; Radius Die Sonnenstrahlen wärmen in dieser Jahreszeit schon.
lo **scopo**	Zweck; Ziel
il **pianeta** Lo scopo di molte imprese spaziali è quello di scoprire l'esistenza di forme di vita su altri pianeti.	Planet Ziel vieler Weltraumunternehmen ist die Entdeckung von Lebensformen auf anderen Planeten.
l'**esistenza**	Existenz
esịstere	existieren
l'**astronomịa**	Astronomie

solare Il nostro sistema solare è uno dei tanti sistemi della Via lattea.	Sonnen- Unser Sonnensystem ist eines von vielen in der Milchstraße.
la **Vịa lattea**	Milchstraße
luminoso, a	leuchtend
la **scoperta**	Entdeckung
avviare Siamo avviati alla grande scoperta dell'universo.	starten Wir sind aufgebrochen, große Entdeckungen im Universum zu machen.

Formen

la **forma** Piuttosto cambierei la forma!	Form Ich würde eher die Form ändern.
formare	bilden
il **pezzo**	Stück
la **grandezza**	Größe
la **figura**	Form; Gestalt
la **differenza**	Unterschied
rotondo, a Giovanna vuole comprare un letto rotondo.	rund Giovanna will sich ein rundes Bett kaufen.
il **cerchio**	Kreis
il **diạmetro** Questo cerchio ha un diametro di 40 cm.	Durchmesser Dieser Kreis hat einen Durchmesser von 40 cm.
il **cubo** Questo cubo ha la grandezza di un dado.	Würfel *(Geometrie)* Dieser Kubus hat die Größe eines Würfels.
grosso, a Piega ancora quel pezzo di carta, così è troppo grosso.	groß; dick Falte dieses Stück Papier noch einmal, so ist es zu groß.
piegare	falten
il **modo** In che modo devo piegarlo?	Art; Weise Wie soll ich es falten?
la **maniera** Come vuoi, ma in maniera che entri nella busta.	Art; Weise Wie du willst, jedenfalls so, daß es in den Umschlag paßt.
il **fạscino** Sei anche tu così sensibile al fascino dei colori?	Faszination Bist du auch so empfänglich für die Faszination der Farben?

la **striscia** Ho bisogno di una striscia di carta colorata.	Streifen Ich brauche einen Streifen Buntpapier.
tondo, a Non abbiamo ancora deciso, se prendere un tavolo tondo o quadrato.	rund Wir haben noch nicht entschieden, ob wir einen runden oder einen viereckigen Tisch nehmen sollen.
la **sfera**	Kugel
il **cilindro**	Zylinder
quadrato, a	viereckig
il **rettạngolo** I ragazzini giocano nel rettangolo che hanno disegnato sulla strada.	Rechteck Die Knaben spielen in einem Rechteck, das sie auf die Straße gezeichnet haben.
rettangolare	rechteckig
il **triạngolo**	Dreieck
sịmile	ähnlich
differenziarsi Questi colori si differenziano poco, sono troppo simili.	sich unterscheiden Diese Farben unterscheiden sich kaum, sie sind zu ähnlich.
uniforme	einförmig
la **punta** Non disegnare così, altrimenti rompi la punta della matita.	Spitze Zeichne nicht so, sonst brichst du die Bleistiftspitze ab.
stọrcere	krümmen; verdrehen
storto, a Quel chiodo è storto non puoi usarlo più.	krumm Der Nagel ist krumm, er ist nicht mehr zu gebrauchen.
distịnguere	unterscheiden
variare Dovremmo variare un pò sia le forme che i colori.	variieren Wir sollten sowohl die Formen als auch die Farben ein bißchen variieren.
lo **stampo** Con questo stampo si ottengono forme bellissime.	(Gips)form; Schablone Mit dieser Schablone erhält man sehr schöne Formen.
ottenere	erzielen; erhalten

Farben

il **colore**	Farbe
Ammira la bellezza di questi colori!	Du mußt die Schönheit dieser Farben bewundern!
la **bellezza**	Schönheit
chiaro, a	hell; klar
scuro, a	dunkel
bianco, a	weiß
Come si chiamano quei bellissimi fiori bianchi?	Wie heißen diese wunderschönen weißen Blumen?
nero, a	schwarz
grigio, a	grau
blu *unv*	blau
Sono una specie di viole e ci sono anche blu e gialle.	Es ist eine Veilchenart, und es gibt auch blaue und gelbe.
giallo, a	gelb
Il mio colore preferito è il giallo chiaro.	Hellgelb ist meine Lieblingsfarbe.
rosa *unv*	rosa
Ti piacciono questi pantaloni rosa?	Gefällt dir diese rosa Hose?
rosso, a	rot
La bandiera italiana è verde, bianca e rossa.	Die italienische Fahne ist grün-weiß-rot.
verde	grün
Veronica indossa una gonna verde scuro.	Veronica trägt einen dunkelgrünen Rock.
la **differenza**	Unterschied
diverso, a	anders(artig)
Preferiresti un colore diverso?	Möchtest du lieber eine andere Farbe?
benissimo	sehr gut
No, questo va benissimo.	Nein, diese ist ganz okay.

arancione *unv* Questa sfumatura arancione è molto bella.	orange Diese orangefarbene Schattierung ist wunderschön.
beige *unv* [bɛːʒ]	beige
lilla *unv* Mi sembra che quel vestito lilla ti stia molto bene.	lila Ich finde, dieses lila Kleid steht dir sehr gut.
raffinato, a Forse hai ragione, ma quello beige è più raffinato.	raffiniert Vielleicht hast du recht, aber das beige ist raffinierter.
marrone *unv*	kastanienbraun
la **sfumatura**	Schattierung; Nuance
la **creazione** Secondo me, le creazioni più belle di Moschino sono quelle in tinta unita.	Schöpfung; Kreation Meiner Ansicht nach sind Moschinos schönste Kreationen die in uni.
la **tinta unita**	uni
colorato, a	farbig
la **variazione**	Abwechselung; Veränderung; Wechsel
lụcido, a	glänzend, leuchtend
opaco, a Preferisci i colori opachi o quelli lucidi?	matt Magst du lieber matte oder glänzende Farben?

37 Stoffe und Materialien

Natürliche Substanzen

la **sostanza**	Substanz; Stoff
Non toccare queste sostanze, sono velenose!	Berühr' diese Substanzen bitte nicht, sie sind giftig!
ẹssere composto, a	zusammengesetzt sein
Di che cosa sono composte?	Woraus bestehen sie?
il **gas**	Gas
Credo che in casa ci sia una perdita di gas, non senti come puzza?	Ich glaube, hier im Haus strömt irgendwo Gas aus, riechst du das nicht?
il **petrolio**	Erdöl; Petroleum
Il petrolio viene chiamato anche oro nero.	Erdöl wird auch "schwarzes Gold" genannt.
la **pietra**	Stein
il **sasso**	Stein; Felsen
il **marmo**	Marmor
I pavimenti della mia casa sono di marmo.	Die Fußböden in meinem Haus sind aus Marmor.
la **sabbia**	Sand
il **legno**	Holz
sọlido, a	fest; widerstandsfähig
Abbiamo bisogno di un materiale molto solido ed elastico.	Wir brauchen sehr widerstandsfähiges, elastisches Material.
elạstico, a	elastisch
asciutto, a	trocken
la **cera**	(Bohner)wachs
Hai già dato la cera in sala?	Hast du das Zimmer schon gebohnert?
il **carbone**	Kohle
In Germania ci sono ancora molte miniere di carbone.	In Deutschland gibt es noch viele Kohlenbergwerke.
il **metallo**	Metall
Il platino è un metallo molto prezioso.	Platin ist ein sehr edles Metall.
prezioso, a	wertvoll; Edel-
puro, a	rein
Questa spilla antica è in oro puro.	Diese antike Anstecknadel ist aus reinem Gold.

il **minerale** L'Italia non è ricca di minerali.	Erz; Mineral Italien ist nicht reich an Erzen.
il **ferro**	Eisen
raro, a Alcuni minerali sono rari in tutto il mondo.	selten Einige Erze kommen auf der ganzen Welt nur in geringen Mengen vor.
il **tipo**	Typ; Sorte
la **roba** Dove posso mettere al sicuro la roba d'oro e d'argento?	Sachen; Zeug Wo kann ich die Gold- und Silbersachen in Sicherheit bringen?

l'**ossigeno** Usciamo un po' all'aperto, qui manca l'ossigeno!	Sauerstoff Laß uns ein wenig an die Luft gehen, hier fehlt es an Sauerstoff!
l'**idrogeno**	Wasserstoff
la **bombola del gas** La bombola del gas è vuota.	Gasflasche Die Gasflasche ist leer.
il **liquido** Fai attenzione, quel liquido contiene alcol!	Flüssigkeit Paß auf, diese Flüssigkeit ist alkoholhaltig!
l'**alcol** *m*, l'**alcool** *m*	Alkohol
il **miscuglio** Questo miscuglio contiene delle sostanze infiammabili.	Gemisch Dieses Gemisch enthält feuergefährliche Substanzen.
infiammabile	feuergefährlich; entzündbar
genuino, a Il consumatore cerca oggi più che mai i prodotti genuini.	unverfälscht; ursprünglich; Natur- Der Verbraucher will heute mehr denn je Naturprodukte.
la **miniera**	Bergwerk
il **piombo**	Blei
estrarre Che cosa estraggono in questa zona?	fördern; gewinnen; abbauen Was wird in dieser Gegend abgebaut?
la **risorsa** Solo un po' di minerale di ferro, le risorse sono poche.	Ressource; Bodenschätze Nur ein wenig Eisenerz; es gibt nur wenig Bodenschätze.
il **rame**	Kupfer
l'**oggetto** Qui si possono comprare bellissimi oggetti di rame.	Gegenstand; Objekt Hier kann man wunderschöne Kupfergegenstände kaufen.

il **lusso**	Luxus
Ci sono quelli di lusso e quelli da usare in cucina.	Und zwar gibt es Luxusartikel und Küchengeräte.
liscio, a	glatt
A me piacciono quelli con la superficie liscia.	Ich mag diejenigen mit glatter Oberfläche.

Produzierte Stoffe

sintẹtico, a	synthetisch
la **plạstica**	Plastik
Ci sono molti tipi di plastica sia rigida che flessibile.	Es gibt viele Sorten Plastik, sowohl biegsame als auch starre.
flessịbile	biegsam; flexibel
rịgido, a	starr; fest
la **gomma**	Gummi
Le gomme sintetiche sono molto simili a quelle naturali.	Synthetische Gummiarten sind dem Naturgummi sehr ähnlich.
il **fuoco**	Feuer
spaccare	spalten; sprengen
Il calore del fuoco ha fatto spaccare i vetri.	Die Hitze des Feuers hat die Fenster zum Platzen gebracht.
la **spaccatura**	Spaltung; Riß
la **tensione**	Spannung
Aumentando la tensione superficiale si ottengono ottimi risultati.	Durch Erhöhung der Oberflächenspannung erhält man sehr gute Ergebnisse.
superficiale	Oberflächen-; oberflächlich
l'**acciaio**	Stahl
L'industria ha creato diversi tipi di acciaio speciale.	Die Industrie hat verschiedene Spezialstähle geschaffen.
l'**alluminio**	Aluminium
l'**ottone** *m*	Messing
L'ottone è una lega di rame e di zinco.	Messing ist eine Legierung aus Kupfer und Zink.
il **bronzo**	Bronze
la **rụggine**	Rost
La ruggine ha rovinato tutto.	Der Rost hat alles zerfressen.

rovinare	ruinieren
rompere	kaputtmachen
Attento, rompi tutto!	Paß auf, du machst alles kaputt!
rotto, a	kaputt
il **consumo**	Verbrauch; Konsum
Il consumo di prodotti sintetici è molto alto.	Der Verbrauch an synthetischen Produkten ist sehr hoch.
il **difetto**	Defekt; Fehler
la **parte**	Teil
Una parte del materiale arrivato ha qualche difetto.	Ein Teil des angekommenen Materials ist schadhaft.
la **cosa**	Sache; Ding
Sei sicuro che quella cosa sia rotta? Forse ha solo un piccolo difetto!	Bist du sicher, daß das Ding kaputt ist? Vielleicht ist es nur ein kleiner Defekt!
il **pozzo**	Bohrloch; Ölfeld; Brunnen

il **fabbisogno**	Bedarf
lo **zinco**	Zink
l'**assortimento**	Sortiment; Bestand
la **ceramica**	Keramik
la **porcellana**	Porzellan
Non uso spesso il servizio di porcellana perché è troppo fragile.	Ich benutze das Porzellanservice nicht oft, da es zu zerbrechlich ist.
fragile	zerbrechlich
trasparente	transparent; durchsichtig
il **cristallo**	Kristall
Dove hai comprato questi bellissimi bicchieri di cristallo?	Wo hast du diese wundervollen Kristallgläser gekauft?
procurare	besorgen
Me li ha procurati un amico direttamente dalla fabbrica.	Ein Freund hat sie mir direkt ab Fabrik besorgt.
la **tela**	Leinwand; Tuch
La tela d'Olanda è molto resistente.	Holländische Leinwand ist sehr widerstandsfähig.
trarre	ziehen
Da quel trattamento del materiale non si trae alcun profitto.	Aus dieser Behandlung des Materials läßt sich kein Nutzen ziehen.
il **trattamento**	Behandlung

scoppiare Una piccola scintilla ha fatto scoppiare un grande incendio.	ausbrechen; platzen Ein kleiner Funke hat einen großen Brand verursacht.
la **scintilla**	Funke
l'**incendio**	Brand
la **fiamma** Le fiamme hanno distrutto tutto l'assortimento che c'era in magazzino.	Flamme Die Flammen haben den gesamten Lagerbestand vernichtet.
trascinare Sì, ma i pompieri hanno almeno trascinato fuori tutte le persone.	schleppen Ja, aber die Feuerwehrmänner haben wenigstens alle Leute herausgeschafft.
la **lega**	Legierung
fọndere	schmelzen
urtare	stoßen
riciclare Si può riciclare la roba in metallo fondendola di nuovo.	wiederverwerten Metallgegenstände können wiederverwertet werden, indem man sie einschmilzt.
ricuperare E' necessario che ricuperiamo più materiale possibile.	zurückgewinnen Es ist notwendig, soviel Material wie möglich zurückzugewinnen.

Unbestimmte Mengenangaben

quanto, a Quanto costa questa tovaglia?	wieviel, wie viel(e) Wieviel kostet diese Tischdecke?
tanto, a Non è cara. Ne abbiamo vendute tante.	soviel, so viel(e) Sie ist nicht teuer. Wir haben viele davon verkauft.
tutto, a E' vero, le abbiamo vendute quasi tutte. Questa è una delle ultime.	alles; alle; ganz Stimmt. Wir haben fast alle verkauft; diese ist eine der letzten.
la **quantità** Me ne serve una notevole quantità.	Menge Ich brauche eine beträchtliche Menge davon.
notẹvole	beträchtlich; bemerkenswert, beachtlich
sịngolo, a	Einzel-
ụnico, a Gli unici modelli che sono rimasti sono quelli molto semplici.	einzig Die einzigen Modelle, die noch da sind, sind die ganz einfachen.
sẹmplice	einfach
molto, a Hai molti amici in questa città?	viel(e) Hast du viele Freunde in dieser Stadt?
molto In questo periodo lavoro molto. Ma questo lavoro mi piace molto.	sehr; viel Zur Zeit arbeite ich viel. Aber diese Arbeit gefällt mir sehr.
poco, a No, perché abito qui da poco tempo.	wenig(e) Nein, denn ich wohne erst seit kurzem hier.
un po'	etwas, ein wenig
poco Devo mangiare poco perché sono in dieta.	wenig Ich darf wenig essen, weil ich eine Diät mache.
troppo, a Qui c'è troppa gente, andiamo via!	zuviel, zu viel(e) Hier sind zu viele Leute, laß uns gehen.
numeroso, a	zahlreich
parecchio, a Ho ancora parecchie cose da fare.	ziemlich viel Ich habe noch ziemlich viele Dinge zu erledigen.

parecchio Anche oggi abbiamo lavorato parecchio.	ziemlich viel Auch heute haben wir ziemlich viel gearbeitet.
vario, a Ci siamo incontrati varie volte, ma non abbiamo mai parlato a lungo.	verschieden; vielfältig Wir haben uns einige Male getroffen, haben aber nie lange miteinander gesprochen.
la **volta**	Mal
eccẹtera	usw.
totale	gesamt; total
la **cifra** Mi dice la cifra totale, per piacere?	Ziffer; Zahl Sagen Sie mir bitte die Gesamtzahl?
il **nụmero** Attenda un momento, devo controllare i numeri.	Nummer; (An)zahl Warten Sie einen Augenblick, ich muß die Zahlen kontrollieren.
limitato, a	begrenzt; beschränkt
la **quota**	Quote; Rate
risultare Che quota è risultata dai tuoi calcoli?	sich ergeben Welche Rate ergibt sich aus deinen Berechnungen?
elevato, a Ancora non conosco quella esatta, ma è comunque molto elevata.	erhöht; hoch Genau weiß ich es noch nicht; sie ist jedenfalls sehr hoch.
alcun, a Vado a trovare alcuni parenti a Genova. Per me non c'è alcun motivo di fare questo viaggio, perché non ho alcuno zio o alcun cugino in quella città.	irgendein(e); einige Ich gehe ein paar Verwandte in Genua besuchen. Für mich gibt es keinen Grund, diese Reise zu unternehmen, da ich keinen Onkel oder Vetter in dieser Stadt habe.

una **decina** Eravamo una decina di persone circa.	ungefähr zehn Wir waren etwa zehn Personen.
circa	ungefähr
(le) **decine** *pl*	Dutzende
la **dozzina** Mi dia una dozzina di uova molto fresche.	Dutzend Geben Sie mir bitte ein Dutzend frische Eier.
una **quindicina** Pietro arriverà fra una quindicina di giorni.	ungefähr fünfzehn Pietro kommt in ungefähr zwei Wochen.

una **ventina**	ungefähr zwanzig
un **centinaio**	ungefähr hundert
(le) **centinaia** *pl*	Hunderte
Centinaia di studenti hanno dimostrato per le vie della città.	Hunderte von Studenten haben in den Straßen der Stadt demonstriert.
un **migliaio**	ungefähr tausend
Penso che ci vorrà un migliaio di lire, non di più.	Es wird etwa 1000 Lire kosten, nicht mehr.
(le) **migliaia** *pl*	Tausende
la **serie**	Serie; Reihe
Ho tutta una serie di faccende da fare e non so dove cominciare.	Ich muß eine ganze Reihe von Dingen erledigen und weiß nicht, wo ich anfangen soll.
limitare	begrenzen
A quanti pezzi limitiamo la serie?	Auf welche Stückzahl begrenzen wir die Serie?
assai	ziemlich
E' assai tardi, vogliamo andare?	Es ist ziemlich spät, wollen wir gehen?
l'**eccesso**	Übermaß; Exzeß

Grundzahlen

zero	null
Ma quanti zeri scrivi? Ce ne sono due di troppo!	Aber wie viele Nullen schreibst du? Das sind zwei zuviel!
uno, a	eins
due	zwei
Dico solo due parole a Lucia, poi vengo.	Ich rede nur kurz mit Lucia, dann komme ich.
tre	drei
Non c'è due senza tre.	Aller guten Dinge sind drei.
quattro	vier
Andiamo a fare quattro passi?	Wollen wir uns ein wenig die Beine vertreten?
cinque	fünf
sei	sechs
Non so se comprare un servizio da sei o da dodici.	Ich bin unschlüssig, ob ich ein sechs- oder zwölfteiliges Service kaufen soll.

sette	sieben
otto	acht
Abbiamo finito tutto in quattro e quattr'otto.	Wir waren im Handumdrehen mit allem fertig.
nove	neun
dieci	zehn
Stasera saremo in dieci a tavola.	Beim Abendessen werden wir zu zehnt sein.
ụndici	elf
dọdici	zwölf
trẹdici	dreizehn
Per alcuni il tredici è il numero che porta fortuna, per altri il contrario.	Für die einen ist die Dreizehn eine Glückszahl, für die anderen das Gegenteil.
quattọrdici	vierzehn
quịndici	fünfzehn
Il cinque nel quindici ci sta tre volte.	In 15 ist die 5 dreimal enthalten.
sẹdici	sechzehn
diciassette	siebzehn
diciotto	achtzehn
Anche in Italia si può fare la patente di guida a diciotto anni.	Auch in Italien kann man mit achtzehn Jahren den Führerschein machen.
diciannove	neunzehn
venti	zwanzig
ventuno	einundzwanzig
ventidụe	zweiundzwanzig
ventitrè	dreiundzwanzig
ventiquattro	vierundzwanzig
Ventiquattro diviso tre fa otto.	Vierundzwanzig durch vier gleich acht.
venticinque	fünfundzwanzig
ventisẹi	sechsundzwanzig
ventisette	siebenundzwanzig
Prendiamo l'appuntamento per il ventisette o per il ventotto?	Legen wir den Termin auf den 27. oder auf den 28.
ventotto	achtundzwanzig

ventinove — neunundzwanzig
Oggi è il 29 maggio. — Heute ist der 29. Mai.

trenta — dreißig
Io ho tempo solo il trenta. — Ich habe nur am 30. Zeit.

trentuno — einunddreißig

quaranta — vierzig

cinquanta — fünfzig

sessanta — sechzig
Clara ha invitato più di sessanta persone. — Clara hat über sechzig Personen eingeladen.

settanta — siebzig

ottanta — achtzig

novanta — neunzig
Mio nonno è morto a novantatrè anni. — Mein Großvater starb im Alter von 93 Jahren.

cento — hundert

duecento — zweihundert
Hai qualche moneta da duecento? — Hast du ein paar 200-Lire-Stücke?

trecento — dreihundert

ottocento — achthundert

mille — tausend
No, ho solo biglietti da mille. — Nein, ich habe nur 1000-Lire-Scheine.

millecento — tausendeinhundert

millenovecentosettanta — eintausendneunhundertsiebzig
Siamo stati a Firenze la prima volta nel millenovecentosettanta. — 1970 waren wir zum ersten Mal in Florenz.

duemila — zweitausend

diecimila — zehntausend

il **milione** — Million
Devo prendere in banca due milioni per pagare l'impiegata. — Ich muß von der Bank zwei Millionen Lire abheben, um die Angestellte zu bezahlen.

il **miliardo** — Milliarde
La casa è costata quasi mezzo miliardo. — Das Haus hat fast eine halbe Milliarde Lire gekostet.

Ordnungszahlen

primo, a	erste(r, s)
E' la prima volta che sento questa storia.	Diese Geschichte höre ich zum ersten Mal.
Mi danno lo stipendio sempre al 1° del mese.	Ich bekomme mein Gehalt immer am 1. des Monats.
secondo, a	zweite(r, s)
Quest'albergo è di seconda categoria.	Dieses ist ein Hotel der zweiten Kategorie.
terzo, a	dritte(r, s)
Sono arrivato terzo nella gara di sci.	Ich war Dritter beim Skirennen.
quarto, a	vierte(r, s)
Se continui così, andrai a Canossa come Enrico IV.	Wenn du so weitermachst, wirst du wie Heinrich IV. in Canossa landen.
quinto, a	fünfte(r, s)
sesto, a	sechste(r, s)
sẹttimo, a	siebte(r, s)
E il settimo giorno Dio si riposò.	Und am siebten Tage ruhte Gott.
ottavo, a	achte(r, s)
nono, a	neunte(r, s)
dẹcimo, a	zehnte(r, s)
undicẹsimo, a	elfte(r, s)
Abbiamo preso un appartamento all'undicesimo piano.	Wir haben eine Wohnung im 11. Stock bezogen.
dodicẹsimo, a	zwölfte(r, s)
tredicẹsimo, a	dreizehnte(r, s)
Tutti evitano di avere a tavola il tredicesimo invitato.	Jedermann vermeidet es, dreizehn Gäste zu Tisch zu laden.
quattordicẹsimo, a	vierzehnte(r, s)
Luigi XIV di Francia era chiamato "Re sole".	Ludwig XIV. von Frankreich wurde "Sonnenkönig" genannt.
quindicẹsimo, a	fünfzehnte(r, s)
sedicẹsimo, a	sechzehnte(r, s)
diciassettẹsimo, a	siebzehnte(r, s)
diciottẹsimo, a	achtzehnte(r, s)
Per il tuo diciottesimo compleanno faremo una grande festa.	Zu deinem 18. Geburtstag geben wir ein großes Fest.

diciannovẹsimo, a — neunzehnte(r, s)

ventẹsimo, a — zwanzigste(r, s)
Stiamo vivendo gli ultimi anni del ventesimo secolo. — Wir durchleben gerade die letzten Jahre des 20. Jahrhunderts.

ventunẹsimo, a — einundzwanzigste(r, s)

ventiduẹsimo, a — zweiundzwanzigste(r, s)
Elio ha perso solo per un ventiduesimo di secondo. — Elio wurde nur um 22 Hundertstelsekunden geschlagen.

trentẹsimo, a — dreißigste(r, s)

centẹsimo, a — hundertste(r, s)

millẹsimo, a — tausendste(r, s)
E' la millesima volta che lo ripeto! — Ich sage es zum tausendsten Mal.

Maße und Gewichte

abbondante — reichlich; üppig
Il raccolto non era certo scarso, anzi era addirittura abbondante. — Die Ernte war alles andere als karg; im Gegenteil, sie war geradezu üppig.

addirittura — geradezu

scarso, a — gering(fügig); spärlich; karg

bastare — (aus)reichen
Non mi basta la carta, dammene ancora. — Ich komme mit dem Papier nicht aus; gib mir noch welches!

spesso, a — dick
Il campo era coperto da uno spesso strato di neve. — Der Acker war mit einer dicken Schneeschicht bedeckt.

solo — nur; erst

sottile — dünn

soltanto — nur; erst
Vorrei soltanto assaggiare la carne, me ne tagli una fetta sottile. — Ich möchte nur von dem Fleisch probieren, schneiden Sie mir eine dünne Scheibe ab.

pịccolo, a — klein

il **mucchio** — Haufen; Stoß
Sulla mia scrivania c'è sempre un gran mucchio di carte. — Auf meinem Schreibtisch türmt sich immer ein Stapel Papier.

il **sacco** — Sack

contenere	enthalten
Quanta farina contiene questo sacco?	Wieviel Mehl enthält dieser Sack?
pieno, a	voll
Se è pieno, mezzo quintale.	Einen Zentner, wenn er voll ist.
vuoto, a	leer
il **fondo**	(Hinter)grund; Boden
Il pozzo è vuoto, si vede il fondo.	Der Brunnen ist leer, man kann bis auf den Grund sehen.
la **botte**	Faß
Ieri la botte era ancora piena ed oggi è già quasi vuota!	Gestern war das Faß noch voll, und heute ist es fast leer.
la **goccia**	Tropfen
La goccia scava la pietra.	Steter Tropfen höhlt den Stein.
Vuoi una goccia di vino anche tu?	Möchtest du auch ein Schlückchen Wein?
il **resto**	Rest
Quanto vi hanno dato di resto?	Wieviel hat man euch herausgegeben?

il **mạssimo**	Höchstmaß; Maximum
il **mịnimo**	Mindestmaß; Minimum
Il minimo che poteva fare, era di accompagnarti a casa.	Er hätte dich wenigstens nach Hause bringen können.
il **supplemento**	Zuschlag
In questo treno bisogna pagare il supplemento.	Für diesen Zug muß man einen Zuschlag zahlen.
la **media**	Durchschnitt
Anche quest'anno la media di quello scolaro è stata ottima.	Auch dieses Jahr hatte dieser Schüler einen sehr guten Notendurchschnitt.
il **confronto**	Vergleich
Facendo il confronto dei costi abbiamo scoperto che era troppo caro.	Bei einem Kostenvergleich haben wir festgestellt, daß wir zuviel gezahlt haben.
confrontare	vergleichen; gegenüberstellen
corrispọndre	entsprechen; übereinstimmen
I tuoi calcoli non corrispondono ai miei.	Deine Berechnungen stimmen mit meinen nicht überein.
la **dose**	Dosis
Hai fatto il calcolo della dose giusta?	Hast du die Dosis korrekt berechnet?

Maßangaben

misurare Hai misurato la stanza?	messen Hast du das Zimmer ausgemessen?
la **larghezza** Sì, la larghezza è tre metri, la lunghezza quattro metri e l'altezza due metri e sessanta centimetri.	Breite Ja, die Breite beträgt drei, die Länge vier und die Höhe 2,60 Meter.
la **lunghezza**	Länge
l'**altezza**	Höhe
la **misura** Sei sicuro che le misure siano giuste?	Maß Bist du sicher, daß die Maße stimmen?
il **metro**	Meter
il **centimetro**	Zentimeter
la **metà** Questa stoffa è troppa, basta la metà.	Hälfte Das ist zuviel Stoff, die Hälfte reicht.
mezzo, a	halb
il **chilo** Quanti chili di frutta dobbiamo comprare?	Kilo Wieviel Kilo Obst sollen wir kaufen?
il **grammo**	Gramm
l'**etto** Vorrei due etti di prosciutto tagliato molto sottile.	100 Gramm Ich hätte gerne 200 g Schinken, sehr dünn geschnitten.
il **litro** Quanti litri di vino ci sono ancora?	Liter Wieviel Liter Wein sind noch da?
il **quarto**	Viertel
il **quintale** Abbiamo comprato un quintale e mezzo di olive.	Doppelzentner Wir haben drei Zentner Oliven gekauft.
la **tonnellata**	Tonne
entrambi, e Entrambi i libri sono belli, prendi tutti e due!	beide Beide Bücher sind schön, nimm beide!

il **lato** Quanto è lungo questo lato?	Seite Wie lang ist diese Seite?
il **millimetro** Sei centimetri e quattro millimetri.	Millimeter 6,4 Zentimeter.
il **contenuto**	Inhalt
il **peso** Questi oggetti vengono venduti a peso.	Gewicht Diese Gegenstände werden nach Gewicht verkauft.
netto	netto
lordo Il peso lordo supera il mezzo chilo, quello netto è di poco inferiore.	brutto Das Bruttogewicht beträgt mehr als ein Pfund, das Nettogewicht ist etwas niedriger.
inferiore	niedriger
l'**ettaro** Quanti ettari è grande questo terreno?	Hektar Wieviel Hektar umfaßt dieses Grundstück?
la **località** Il terreno è piccolo, ma la località è molto bella.	Gegend; Ort Das Grundstück ist klein, aber die Gegend ist wunderschön.
il **mezzo chilo**	Pfund
la **massa** C'è ancora una massa di libri da mettere a posto.	Masse Es sind noch eine ganze Menge Bücher zu ordnen.
il **doppio** Ma io ho già lavorato il doppio di te.	Doppelte(s) Aber ich habe schon doppelt soviel gearbeitet wie du.
doppio, a	doppelt
definitivo, a	definitiv; endgültig
diminuire ‹diminuisco› Se diminuisci il prezzo non copri più le spese!	verringern Wenn du den Preis reduzierst, deckst du die Kosten nicht mehr.
coprire	decken; bedecken; verkleiden
la **frequenza** Che frequenza hanno le sue visite?	Frequenz; Häufigkeit Wie häufig sind seine Besuche?
uguale	gleich
la **profondità** Hanno trovato il petrolio a pochissimi metri di profondità.	Tiefe Das Erdöl wurde in nur wenigen Metern Tiefe entdeckt.

Räumliche Beziehungen

dove	wo; wohin
Dove hai messo l'aspirapolvere? – Dove sta sempre!	Wo hast du den Staubsauger hingestellt? – Wo er immer ist.
il **posto**	Ort; Platz
ecco	hier ist, hier sind; genau!
Ecco la foto che cercavi.	Hier ist das Foto, das du gesucht hast.
qua	hier; hierher
Vieni qua anche tu!	Komm doch auch rüber!
qui	hier; hierher
No, preferisco restare qui.	Nein, ich bleibe lieber hier.
là	dort; dorthin; da
lì	dort; dorthin; da
Vedi quella casa rossa là a destra? Marco e Raffaella abitano lì.	Siehst du das rote Haus dort rechts? Da wohnen Marco und Raffaella.
giù	unten; hinunter; herunter
su	oben; hinauf; herauf
Salgo su io, o venite giù voi?	Soll ich hochkommen, oder kommt ihr runter?
sopra	über; auf
sotto	unter
dentro	hinein; drinnen
Ho messo il pacco sopra l'armadio perché dentro non c'era posto.	Ich habe das Paket auf den Schrank gelegt, weil drinnen kein Platz war.
fuori	draußen; hinaus
Marcello lo ha buttato fuori di casa con poche parole.	Marcello hat ihn kurzerhand vor die Tür gesetzt.
fuori di	außerhalb
Fuori del centro città non si trovano molti negozi.	Außerhalb des Zentrums gibt es nur wenige Geschäfte.
destro, a	rechte(r, s)
sinistro, a	linke(r, s)
accanto a	neben
Ho messo alcuni vasi di fiori fuori, accanto alla porta di casa.	Ich habe ein paar Blumentöpfe draußen neben die Haustür gestellt.

di fronte a	gegenüber
dirimpetto a	gegenüber
davanti a	vor
Allora ci incontriamo davanti al teatro, d'accordo?	Dann treffen wir uns also vor dem Theater, in Ordnung?
avanti	vorwärts
Torniamo indietro, è già tardi e inoltre non sappiamo più andare avanti.	Kehren wir um, es ist schon spät, und außerdem wissen wir nicht, wie wir weiterfahren sollen.
tornare	zurückkehren; wiederkommen
dietro	hinter
indietro	rückwärts
lassù	dort unten; dort hinunter
Ti va bene, se ti assegnano quel posto lassù?	Bist du einverstanden, wenn man dir den Platz dort oben zuweist?
assegnare	zuerteilen; zuweisen
laggiù	dort oben; dort hinauf

il **luogo**	Ort; Platz; Stelle
Si prega di conservare in luogo asciutto.	Bitte trocken aufbewahren!
Mi piacciono molto questi luoghi.	Diese Orte gefallen mir sehr.
originario, a	gebürtig; ursprünglich
Anche a me, perché hanno conservato il loro aspetto originario.	Mir auch, da sie ihr ursprüngliches Aussehen bewahrt haben.
I suoi parenti sono originari dell'Umbria.	Seine Verwandten stammen aus Umbrien.
l'**origine** *f*	Ursprung
allontanarsi	sich entfernen
Mi sono allontanata molto dai miei luoghi d'origine.	Ich habe mich weit von meinen Ursprüngen entfernt.
il **riparo**	Schutz; Abhilfe; Deckung
indicare	hinweisen
l'**indicazione** *f*	Hinweis
Per arrivare all'aeroporto basta che tu segua le indicazioni.	Um zum Flughafen zu gelangen, brauchst du nur den Schildern zu folgen.
la **freccia**	Pfeil
opposto, a	entgegengesetzt
Secondo la freccia bisogna girare a sinistra, io invece pensavo che si dovesse andare dalla parte opposta.	Dem Pfeil nach muß man links abbiegen, ich aber war der Ansicht, man müsse in die andere Richtung fahren.

la **parte**	Richtung; Seite
da nessuna parte	nirgends; nirgendwohin; nirgendwoher
Non ho voglia di andare da nessuna parte.	Ich mag nirgendwohin gehen.
da qualche parte	irgendwo; irgendwohin
Dov'è il giornale? – Da qualche parte deve essere!	Wo ist die Zeitung? – Die muß irgendwo sein.
Ancora non so dove, ma da qualche parte andremo.	Irgendwohin werden wir schon gehen, wohin, weiß ich noch nicht.
la **direzione**	Richtung
la **meta**	Ziel
Stiamo andando nella stessa direzione, pare che abbiamo la stessa meta.	Wir gehen in die gleiche Richtung; es scheint, als hätten wir dasselbe Ziel.
orizzontale	horizontal, waagrecht
verticale	vertikal, senkrecht
addosso	auf; bei; an
Sembra proprio che tu abbia il diavolo addosso!	Man könnte meinen, der Teufel sei hinter dir her!
Mettiamoci al riparo addosso al muro!	Bringen wir uns hinter der Mauer in Sicherheit!
il **retro**	Rückseite
altronde	sonstwo(hin), anderswo(hin)

Zeitbegriffe

il **tempo**	Zeit
Dobbiamo fare in fretta perché ho poco tempo.	Wir müssen uns beeilen, da ich wenig Zeit habe.
la **fretta**	Eile
il **momento**	Augenblick
Non so dov'è andato Giancarlo, era qui un momento fa.	Ich weiß nicht, wohin Giancarlo gegangen ist, eben war er noch da.
l'**ạttimo**	Augenblick
breve	kurz
impiegare	brauchen
Quanto tempo impiegate per fare quel lavoro?	Wie lange braucht ihr für diese Arbeit?

tardi	spät
Si tratta di una cosa breve, non faremo tardi.	Das ist schnell gemacht, wir brauchen nicht lange.
cominciare	anfangen
A che ora comincia lo spettacolo?	Um wieviel Uhr beginnt die Vorstellung?
l'**inizio**	Beginn
L'inizio dovrebbe essere alle ventuno, ma spesso ritardano.	Es sollte um 21 Uhr beginnen, aber es wird oft später.
sempre	immer
già	schon
ogni tanto	ab und zu
Non ci vediamo spesso, solo ogni tanto.	Wir sehen einander nicht oft, nur ab und zu.
qualche volta	manchmal
spesso	oft
aspettare	warten
Ora dobbiamo andare, ci aspettano già.	Wir müssen jetzt gehen, man erwartet uns.
finire ‹finisco›	beenden
Finisco presto il lavoro e sono subito pronta.	Ich erledige schnell die Arbeit und bin gleich fertig.
presto	schnell; bald
sụbito	sofort
ora	jetzt
il **passato**	Vergangenheit
In passato ci vedevamo più spesso.	Früher trafen wir uns öfter.
ancora	(immer) noch; schon wieder
prima	früher; zuerst
dopo	nach; nachher; später
Aspetta, puoi farlo dopo.	Warte, das kannst du nachher machen.
poi	dann
No, perché dopo cena vogliamo uscire, poi si fa tardi.	Nein, denn nach dem Abendessen wollen wir ausgehen; es wird sonst zu spät.

l'**istante** *m* Attendiamo ancora qualche istante, forse hanno dovuto ritardare la partenza.	Augenblick Warten wir mal einen Augenblick, vielleicht mußten sie später abfahren.
ritardare	verzögern; sich verspäten; nachgehen
iniziare Se iniziamo subito, avremo terminato tutto per le cinque.	beginnen Wenn wir sofort anfangen, sind wir bis 5 Uhr mit allem fertig.
attendere	warten
la **pausa** Attendiamo la prossima pausa per fare una telefonata a casa.	Pause; Rast Wir warten bis zur nächsten Rast und telefonieren dann nach Hause.
terminare	beenden
ormai	nunmehr; inzwischen
adesso Adesso telefono e chiedo quando vengono.	jetzt Ich rufe jetzt an und frage, wann sie kommen.
allora Allora era molto bella, com'è adesso?	damals; also Sie war damals eine Schönheit, und wie sieht sie heute aus?
il **frattempo** Nel frattempo è diventata più vecchia anche lei, ma è sempre affascinante.	Zwischenzeit Inzwischen ist auch sie älter geworden, aber sie ist immer noch faszinierend.
ultimamente	neulich
finora	bislang
intanto Intanto tu vai pure, noi ti raggiungiamo dopo, tanto siamo in anticipo.	inzwischen Geh du ruhig vor, wir kommen später nach; wir sind sowieso zu früh dran.
infine	schließlich
l'**anticipo**	Vorsprung
il **futuro** In futuro non faremo più così.	Zukunft In Zukunft verfahren wir anders.
l'**avvenire** *m* Si fanno tanti programmi per l'avvenire!	Zukunft Es werden viele Zukunftspläne geschmiedet.
l'**antenato,** l' **antenata** I miei antenati vivevano in Lombardia.	Vorfahr(in), Ahn(in) Meine Vorfahren lebten in der Lombardei.

eterno, a Ci sono delle giornate che sembrano eterne.	ewig Manche Tage scheinen eine Ewigkeit zu dauern.
il **decennio** Nell'ultimo decennio la tecnica ha fatto grandi progressi.	Jahrzehnt Die Technik hat im letzten Jahrzehnt große Fortschritte gemacht.
ultimo, a	letzte(r, s)
penultimo, a	vorletzte(r, s)
il **secolo**	Jahrhundert
il **millennio** Il nostro millennio sta per finire.	Jahrtausend Unser Jahrtausend geht zu Ende.
raggiungere	erreichen; erzielen
in mezzo a	mitten in
in fondo a	ganz hinten; ganz unten

Uhr- und Tageszeit

la **data** E' già stata fissata la data dell'incontro? – Sì, è il giorno 9 di agosto.	Datum Ist das Datum für das Treffen schon festgelegt? – Ja, es ist am 9. August.
la **mattina**	Morgen
stamattina	heute morgen
svegliare Scusami che stamattina ti ho svegliato così presto, ma dovevo partire.	aufwachen Entschuldige, daß ich dich heute morgen so früh geweckt habe, aber ich mußte abreisen.
la **sera** Preferisco lavorare di sera che di mattina.	Abend Ich arbeite lieber abends als morgens.
stasera Stasera non esci?	heute abend Gehst du heute abend nicht aus?
la **notte** No, sono stanco, la notte scorsa ho dormito poco.	Nacht Nein, ich bin müde, ich habe vergangene Nacht nur wenig geschlafen.
stanotte	heute nacht

l'**ora**	Stunde; Uhrzeit
Che ora è? Sono le 8 e 40.	Wie spät ist es? Es ist 8.40 Uhr.
il **minuto**	Minute
Allora aspettiamo altri cinque minuti.	Dann laß uns noch fünf Minuten warten!
il **secondo**	Sekunde
e	nach
meno	vor
Avevano detto che sarebbero stati qui alle nove meno un quarto.	Sie hatten gesagt, sie seien um Viertel vor neun hier.
fra	in
Sì, ma hanno telefonato qualche minuto fa ed hanno detto che arriveranno fra tre quarti d'ora circa.	Ja, aber sie haben vor ein paar Minuten angerufen und gesagt, sie kämen in ungefähr einer Dreiviertelstunde.
fa	vor

l'**alba**	Morgengrauen
Gastone si alza sempre all'alba.	Gastone steht immer beim Morgengrauen auf.
la **sveglia**	Wecker
Non ho sentito la sveglia, a che ora l'avevi messa?	Ich habe den Wecker nicht gehört; auf wieviel Uhr hattest du ihn gestellt?
svegliarsi	aufwachen
sveglio, a	wach
Come mai sei già sveglio, è ancora presto!	Wieso bist du schon wach? Es ist doch noch früh!
il **mattino**	Morgen
Un proverbio dice: "Il buon giorno si conosce dal mattino."	Ein Sprichwort sagt: "Glücklicher Beginn verheißt ein gutes Ende."
il **pomeriggio**	Nachmittag
notturno, a	nächtlich
Quale farmacia ha il servizio notturno?	Welche Apotheke hat Nachtbereitschaft?
l'**orologio**	Uhr
l'**ora legale**	Sommerzeit
Quando comincia l'ora legale bisogna mettere avanti l'orologio di un'ora.	Bei Beginn der Sommerzeit muß man die Uhr eine Stunde vorstellen.
l'**ora solare**	Einheitszeit

il **mezzogiorno** E' già mezzogiorno? Allora il mio orologio va indietro.	Mittag Schon 12 Uhr? Dann geht meine Uhr nach.
andare avanti	vorgehen
andare indietro	nachgehen
la **mezzanotte** Restiamo al massimo fino a mezzanotte, va bene?	Mitternacht Wir bleiben höchstens bis Mitternacht, in Ordnung?
trascorrere	verbringen
scorrere	verstreichen
trattenersi Possiamo trattenerci solo una mezz'ora, non di più.	sich aufhalten Wir können uns nur eine halbe Stunde aufhalten, länger nicht.
il **quarto (d'ora)**	Viertelstunde

Wochentage

(il) **lunedì** Il lunedì mattina molti negozi sono chiusi in Italia.	Montag; montags Montag vormittags sind in Italien viele Geschäfte geschlossen.
(il) **martedì**	Dienstag; dienstags
(il) **mercoledì** Mercoledì e giovedì abbiamo lezione d'italiano.	Mittwoch; mittwochs Mittwoch und Donnerstag haben wir Italienischunterricht.
(il) **giovedì**	Donnerstag; donnerstags
(il) **venerdì** Abbiamo pensato di partire venerdì pomeriggio e di tornare domenica sera.	Freitag; freitags Wir dachten, wir könnten am Freitag nachmittag losfahren und am Sonntag abend zurückkommen.
(il) **sabato** La spesa la faccio sempre il sabato.	Samstag, Sonnabend; samstags Samstags gehe ich immer einkaufen.
(la) **domenica**	Sonntag; sonntags
il **giorno** In che giorno della settimana c'è il mercato qui? – Tutti i martedì.	Tag An welchem Tag ist hier Wochenmarkt? – Jeden Dienstag.
la **giornata** Ieri è stata una giornata favolosa.	Tag *(in seinem ganzen Verlauf)* Gestern war ein großartiger Tag.

favoloso, a	fabelhaft
la **settimana**	Woche
oggi	heute
ogni Ogni minuto che passa mi sembra un'ora.	jede(r, s) Jede Minute, die vergeht, kommt mir vor wie eine Stunde.
anche	auch
domani	morgen
feriale E' il 15 d'agosto un giorno festivo anche in Germania? – No, è un giorno feriale, perché? – Perché è Ferragosto.	Wochentags-; Alltags- Ist der 15. August auch in Deutschland ein Feiertag? – Nein, das ist ein Arbeitstag, warum? – Weil das Mariä Himmelfahrt ist. *(Zeit der sommerlichen Handwerkerferien)*
ieri Ieri il tempo era brutto e pare che pioverà anche domani.	gestern Gestern war schlechtes Wetter, und es scheint, daß es morgen auch regnen wird.

il **fine settimana** Cosa fai il fine settimana?	Wochenende Was machst du am Wochenende?
il **sẹguito**	Folge
seguente Nei giorni seguenti avete dovuto lavorare molto?	folgend Habt ihr an den Tagen danach viel arbeiten müssen?
seguire Sì, il periodo che segue le vacanze è sempre molto duro.	folgen Ja, die Zeit nach den Ferien ist immer sehr hart.
prọssimo, a Abbiamo deciso di fare la festa domenica prossima.	nächste(r, s); kommend Wir haben beschlossen, das Fest kommenden Sonntag stattfinden zu lassen.
scorso, a	letzte(r, s); vergangen
odierno, a Prima dobbiamo risolvere i problemi odierni, degli altri parleremo in seguito.	heutig Zuerst müssen wir die aktuellen Probleme lösen, über die anderen reden wir später.
dopodomani Dopodomani andremo a Bologna.	übermorgen Übermorgen fahren wir nach Bologna.
ieri l'altro	vorgestern

Monate

il **mese**	Monat
mensile	monatlich
Questa rivista è settimanale o mensile?	Erscheint die Zeitschrift wöchentlich oder monatlich?
l'**anno**	Jahr
annuale	jährlich
gennaio	Januar
Noi andiamo a sciare sempre in gennaio o febbraio, perché in genere c'è più neve.	Wir fahren immer im Januar oder Februar zum Skilaufen, weil dann im allgemeinen mehr Schnee liegt.
febbraio	Februar
marzo	März
Marzo è chiamato pazzo perché il tempo cambia spesso.	In Italien spricht man vom "verrückten März", da das Wetter sehr wechselhaft ist.
aprile	April
In Germania invece è aprile il mese pazzo.	In Deutschland spricht man von den Grillen des April.
maggio	Mai
giugno	Juni
Le scuole in Italia cominciano in settembre e finiscono in giugno.	In Italien beginnt das Schuljahr im September und endet im Juni.
luglio	Juli
agosto	August
Quasi tutti gli italiani vanno in ferie in agosto.	Die Italiener fahren fast alle im August in Urlaub.
settembre	September
Il mio mese preferito è il settembre.	Der September ist mein Lieblingsmonat.
ottobre	Oktober
novembre	November
Novembre viene considerato il mese più triste dell'anno.	Der November gilt als der tristeste Monat des Jahres.
dicembre	Dezember
A fine dicembre partiremo per le vacanze invernali.	Ende Dezember fahren wir in die Winterferien.
quasi	fast; beinahe

Jahreszeiten

la **stagione** In questa stagione non è possibile fare il bagno in mare, fa troppo freddo.	Jahreszeit; Saison Um diese Jahreszeit kann man nicht im Meer baden; es ist zu kalt.
la **primavera**	Frühling
primaverile L'aria primaverile è piena di profumi.	frühlingshaft; Frühlings- Die Frühlingsluft ist voller Duft.
l'**estate** *f* In estate si passa molto tempo all'aperto.	Sommer Im Sommer verbringt man viel Zeit im Freien.
estivo, a	sommerlich; Sommer-
l'**autunno** Le foglie hanno colori stupendi in autunno.	Herbst Im Herbst sind die Blätter wundervoll bunt gefärbt.
autunnale	herbstlich; Herbst-
l'**inverno** Quest'anno abbiamo avuto un inverno molto mite.	Winter Wir hatten dieses Jahr einen sehr milden Winter.
invernale E' ora di mettere gli abiti invernali.	winterlich; Winter- Es ist Zeit für die Wintersachen.

Demonstrativ- und Relativpronomen

questo, a	diese(r, s)
Se hai già letto tutti questi racconti, ora puoi leggere queste novelle.	Wenn du all diese Erzählungen schon gelesen hast, kannst du nun diese Novellen lesen.
quello, a, quell'; quei, quelle, quegli	jene(r, s)
Conosci quell'uomo?	Kennst du den Mann dort?
Sì, è sempre ai giardini con quei bambini che abitano in quegli strani palazzi nuovi.	Ja, er hält sich immer in den Gärten auf, zusammen mit den Kindern, die in den merkwürdigen Neubauten dort wohnen.
ciò	das; dieses
Non voglio sapere niente du tutto ciò.	Ich will von alledem nichts wissen.
stesso, a	der-, die-, dasselbe; selbst
Luigi stesso mi ha raccontato questa storia.	Luigi selbst hat mir diese Geschichte erzählt.
Ma è la stessa storia che mi ha raccontato Alfredo.	Aber das ist doch dieselbe Geschichte, die mir Alfredo erzählt hat.
che	der, die, das; welche(r, s) *(Relativpronomen)*
Il vestito che hai comprato ti sta proprio bene.	Das Kleid, das du gekauft hast, steht dir wirklich gut.
Sì, gli altri che avevo provato non erano così belli.	Ja, die anderen, die ich anprobiert hatte, waren nicht so schön.
Il giorno che questo lavoro sarà finito, ringrazierò il cielo.	An dem Tag, an dem diese Arbeit erledigt sein wird, werde ich dem Himmel danken.
Caterina mi ha promesso di uscire con me domani, il che mi fa molto piacere.	Caterina hat mir versprochen, morgen mit mir auszugehen, was mich sehr freut.
il, la **quale**	welche(r, s)
Ho incontrato Edoardo, il quale mi ha detto che verrà di sicuro.	Ich habe Edoardo getroffen, der mir gesagt hat, daß er sicher kommt.
Ricordi quelle amiche, con le quali siamo stati a Saarbrücken l'anno scorso?	Erinnerst du dich an die Freundinnen, mit denen wir vergangenes Jahr in Saarbrücken waren?

cui — der, die, das *(Ersatzform für il/la quale in Verbindung mit Präpositionen in den indirekten Fällen)*

Dici quelle di cui mi parlavi l'altro ieri? — Meinst du diejenigen, von denen wir vorgestern gesprochen haben?

Sì, le amiche (a) cui volevo fare vedere le foto. — Ja, die Mädchen, denen ich die Fotos zeigen wollte.

Frage- und Indefinitivpronomen

chi — wer?, wen?

Puoi parlarne con chi vuoi. — Du kannst darüber reden, mit wem du willst.

Chi mi dice che posso esserne sicuro? — Wer sagt mir, daß ich sicher sein kann?

(che) cosa — was?

(Che) cosa hai detto? — Was hast du gesagt?

che — was?, was für ...

Ma che fai, sei matto? — Was machst du denn da? Bist du verrückt?

Che macchina ti vuoi comprare? — Was für ein Auto willst du dir kaufen?

quale — welche(r, s)

Quale dei tuoi amici devo invitare? Quale preferisci? — Welchen deiner Freunde soll ich einladen? Wen ziehst du vor?

qualcosa — etwas

Ti serve qualcosa? — Brauchst du etwas?

qualcuno, a — jemand

Manda qualcun'altro, io non posso andare. — Schick jemand anderen, ich kann nicht gehen.

ognuno, a — jede(r) *(substantivisch)*

Ognuno decida come vuole. — Ein jeder entscheide sich, wie er will.

ciascuno, a — jede(r) *(substantivisch)*

Regaleremo una scatola di matite colorate ciascuno. — Wir schenken je ein Kästchen Buntstifte.

qualche — ein paar

Qualche giorno va bene e qualche giorno va male. — An manchen Tagen geht es gut, an anderen schlecht.

qualsịasi — irgendeine(r, s); jede(r, s) beliebige

Quale pullover vuoi? – Uno qualsiasi! — Welchen Pullover willst du? – Irgendeinen.

chiunque	wer auch immer; jeder(mann)
qualunque	was auch immer
Qualunque cosa io dica, mi critichi sempre.	Egal, was ich sage, ständig kritisierst du mich.
certo, a	gewisse(r, s)
Certi sono d'accordo, certi no.	Gewisse Leute sind einverstanden, andere wieder nicht.
tale	solche(r, s)
Mi ha detto delle cose tali, che non sapevo più cosa rispondere.	Er hat mir solche Sachen an den Kopf geworfen, daß ich überhaupt nicht mehr wußte, was ich antworten sollte.
altro, a	andere(r, s)
Se non ci pensi tu, ci penserà un altro.	Wenn du dich nicht darum kümmerst, wird es ein anderer tun.
Aiutatevi l'un altro!	Helft einander!
Gli uni sono d'accordo, gli altri no.	Die einen sind einverstanden, die anderen nicht.

Pronominale Verbindungen

andarsene	weggehen
Noi ce ne andiamo, voi cosa fate?	Wir gehen jetzt, und was macht ihr?
capirci	etwas davon verstehen
Io non ci capisco più niente, ci capisci tu qualcosa?	Verstehst du etwas davon? Ich bin mit meinem Latein am Ende.
cavarsela	sich aus der Affäre ziehen; gut zurechtkommen
Come va il lavoro? – Me la cavo bene, grazie.	Was macht die Arbeit? – Danke, ich komme gut zurecht.
darsi da fare	sich anstrengen; aktiv werden; sich etwas einfallen lassen
Datti un po' da fare, se vuoi ottenere qualcosa!	Streng dich mal ein bißchen an, wenn du etwas erreichen willst!
darsi delle arie	sich etwas einbilden; Allüren haben
Perché Claudia si dà tutte quelle arie! Ma chi si crede di essere?	Wieso ist Claudia derart eingebildet? Wer glaubt sie denn, daß sie sei?
entrarci	zu tun haben mit; eine Rolle spielen
Non prendertela con Isabella, lei non c'entra niente! – E allora chi c'entra, scusa?	Ärgere dich nicht über Isabella, die hat nichts damit zu tun. – Ja wer denn sonst, entschuldige mal!

farcela — es schaffen

Se proviamo ancora, ce la facciamo. — Wenn wir es noch mal probieren, schaffen wir es.

farsi vivo, a, farsi sentire — sich melden; von sich hören lassen

Ci faremo vivi/sentire appena avremo un po' di tempo. — Wir melden uns, sobald wir ein wenig Zeit haben.

finirla — damit aufhören

Pensavamo proprio che tu non la finissi più di dormire. — Wir glaubten schon, du würdest überhaupt nicht mehr wach!

mettercela tutta — alles daransetzen

Nicola dice che ce l'ha messa tutta, ma non ce l'ha fatta lo stesso. — Nicola sagt, er habe alles darangesetzt, aber er hat es trotzdem nicht geschafft.

mettercisi — sich darum kümmern; sich daran machen

Ti ci metti anche tu adesso, non bastavano gli altri?! — Jetzt kümmerst du dich auch noch darum! Waren die anderen nicht genug?

Se mi ci metto io, faccio tutto in cinque minuti. — Wenn ich mich daran mache, erledige ich alles in fünf Minuten.

prendersela — sich ärgern; beleidigt sein

Non prendertela, sono sicuro che lui non voleva offenderti. — Sei nicht eingeschnappt, ich bin sicher, er wollte dich nicht beleidigen!

tenerci — Wert darauf legen

Se voi ci tenete tanto, allora vi accompagneremo. — Wenn ihr so großen Wert darauf legt, werde ich mit euch kommen.

sentirsela — sich danach fühlen

Mi dispiace, ma non me la sento di andare a ballare stasera. — Tut mir leid, aber ich habe keine Lust, heute abend tanzen zu gehen.

smetterla — aufhören

Smettila, per favore! — Hör bitte auf damit!

farne — Sachen anstellen

Ne ha fatte di tutti i colori, ma ha sempre avuto fortuna. — Er hat die unglaublichsten Sachen angestellt und dabei immer Glück gehabt.

ripensarci	es sich noch mal überlegen; es sich anders überlegen
mi sa che	mir kommt es so vor
passarla liscia	mit heiler Haut davonkommen
Puoi essere contento, l'hai passata liscia anche questa volta.	Du kannst dich freuen, du bist auch dieses Mal gut davongekommen.
darla a bere	einen Bären aufbinden
A chi vuoi darla a bere?	Wem willst du denn diesen Bären aufbinden?
dạrsela a gambe	Fersengeld geben; Hals über Kopf davonrennen
Appena è arrivata la polizia, il ladro se l'è data a gambe.	Kaum war die Polizei da, gab der Dieb Fersengeld.
saperla lunga	mit allen Wassern gewaschen sein; es faustdick hinter den Ohren haben
Eh, tu la sai lunga, lo so!	Ja, ja, ich weiß, du bist mit allen Wassern gewaschen!
raccomandarsi	sich etwas ausbitten
Mi raccomando, state attenti!	Seht bitte zu, daß ihr vorsichtig seid!

Konjunktionen

affinché	damit
Ti aiuto affinché questa faccenda sia chiarita al più presto.	Ich helfe dir, damit diese Angelegenheit möglichst schnell geklärt wird.
a meno che	es sei denn, daß
Non credo che verrò, a meno che Romolo mi venga a prendere.	Ich glaube nicht, daß ich komme; es sei denn, daß Romolo mich abholt.
appena	kaum; sobald
Maria è corsa subito da me appena mi ha vista.	Kaum hatte sie mich erblickt, kam Maria sofort auf mich zugelaufen.
benché	obwohl
Siamo usciti a passeggio benché piovesse.	Obwohl es regnete, haben wir einen Spaziergang gemacht.
che	daß
Elena mi ha già detto che porterà la bambina all'asilo.	Elena hat mir schon gesagt, daß sie die Kleine zum Kindergarten bringt.

considerato che — angesichts der Tatsache, daß

dato che — da; weil
Dato che sei qui, perché non resti a cena? — Da du schon mal da bist, warum bleibst du nicht zum Abendessen?

dopo che — nachdem
Dopo che ci siamo lasciati sono andata subito a letto. — Nachdem wir uns verabschiedet hatten, ging ich sofort zu Bett.

e — und
Da quanti anni siamo già amici tu ed io? — Seit wie vielen Jahren sind wir beide schon befreundet?

finché — bis; so lange als
Finché c'è vita, c'è speranza. — Man darf im Leben die Hoffnung nicht aufgeben.

in modo che — so daß
Parlo piano in modo che tu mi possa capire. — Ich spreche langsam, so daß du mich verstehen kannst.

ma — aber
Ma guarda là, non vedi quel cartello? — Sieh doch hin, siehst du denn nicht das Schild?

mentre — während
Mentre voi guardate la TV io preparo la cena. — Während ihr fernseht, mache ich das Abendessen.

o — oder

oppure — oder aber
Viene oppure no, signora? — Kommen Sie oder nicht, meine Dame?

perché — weil; warum; damit
Perché non avete aspettato? – Perché era già tardi. — Warum habt ihr nicht gewartet? – Weil es schon spät war.
Perché io possa finire il lavoro, dovete portarmi altro materiale. — Damit ich die Arbeit beenden kann, müßt ihr mir weiteres Material liefern.

però — aber; sondern
Quello che dici tu è giusto, però penso di avere ragione anche io. — Was du sagst, ist richtig, aber ich meine, selber auch recht zu haben

poiché — da; weil

prima che — bevor
Voglio essere a casa, prima che faccia notte. — Ich will zu Hause sein, bevor es dunkel wird.

quando — wenn; wann; als

se — wenn; falls
Quando vai in città, passa in farmacia, se è possibile. — Wenn du in die Stadt gehst, geh bitte zur Apotheke, falls möglich.

sia ... che — sowohl ... als auch
Ne abbiamo parlato sia con lui che con lei. — Wir haben sowohl mit ihm als auch mit ihr darüber gesprochen.

a patto che — unter der Bedingung, daß
Ora ti aiuto, ma solo a patto che tu dopo ti riposi. — Ich helfe dir jetzt, aber nur unter der Bedingung, daß du dich danach ausruhst.

nonché — sowie

purché — wenn nur
Ti accompagno, purché si faccia presto. — Ich komme mit dir, wenn es nur schnell geht.

sebbene — obwohl
Giovanna si da delle arie sebbene non ne abbia alcuna ragione. — Giovanna bildet sich groß was ein, obwohl sie dazu keinen Grund hat.

senza che — ohne daß
Non potremmo andare noi, senza che debba venire lui? — Könnten wir nicht gehen, ohne daß auch er mitkommt?

siccome — da; weil
Siccome eravamo in sei, abbiamo preso due macchine. — Da wir zu sechst waren, nahmen wir zwei Autos.

visto che — da; weil
Visto che è già tardi, direi che è meglio partire domani. — Da es schon spät ist, würde ich sagen, daß wir besser morgen abreisen.

Präpositionen

a — nach; in; an; zu *(örtlich)*; um *(Uhrzeit)*
A che ora ci vediamo? – Quando vuoi, fino alle nove mi trovi ancora a casa. — Um wieviel Uhr sehen wir uns? – Wann du willst; ich bin bis um neun Uhr noch zu Hause.

a causa di — wegen
Non siamo più usciti a causa del cattivo tempo. — Wegen des schlechten Wetters sind wir nicht mehr ausgegangen.

con — mit; bei
Con questo tempo è meglio se non usciamo. — Bei diesem Wetter ist es besser, wenn wir nicht ausgehen.

contro — gegen
Il bambino ha battuto la testa contro il muro e si è fatto male. — Das Kind ist mit dem Kopf gegen die Mauer gestoßen und hat sich weh getan.

da	von; bei
Sono appena arrivata da Perugia e devo andare subito a Siena.	Ich bin gerade aus Perugia angekommen und muß sofort nach Siena.
Perché non vieni da me?	Warum kommst du nicht zu mir?
di	von; aus
Di chi è questo libro? – E' di Luigi, mi ha detto di darlo a te.	Wem gehört dieses Buch? – Es gehört Luigi; er hat mir gesagt, ich solle es dir geben.
durante	während
in	in; nach
Quando andate in Italia? – Siamo stati in Italia due settimane fa.	Wann fahrt ihr nach Italien? – Wir waren vor zwei Wochen in Italien!
in fondo a	ganz unten; ganz hinten
La piazza si trova in fondo a questa strada.	Die Piazza liegt ganz am Ende dieser Straße.
invece di	statt
Perché non lavori, invece di star senza far niente!	Warum arbeitest du nicht, statt zu faulenzen!
malgrado	trotz
Perché lo difendi malgrado tutto quello che ha fatto?	Warum verteidigst du ihn trotz allem, was er getan hat?
nonostante	trotz
Nonostante il tuo ritardo, abbiamo fatto in tempo lo stesso.	Trotz deiner Verspätung sind wir noch rechtzeitig angekommen.
oltre a	außer
Chi c'era, oltre alle solite persone?	Wer war noch da außer den üblichen Leuten?
per	nach; wegen; für; quer durch
Giovanni parte per Roma domani. Deve andarci per un processo e spero che vada tutto bene per lui.	Giovanni reist morgen nach Rom ab. Er muß wegen eines Prozesses dorthin, und ich hoffe, daß alles gut für ihn läuft.
presso	bei
Trascorro le ferie presso la famiglia Covi.	Ich verbringe den Urlaub bei der Familie Covi.
salvo	außer
E' aperto tutti i giorni, salvo il lunedì.	Es ist jeden Tag geöffnet, außer Montag.
secondo	gemäß; nach
Secondo me, dovresti lavorare meno.	Meiner Ansicht nach solltest du weniger arbeiten!
senza	ohne
Questo palazzo è senza dubbio il più antico della città.	Zweifellos ist das der älteste Palazzo der Stadt.

sino a, fino a	bis
Resteremo in Italia fino (sino) ad ottobre.	Wir bleiben bis Oktober in Italien.
Fin (sin) dove vuoi arrivare?	Wie weit willst du kommen?
su	auf; über
Puoi mettere la borsa sul tavolo.	Du kannst die Tasche auf den Tisch legen.
Ho letto un bellissimo libro sulla Calabria.	Ich habe ein wunderschönes Buch über Kalabrien gelesen.
tra, fra	zwischen; in
Fra (tra) due ore circa saremo a casa.	In zwei Stunden etwa werden wir zu Hause sein.
Tra (fra) me e te c'è una differenza d'età di otto anni.	Zwischen uns beiden besteht ein Altersunterschied von acht Jahren.
tramite	mittels

Adverbien und adverbiale Ausdrücke

altrettanto	gleichfalls
Buon appetito! – Grazie altrettanto!	Guten Appetit! – Danke, gleichfalls!
appena	kaum; gerade
Siamo appena arrivati da Bari.	Wir sind gerade aus Bari angekommen.
appunto	genau; eben
Appunto, le cose non sono cambiate.	Eben, die Lage hat sich nicht geändert.
a proposito	a propos
cioè	das heißt; nämlich
comunque	jedenfalls
Va bene, domani proviamo di nuovo comunque.	In Ordnung, morgen machen wir jedenfalls einen neuen Versuch!
così	so
Sei proprio così stanco?	Bist du tatsächlich so müde?
di nuovo	erneut
di solito	üblicherweise
dunque	also
in genere	im allgemeinen

in ogni caso	auf jeden Fall
Ti telefonerò in ogni caso, va bene?	Ich werde dich auf jeden Fall anrufen, in Ordnung?
invano	umsonst
Ma allora abbiamo fatto tutta questa strada invano!	Dann haben wir also den ganzen Weg umsonst gemacht!
invece	jedoch
Credevo di essere pratico, invece mi sono sbagliato e non riusciamo più ad arrivare lì.	Ich glaubte, mich auszukennen, aber ich habe mich geirrt, und wir schaffen es nicht mehr hinzukommen.
meno male	zum Glück
perciò	deshalb
Non ho tempo, perciò non vengo.	Ich habe keine Zeit, deshalb komme ich nicht.
più	mehr
Devi lavorare con più concentrazione!	Du mußt konzentrierter arbeiten!
piuttosto	eher
proprio	tatsächlich; wirklich
Sei proprio stupida!	Du bist wirklich dumm!
quindi	also; dann
tuttavia	jedenfalls
veramente	wirklich

ad un tratto	plötzlich
anzi	mehr noch; im Gegenteil
Non è tardi, anzi è ancora presto!	Es ist nicht spät, im Gegenteil, es ist noch früh!
caso mai	gegebenenfalls
di nascosto	heimlich
Perché fai le cose di nascosto?	Warum tust du die Dinge heimlich?
eppure	und dennoch
"Eppure si muove", ha detto Galileo, ed aveva ragione!	"Und sie bewegt sich doch", sagte Galilei zu Recht.
in ogni modo, ad ogni modo	auf jeden Fall; wie dem auch sein
Ad ogni modo io glielo dico di nuovo, poi vedremo.	Ich sage es ihm auf jeden Fall noch einmal, dann sehen wir weiter.
lo stesso	trotzdem
Vedrai che non capirà lo stesso.	Du wirst sehen, daß er es trotzdem nicht versteht.

per forza	unbedingt; natürlich
pure Sara vuole che andiamo a casa ed io pure.	auch Sara will, daß wir nach Hause gehen, und ich auch!
senza complimenti	frei heraus; ohne Umstände

Interjektionen

ah! Ah! Come sono felice!	ah Ah! Wie glücklich bin ich!
ah no! Ah no! Così non va!	oh nein! Oh nein, so geht es nicht!
ah sì? Ah sì? Sei sicuro?	ach ja? Ach ja, bist du sicher?
ahi! Ahi! Che male!	au! Au, tut das weh!
basta!	basta!, es reicht!
certo Caspita che bella casa hai! L'hai comprata adesso? – Certo!	gewiß Donnerwetter, hast du ein schönes Haus! Hast du es jetzt erst gekauft? – Sicher!
chissà	wer weiß?
come no! Sei d'accordo? – Come no!	klar doch Bist du einverstanden? – Klar doch!
eccome! Forse vengo anch'io ad abitare in questa zona, chissà! Saresti contento? – Eccome!	und wie! Wer weiß, vielleicht ziehe ich auch in diese Gegend. Würde dich das freuen? – Und wie!
ehi! Ehi! Senti un po'!	he! He, hör mal!
insomma!	letzten Endes; nun ja!
magari Hai vinto al lotto? – Magari.	schön wär's Hast du im Lotto gewonnen? – Schön wär's!
maledizione! Maledizione! Si è fatto di nuovo tardi!	verdammt noch mal! Verdammt noch mal! Es ist schon wieder spät geworden!

oh	ach
Oh! Insomma. Adesso basta!	Also, nun reicht's aber!
beh	nun?, und?
Beh! Cosa ha detto Mauro?	Nun, was hat Mauro gemeint?
cạspita	Donnerwetter
guai	wehe
Se non stai zitto, guai!	Wehe, wenn du nicht den Mund hältst!
mah	tja
Mah, cosa vuoi che ti dica!	Tja, was soll ich dazu sagen!

Idiomatische Ausdrücke

ạcqua in bocca	kein Wort darüber
Ora ti racconto un segreto, ma acqua in bocca!	Ich erzähle dir jetzt ein Geheimnis, aber kein Wort darüber!
alzare il gọmito	einen trinken
Non ti pare che stai alzando il gomito un po' troppo!	Meinst du nicht, daß du ein bißchen zuviel trinkst?
ammazzare il tempo	die Zeit totschlagen
Cosa si potrebbe fare per ammazzare il tempo?	Was könnten wir tun, um die Zeit totzuschlagen?
avere l'ạcqua fino alla gola	das Wasser bis zum Hals stehen haben
Credo che le cose gli vadano male e che abbia l'acqua fino alla gola.	Ich glaube, daß er schlecht dran ist, und ihm das Wasser bis zum Hals steht.
bisogna	es ist nötig; man muß
Domandiamo se bisogna prenotare i posti?	Fragen wir lieber, ob man die Plätze vorbestellen muß.
chiaro e tondo	klar und deutlich
Te l'ho detto chiaro e tondo diverse volte!	Ich habe es dir schon mehrfach klar und deutlich gesagt!
ci vuole	man braucht *(Singular)*
Quanto tempo ci vuole per andare in Sardegna?	Wie lange dauert die Reise nach Sardinien?
ci vọgliono	man braucht *(Plural)*
Ci vogliono otto ore circa.	Man braucht etwa acht Stunden.

combinare	anstellen
Ma che diavolo stai combinando? Ne combini proprio di cotte e di crude.	Was treibst du da, zum Teufel? Du stellst wirklich die tollsten Sachen an!
conviene	es empfiehlt sich
Ormai non conviene più aspettare.	Es hat jetzt keinen Sinn mehr zu warten
dare nell'occhio	ins Auge fallen, auffällig sein
Non mi piace quel vestito, dà troppo nell'occhio.	Dieses Kleid gefällt mir nicht, es ist ein bißchen arg auffällig.
dare importanza	Bedeutung beimessen
Perché dai tanta importanza a queste cose?	Warum mißt du diesen Dingen soviel Bedeutung bei?
dipende	(das) kommt drauf an
ẹssere in gamba	auf Draht sein
Bravo, sei proprio in gamba!	Bravo, du bist wirklich auf Draht!
fare bella figura	einen guten Eindruck machen, eine gute Figur abgeben
fare brutta figura	eine schlechte Figur abgeben
far(e) finta di	so tun als ob
Non fare finta di non capire!	Tu nicht so, als ob du nicht verstündest.
importa	es ist wichtig
Non importa, telefoniamo dopo.	Macht nichts, wir rufen später an.
in bocca al lupo	toi, toi, toi
Domani hai gli esami? In bocca al lupo!	Morgen ist deine Prüfung? Toi, toi, toi!
lasciar pẹrdere	es (gut) sein lassen
Non discutiamo più, lasciamo perdere.	Komm, laß gut sein, wir diskutieren nicht weiter!
mẹttere il naso	seine Nase hineinstecken
Ma è possibile che tu debba mettere il naso dappertutto?	Mußt du denn deine Nase überall hineinstecken?
non vedere l'ora	es nicht abwarten können
Non vedo l'ora di andare in ferie.	Ich kann es kaum erwarten, in Urlaub zu fahren.
prẹndere in giro	auf den Arm nehmen
Ma tu ci prendi in giro!	Du nimmst uns wohl auf den Arm!
promẹttere mari e monti	das Blaue vom Himmel versprechen
Prometti sempre mari e monti, e poi non fai mai niente.	Du versprichst immer das Blaue vom Himmel herunter, und dann tust du nichts.

restare a bocca asciutta	in die Röhre schauen; leer ausgehen
Giulio sperava tanto di avere quel posto ed è restato a bocca asciutta.	Giulio hat so sehr auf diesen Posten gehofft, und jetzt schaut er in die Röhre.
serve	brauchen *(Singular)*
Cosa ti serve?	Was brauchst du?
sẹrvono	brauchen *(Plural)*
Mi servono due matite ed un quaderno.	Ich brauche zwei Stifte und ein Heft.
si capisce!	das vesteht sich von selbst!
tirar avanti	sich so durchschlagen
Come va? – Si tira avanti.	Wie geht es? – Man schlägt sich so durch.
toccare a	dran sein
A chi tocca? – Tocca a voi.	Wer ist an der Reihe? – Ihr seid dran.
la **vịa d'uscita**	Ausweg
Mi dispiace, ma non vedo altra via d'uscita.	Tut mir leid, aber ich sehe keinen anderen Ausweg.
la **vịa di scampo**	Ausweg
Bisogna lavorare, non c'è via di scampo!	Uns bleibt kein Ausweg, jetzt heißt es arbeiten!

aver le carte in rẹgola	alle Papiere in Ordnung haben; gute Karten haben
Lucio ha tutte le carte in regola per ottenere quel posto.	Lucio erfüllt alle Voraussetzungen, um diesen Posten zu bekommen.
avere le mani bucate	mit Geld nicht umgehen können
Ma tua figlia è sempre senza soldi, ha proprio le mani bucate!	Aber deine Tochter ist immer blank, ihr rinnt das Geld buchstäblich durch die Finger.
avere un diạvolo per capello	fuchsteufelswild sein
Oggi è meglio non parlargli, ha un diavolo per capello.	Heute spricht man besser nicht mit ihm, er ist fuchsteufelswild.
cọgliere al volo	aufschnappen
Senti questa, l'ho colta al volo mentre aspettavo il tram.	Hör dir das an, ich habe es aufgeschnappt, als ich auf die Straßenbahn wartete.
cọgliere la palla al balzo	die Gelegenheit beim Schopf packen
Giorgio è stato furbo, ha colto subito la palla al balzo.	Giorgio war schlau genug, die Gelegenheit beim Schopf zu packen.

dai!	los!
Dai, muovetevi!	Los, bewegt euch!
essere al verde	abgebrannt sein; kein Geld mehr haben
Stasera non si esce, siamo tutti al verde!	Heute abend wird es nichts mit dem Ausgehen, wir sind alle abgebrannt.
molto fumo e poco arrosto	viel Lärm um nichts
Questa è la classica storia con molto fumo e poco arrosto.	Dies ist ein klassisches Beispiel für viel Lärm um nichts.
non c'è due senza tre	aller guten Dinge sind drei
piangere lacrime di coccodrillo	Krokodilstränen weinen
E' inutile che piangi, le tue sono lacrime di coccodrillo.	Du brauchst gar nicht zu weinen; das sind doch nur Krokodilstränen.
rimanere a bocca aperta	ganz verdutzt sein
Quando l'ho sentito sono rimasto a bocca aperta.	Als ich das hörte, war ich völlig verdutzt.
senza mezzi termini	mit aller Deutlichkeit; ohne ein Blatt vor den Mund zu nehmen
Adesso glielo spiego io senza mezzi termini!	Jetzt sage ich es ihm in aller Deutlichkeit!
tagliare la corda	sich aus dem Staub machen
Non vorrai mica tagliare la corda proprio ora!	Du willst dich doch nicht gerade jetzt aus dem Staub machen!
tocca ferro!	unberufen; toi, toi, toi
togliere il disturbo	nicht mehr länger stören wollen und gehen
Le tolgo subito il disturbo, signora, vorrei dire solo due parole.	Ich gehe gleich wieder, meine Dame, ich bitte nur für einen Moment um Ihre Aufmerksamkeit.
venire al sodo	zur Sache kommen
Basta con le chiacchiere, veniamo al sodo!	Schluß mit dem Geschwätz, kommen wir zur Sache!
la **via di mezzo**	Mittelweg; Ausweg
Bisognerebbe trovare una via di mezzo più sicura.	Man müßte einen weniger riskanten Ausweg finden.
vivere alla giornata	in den Tag hineinleben
Non è nel mio carattere vivere alla giornata.	Es entspricht nicht meinem Charakter, in den Tag hineinzuleben.
vivere di pane ed acqua	von Luft und Liebe leben

Verneinung

non	nicht
non ... più	nicht mehr
Perché non vai più a lezione? – Perché non ho tempo.	Warum gehst du nicht mehr zum Unterricht? – Weil ich keine Zeit habe.
non ... mai	niemals
non ... mai più	nie mehr
Non voglio vederti mai più.	Ich will dich nie mehr sehen.
non ... niente	nichts
non ... più niente	nichts mehr
Non dire più niente, basta così.	Sag nichts mehr, es reicht.
non ... mai niente	nie etwas
Ma tu non capisci proprio mai niente, vero?	Du verstehst aber auch nie etwas!
non ... nulla	nichts
A me non hai detto ancora nulla, come mai?	Wieso hast du mir noch nichts erzählt?
non né ... né	weder ... noch
Non conosco né lui né lei.	Ich kenne weder ihn noch sie.
non ... neanche, non ... nemmeno, non ... neppure	auch nicht; nicht einmal
Non è venuto nessuno, non c'era neanche (nemmeno, neppure) suo padre.	Es ist niemand gekommen; nicht einmal sein Vater war da.
non ... nessuno, a	niemand; keine(r, s)
Cristina non ha visto nessuno e se n'è andata via.	Cristina hat niemanden gesehen und ist weggegangen.
non ... mica	nicht etwa; gar nicht
Non ho mica detto che è colpa tua!	Ich habe doch gar nicht gesagt, es sei deine Schuld!

Sprachliche Terminologie

la **lingua** La lingua italiana è molto musicale.	Sprache Italienisch ist eine sehr musikalische Sprache.
il **significato**	Bedeutung
significare	bedeuten
la **parola** Che cosa significa questa parola?	Wort Was bedeutet dieses Wort?
pronunciare	betonen; aussprechen
la **grammạtica** E' necessario imparare la grammatica.	Grammatik Es ist notwendig, die Grammatik zu lernen.
il **punto** Dopo il punto devi scrivere con la maiuscola.	Punkt Nach dem Punkt mußt du groß weiterschreiben.
la **vịrgola**	Komma
l'**accento**	Akzent
il **verbo** Questo verbo è regolare o no?	Verb, Tätigkeitswort Ist dieses Verb regelmäßig oder nicht?
regolare	regelmäßig
il **presente**	Präsens, Gegenwart
l'**imperfetto** L'imperfetto dei verbi italiani è sempre regolare.	Imperfekt Das Imperfekt der italienischen Verben ist immer regelmäßig.
il **sostantivo** I sostantivi italiani possono avere solo il genere maschile o quello femminile.	Substantiv, Hauptwort Im Italienischen gibt es nur männliche und weibliche Substantive.
maschile	maskulin; männlich
femminile	feminin, weiblich
nẹutro Infatti il neutro non esiste.	sächlich Ein Neutrum kommt in der Tat nicht vor.
il **singolare**	Singular, Einzahl
il **plurale**	Plural, Mehrzahl
irregolare	unregelmäßig

il **pronome** In italiano alcuni pronomi possono formare una parola sola con il verbo.	Pronomen, Fürwort Bestimmte Pronomina können im Italienischen mit dem Verb zu einer einzigen Form zusammenwachsen.
l'**aggettivo**	Adjektiv, Eigenschaftswort
il **termine**	Begriff
l'**ortografia** In questo tema ci sono molti errori di ortografia.	Rechtschreibung In diesem Aufsatz sind viele Rechtschreibefehler.
il **punto e virgola** Qui scriverei punto e virgola al posto di due punti.	Strichpunkt Hier würde ich statt des Doppelpunktes einen Strichpunkt setzen.
i **due punti** *pl*	Doppelpunkt
le **virgolette** *pl*	Anführungszeichen
la **parentesi** Devo scrivere questa frase fra parentesi?	Klammer Muß ich diesen Satz in Klammern setzen?
il **punto interrogativo**	Fragezeichen
il **punto esclamativo**	Ausrufezeichen
la **maiuscola**	Großbuchstabe
la **minuscola**	Kleinbuchstabe
il **genere**	Genus, Geschlecht
il **caso**	Fall
coniugare Sto imparando a coniugare i verbi irregolari.	konjugieren; beugen Ich lerne gerade die Konjugation der unregelmäßigen Verben.
il **participio** Vedere ha due participi passati: visto e veduto.	Partizip, Mittelwort "Vedere" hat zwei unterschiedliche Formen des Partizip Perfekt.
l'**avverbio** Attenzione: bene è avverbio, buono è aggettivo.	Adverb, Umstandswort Achtung! "Bene" ist Adverb, "buono" Adjektiv.
la **preposizione**	Präposition, Verhältniswort
la **congiunzione**	Konjunktion, Bindewort
il **soggetto** Qual'è il soggetto di questa frase?	Subjekt, Satzgegenstand Was ist das Subjekt dieses Satzes?
il **complemento**	Objekt, Ergänzung

andare	gehen; laufen; fahren; funktionieren
Oggi vado a piedi in ufficio.	Heute gehe ich zu Fuß ins Büro.
E tu, vai in macchina?	Und du, fährst du mit dem Auto?
La macchina è rotta non va più.	Das Auto ist kaputt, es funktioniert nicht mehr.
No, no, va scritto oggi!	Nein, nein, es muß heute noch geschrieben werden.
avere	haben; besitzen
Ho molta pazienza.	Ich habe viel Geduld.
Avete una casa in campagna?	Besitzt ihr ein Haus auf dem Lande?
Ne abbiamo fin sopra i capelli di voi.	Wir haben die Nase voll von euch.
Se ne hai ancora per tre ore, ti aspetto a casa.	Wenn du noch drei Stunden zu tun hast, warte ich zu Hause auf dich.
Marianna ha molto del padre, non trovi?	Marianna hat viel von ihrem Vater, findest du nicht?
Devono avere ancora un milione dal comune.	Sie haben noch eine Million von der Gemeinde gut.
Non possono venire, hanno da finire un lavoro per stasera.	Sie können nicht kommen, sie müssen bis heute abend noch eine Arbeit fertigmachen.
Penso che abbia più o meno trent'anni.	Ich denke, daß er so um die dreißig ist.
continuare	fortsetzen; fortfahren; fortdauern
Continui pure il suo lavoro, non c'è fretta.	Arbeiten Sie nur weiter, wir haben es nicht eilig.
Continua a ripetermi sempre la solita storia.	Er wiederholt mir ständig die gleiche Geschichte.
Prima girate a sinistra, poi continuate fino al prossimo semaforo.	Zuerst biegt ihr links ab, dann fahrt ihr weiter bis zur nächsten Ampel.
Il loro amore continua da anni.	Ihre Liebe währt schon seit Jahren.
dovere	müssen; sollen; schulden; verdanken
Devi assolutamente venire.	Du mußt unbedingt kommen!
Vorrei pagare, quanto Le devo?	Ich möchte bezahlen, wieviel schulde ich Ihnen?
Non si devono fare queste cose senza prima pensarci bene.	Diese Dinge sollte man nicht tun, ohne sie vorher gut zu überdenken.
Ormai il bambino dovrebbe essere stanco, non pensi?	Das Kind müßte inzwischen müde sein, meinst du nicht auch?
Gli devo molto, ho sempre potuto contare su di lui.	Ich verdanke ihm viel; ich konnte immer auf ihn zählen.

essere	sein; sich befinden
Dove siete?	Wo seid ihr?
Siamo stati in città.	Wir waren in der Stadt.
Sarà quel che sarà.	Sei es wie es sei!
Sarai anche tu dei nostri domani?	Bist du morgen auch mit dabei?
C'era una volta una bambina che si chiamava Cappuccetto Rosso.	Es war einmal ein kleines Mädchen mit Namen Rotkäppchen.
Vorrei pagare, quant'è?	Ich möchte bitte zahlen, wieviel macht es?
Magda non è più in buone condizioni.	Magda ist nicht mehr gut dran.
E' già stato scritto l'ultimo capitolo?	Ist das letzte Kapitel schon geschrieben worden?
fare	tun; machen; veranlassen
Cosa fate oggi?	Was macht ihr heute?
Sono disperati, non sanno più cosa fare.	Sie sind verzweifelt, sie wissen nicht mehr, wie es weiter gehen soll.
Chi farà da testimone alle vostre nozze?	Wer sind eure Trauzeugen?
Sia fatta la tua volontà!	Dein Wille geschehe!
Voglio farmi fare un vestito nuovo.	Ich will mir ein neues Kleid machen lassen.
Fatemi vedere cosa avete comprato.	Zeigt mir, was ihr gekauft habt.
Dieci per tre fa trenta.	Zehn mal drei ist dreißig.
Quanti abitanti fa Roma?	Wie viele Einwohner hat Rom?
Dobbiamo fare in modo di arrivare puntuali.	Wir müssen dafür sorgen, daß wir pünktlich ankommen.
Vedo che anche Isabella si è fatta furba.	Wie ich sehe, ist auch Isabella schlau geworden.
Queste storie mi fanno ridere/piangere.	Diese Geschichten bringen mich zum Lachen/Weinen.
Hanno fatto la fame per lungo tempo.	Sie litten lange Zeit Hunger.
E' ora di farla finita.	Es ist Zeit, Schluß zu machen.
Partiremo sul far del giorno.	Wir reisen bei Tagesanbruch ab.

finire ‹finisco›	(be)enden; aufhören
Hai già finito di fare i compiti?	Bist du schon fertig mit den Hausaufgaben?
Finisco il lavoro e vengo.	Ich mache die Arbeit zu Ende und komme dann.
Se continuate così, finirete male.	Wenn ihr so weitermacht, wird es ein böses Ende mit euch nehmen.
Scendi da lì, finisci col cadere.	Geh dort runter, sonst fällst du am Ende noch hin!
Abbiamo finito il pane, chi va a comprarlo?	Unser Brot ist alle; wer geht welches kaufen?
Ma finiscila!	Hör doch auf damit!
Dove è andata a finire la mia borsa?	Wo ist nur meine Tasche hingekommen?
guardare	ansehen; (hin)sehen; betrachten; behüten; achtgeben
Guardiamo il film in TV stasera, o usciamo?	Sehen wir uns heute abend den Film im Fernsehen an, oder gehen wir aus?
Guarda che bello!	Oh wie schön!
Guardi tu i bambini mentre io sono fuori?	Paßt du auf die Kinder auf, während ich draußen bin?
Guarda, guarda!	Sieh nur, sieh nur!
Quando è in servizio non guarda in faccia nessuno.	Wenn er im Dienst ist, versteht er keinen Spaß.
Guardate di imparare bene la lezione!	Seht zu, daß ihr eure Lektion gut lernt!
importare	wichtig sein; eine Rolle spielen
Se facciamo tardi, non importa.	Es spielt keine Rolle, wenn wir uns verspäten.
A me questo lavoro importa molto, ed a te?	Mir ist diese Arbeit sehr wichtig, und dir?
A voi cosa importa? Ci penseranno loro.	Was kümmert es euch? Sie werden sich darum kümmern.
incominciare	beginnen, anfangen
Incominci tu, o incomincio io?	Fängst du an, oder soll ich anfangen?
Abbiamo incominciato il lavoro già ieri.	Wir haben schon gestern mit der Arbeit angefangen.
interessare	interessieren; betreffen; angehen; beteiligen
Questo discorso mi interessa molto.	Diese Rede interessiert mich sehr.
Scusa, a te cosa interessano queste cose?	Entschuldige mal, was gehen denn dich diese Dinge an?
Fate come volete, a me non interessa.	Macht, was ihr wollt, mich interessiert es nicht.

Dobbiamo cercare di interessare anche gli altri.	Wir müssen versuchen, auch die anderen zu beteiligen.
lasciare	(zu)lassen; loslassen; zurücklassen; hinterlassen; verlassen; weglassen
Dove hai lasciato la tua borsa?	Wo hast du deine Tasche gelassen?
Ada lo ha lasciato dopo tre anni che erano insieme.	Ada hat ihn verlassen, nachdem sie drei Jahre lang zusammen waren.
Lascia fare a me!	Überlaß mir das!
Ho lasciato la casa ai miei figli e sono andata ad abitare in campagna.	Ich habe meinen Söhnen das Haus überlassen und bin aufs Land gezogen.
Stiamo zitti, lasciamolo parlare.	Ruhig! Lassen wir ihn reden!
E' meglio che lasciamo un biglietto.	Wir sollten besser eine Nachricht hinterlassen.
mẹttere	setzen; stellen; legen; anziehen; voraussetzen; annehmen
Mettete i fiori sul tavolo.	Stellt die Blumen auf den Tisch!
Che vestito metto?	Was für ein Kleid soll ich anziehen?
E' ora che ti metti a lavorare.	Es ist Zeit, daß du dich an die Arbeit machst!
Mettiamo che alle cinque non sia ancora arrivato, cosa facciamo allora?	Nehmen wir einmal an, er ist um fünf noch nicht da; was machen wir dann?
Metto il cappello ed esco.	Ich setze den Hut auf und gehe.
Mẹttila come vuoi, la sostanza non cambia.	Du kannst es drehen und wenden, wie du willst, im Grunde ändert sich nichts.
porre	setzen; stellen; legen
Dove hai posto i libri che ti ho dato?	Wohin hast du die Bücher gelegt, die ich dir gegeben habe?
Come poniamo il problema?	Wie sollen wir das Problem anpacken?
In questo momento non pọngono in atto nessun progetto.	Zur Zeit wird kein Projekt verwirklicht.
Pose i piedi sullo scalino senza fare attenzione e cadde.	Er hat nicht aufgepaßt, als er die Stufe betrat, und ist hingefallen.
Queste sono domande che non si pọngono.	Diese Fragen stellen sich nicht.
potere	können; dürfen
Non posso venire.	Ich kann nicht kommen.
Possiamo entrare?	Dürfen wir eintreten?
Che tu possa avere tutta la felicità che meriti!	Möge dir das Glück zuteil werden, das du verdienst!
Non ne potẹvano più e sono andati via.	Sie konnten nicht mehr und sind weggegangen.

rendere	zurückgeben; zurückerstatten; wiedergeben; machen; sich rentieren
Devo renderti i dischi che mi hai prestato.	Ich muß dir die Schallplatten zurückgeben, die du mir geliehen hast.
Con il vostro regalo lo avete reso molto felice.	Mit eurem Geschenk habt ihr ihn sehr glücklich gemacht.
Rendiamo grazie a chi ci ha aiutati.	Wir statten denen unseren Dank ab, die uns geholfen haben.
Non devi rendere conto di niente a nessuno.	Du bist niemandem Rechenschaft schuldig.
Non riesco a rendermi conto di questo problema.	Ich werde mir nicht klar über dieses Problem.
Rende bene il vostro lavoro?	Ist eure Arbeit einträglich?
sentire	fühlen; hören; empfinden; riechen; ahnen
Sentite freddo?	Ist euch kalt?
Abbiamo sentito musica fino a mezzanotte.	Wir haben bis Mitternacht Musik gehört.
Fammi sentire quel profumo.	Laß mich an diesem Parfüm riechen.
Come ti senti?	Wie fühlst du dich?
Senta come è morbida la seta!	Fühlen Sie nur, wie weich die Seide ist!
Hai sentito se manca il sale?	Hast du gemerkt, daß Salz fehlt?
Sentiamo tutti un grande affetto per voi.	Wir empfinden alle große Zuneigung zu euch.
stare	sein; sich befinden; stehen
Ciao, come stai?	Hallo, wie geht es dir?
Stiamo ancora a Roma, ma ci trasferiremo presto.	Wir sind noch in Rom, aber wir ziehen bald um.
Perché state in piedi, non è meglio stare seduti?	Warum bleibt ihr stehen, wäre es nicht bequemer zu sitzen?
Dove sta il vino in questa cucina?	Wo befindet sich in dieser Küche der Wein?
Il suo problema sta nel fatto che non trova lavoro.	Sein Problem besteht darin, daß er keine Arbeit findet.
Quanto tempo starai da tuo cugino?	Wie lange wirst du dich bei deinem Vetter aufhalten?
Spiegatemi come stanno le cose.	Erklärt mir, wie die Dinge liegen.
Sta due a zero per la nostra squadra.	Es steht 2:0 für unsere Mannschaft.
Cosa stavi facendo quando ti ho telefonato?	Womit warst du gerade beschäftigt, als ich dich anrief?
Stavamo per uscire, ma abbiamo preferito aspettarvi.	Wir waren im Begriff wegzugehen, haben dann aber lieber auf euch gewartet.

venire	(an)kommen
A che ora viene di solito il postino?	Um wieviel Uhr kommt normalerweise der Briefträger?
Verrà scritto domani.	Es wird morgen geschrieben.
Ieri ho mangiato troppe ciliege e mi è venuto mal di pancia.	Gestern habe ich zu viele Kirschen gegessen und habe davon Bauchschmerzen bekommen.
volere	wollen; mögen; verlangen
Vuoi un caffè?	Willst du einen Kaffee?
Vorremmo partire adesso, se non vi dispiace.	Wir möchten jetzt aufbrechen, wenn ihr nichts dagegen habt.
Voglia Dio che questa tempesta finisca.	Gebe Gott, daß dieser Sturm zu Ende geht!
Queste piante vogliono molta acqua.	Diese Pflanzen brauchen viel Wasser.
Sembra che voglia piovere.	Es sieht nach Regen aus.
Francesco, ti vuole tua madre.	Francesco, deine Mutter verlangt nach dir.
Vuoi vedere che quelli non vengono più!	Du wirst sehen, die kommen nicht mehr!
Secondo noi queste parole non vogliono dire niente.	Unserer Ansicht nach besagen diese Worte gar nichts.
E allora? Che vuol dire?	Na und? Was heißt das?
Ci vogliamo molto bene e desideriamo stare insieme.	Wir haben uns sehr gern und wollen zusammen bleiben.

capitare	hingeraten; vorkommen; passieren
Se capitate dalle mie parti, venite a trovarmi.	Wenn es euch in meine Gegend verschlägt, kommt mich besuchen!
Non ti arrabbiare, sono cose che capitano.	Ärgere dich nicht, solche Dinge kommen vor!
Mi è capitato per caso di incontrarlo in città.	Ich habe ihn zufällig in der Stadt getroffen.
comportare	mit sich bringen; gestatten
L'impegno che abbiamo preso comporta una grande responsabilità.	Die Verpflichtung, die wir übernommen haben, bringt eine große Verantwortung mit sich.
effettuare	ausführen; durchführen; verwirklichen
Abbiamo effettuato uno scambio tra studenti di diverse scuole.	Wir haben einen Schüleraustausch zwischen verschiedenen Schulen organisiert.

levare	(auf)heben; wegnehmen; entfernen; einziehen, ausheben
Non riesco a levare un braccio.	Ich kann den einen Arm nicht heben.
Leva le mani dalle tasche!	Nimm die Hände aus den Taschen!
Mi hai proprio levato le parole di bocca.	Du hast mir das Wort aus dem Mund genommen.
Levạtevi di mezzo, per favore!	Verschwindet bitte von hier!
smẹttere	aufhören; ablegen
Smetti di piangere, il male è passato.	Hör auf zu weinen, es tut doch nicht mehr weh!
Smettẹtela, adesso basta!	Hört jetzt auf, es reicht!
tẹndere	(aus)spannen; reichen; tendieren; (an)streben
Tendiamo di più la corda.	Ziehen wir das Seil strammer!
Verso chi tendi tu?	Zu wem tendierst du?
Vorremmo un colore che tendesse di più al verde.	Wir möchten eine Farbe, die eher ins Grün schattiert.
Tutti tẹndono al successo.	Alle streben den Erfolg an.

Grammatikanhang

Gebrauch des Artikels

	Bestimmter Artikel	Unbestimmter Artikel
Singular		
maskulin	il treno (vor Konsonant allgemein)	un treno
	lo zio (vor *z*)	uno zio
	lo studente (vor gedecktem *s*)	etc.
	lo psicologo (vor *ps*)	
	lo yogurt (vor *y*)	
	lo iodo (vor *i* + Vokal)	
	lo gnomo (vor *gn*)	
	lo xeno (vor *x*)	
	l'amico (vor Vokal)	un amico
feminin	la stanza (vor Konsonant)	una stanza
	l'amica (vor Vokal)	un'amica

Plural	il	→ i	i treni	
	lo	→ gli	gli studenti	
	l'	→ gli	gli amici	
	la	→ le	le stanze	
	l'	→ le	le amiche	

Präposition und Artikel

	a	**da**	**di**	**in**	**su**	**con**
il	al	dal	del	nel	sul	col
lo	allo	dallo	dello	nello	sullo	collo
la	alla	dalla	della	nella	sulla	colla
l'	all'	dall'	dell'	nell'	sull'	coll'
i	ai	dai	dei	nei	sui	coi
gli	agli	dagli	degli	negli	sugli	cogli
le	alle	dalle	delle	nelle	sulle	colle

Eine Reihe von Präpositionen wachsen mit dem bestimmten Artikel zu festen Formen zusammen. Analog verhalten sich „quello" und „bello" in Artikelposition.
Bei *con* hat sich in der modernen Alltagssprache die getrennte Form durchgesetzt.

Personal- und Reflexivpronomen

Unbetonte Formen

	Nomativ	Dativ-Personalpronomen	Dat. + Akk. Personal- und Reflexivpronomen	Akkusativ-Personalpronomen
ich	io		mi	
du	tu		ti	
er	lui	gli		lo
sie	lei	le	si	la
Sie	Lei	Le		La
wir	noi		ci	
ihr	voi		vi	
sie	loro	loro *od.* gli		li *(maskulin)*
			si	le *(feminin)*
Sie	Loro	Loro *od.* Vi		Li *(maskulin)*
				Le *(feminin)*

Die unbetonten Formen im Dativ und Akkusativ stehen normalerweise vor dem konjugierten Verb. Sie werden jedoch an den Infinitiv, das Gerundium, an ecco sowie an die meisten Imperativformen angehängt. Der Dativ **loro** steht immer hinter dem Prädikat.
Im Nominativ der 3. Person Singular und Plural existieren zusätzlich **egli** (= lui), **ella** (= lei) sowie **esso, essa, essi** und **esse,** wobei letztere vorwiegend auf Sachbezug beschränkt sind.

Kombinierte Formen

+ lo, la, li, le

mi	me lo
ti	te lo
si	se lo
gli	glielo
le	
ci	ce lo
vi	ve lo
si	se lo
loro	

Die Dativform **loro** ist nicht kombinationsfähig.

Betonte Formen

Dativ		Akkusativ	
a me		me	
a te		te	
a lui	→ a sé*	lui	→ sé*
a lei	→ a sé*	lei	→ sé*
a Lei	→ a sé*	Lei	→ sé*
a noi		noi	
a voi		voi	
a loro	→ a sé*	loro	→ sé*
a Loro	→ a sé*	Loro	→ sé*

* rückbezüglicher Gebrauch

Analog zum Dativ werden die „betonten Formen" des Personalpronomens auch in Verbindung mit Präpositionen gebraucht, z. B. *a me = con me, per me* etc.

Stellung: Die betonten Dativ- und Akkusativformen stehen immer in Objektposition, d. h.: hinter dem Prädikat.

Possessivpronomen

Das italienische Possessivpronomen verhält sich grammatikalisch wie ein Adjektiv:

a) Es steht normalerweise vor, bei besonderer Betonung hinter dem Bezugswort;
b) es steht normalerweise mit Artikel;
c) es richtet sich in Geschlecht und Zahl nach seinem Bezugswort.

	Mask. Sing.	Mask. Plural	Fem. sing.	Fem. Plural
mein(e)	mio	miei	mia	mie
dein(e)	tuo	tuoi	tua	tue
sein(e) ihr(e)	suo	suoi	sua	sue
Ihr(e)	Suo	Suoi	Sua	Sue
unser(e)	nostro	nostri	nostra	nostre
euer(e)	vostro	vostri	vostra	vostre
ihr(e)	loro	loro	loro	loro
Ihr(e)	Loro	Loro	Loro	Loro

ci/ne

Die Partikel *ci* und *ne* folgen den gleichen Stellungsregeln wie die unbetonten Dativ- und Akkusativformen des Personalpronomens, mit denen sie auch kombiniert werden können.

Beispiele zu den wichtigsten Anwendungspunkten:

ne	**Il vino** è buono.	**Ne** vuoi un bicchiere?
	Compro un chilo **di pane.**	**Ne** compro un chilo.
	Non sei capace **di capire.**	Non **ne** sei capace.
	Senza parlare **delle conseguenze** non possiamo accettare.	Senza prima parlar**ne** non possiamo accettare.

Ne steht für Ergänzungen mit *da* (von... her) und *di*.

ci	Sei già stato **a Roma**?	Sì, **ci** sono già stato.
	Pensa **alla birra**!	Pensa**ci**!
	Vogliamo andare **in Italia** la settimana prossima.	Vogliamo andar**ci** la settimana prossima. (auch: **ci** vogliamo andare...)

Ci steht für Ergänzungen mit *a, in, su* und *a* (bei, zu).

Konjugationsschema der regelmäßigen Verben

Verben auf -are

portare

Indikativ		**Konjunktiv**	
Präsens	**Perfekt**	**Präsens**	**Perfekt**
port**o**	ho portato	port**i**	abbia portato
port**i**	hai portato	port**i**	abbia portato
port**a**	ha portato	port**i**	abbia portato
port**iamo**	abbiamo portato	port**iamo**	abbiamo portato
port**ate**	avete portato	port**iate**	abbiate portato
port**ano**	hanno portato	port**ino**	abbiano portato
Imperfekt	**Plusquamperfekt**	**Imperfekt**	**Plusquamperfekt**
port**avo**	avevo portato	port**assi**	avessi portato
port**avi**	avevi portato	port**assi**	avessi portato
port**ava**	aveva portato	port**asse**	avesse portato
port**avamo**	avevamo portato	port**assimo**	avessimo portato
port**avate**	avevate portato	port**aste**	aveste portato
port**avano**	avevano portato	port**assero**	avessero portato

Futur I	**Konditional I**	**Passato remoto**
port**erò**	port**erei**	port**ai**
port**erai**	port**eresti**	port**asti**
port**erà**	port**erebbe**	port**ò** (!)
port**eremo**	port**eremmo**	port**ammo**
port**erete**	port**ereste**	port**aste**
port**eranno**	port**erebbero**	port**arono**

Verben auf -ere

vendere

Indikativ		Konjunktiv	
Präsens	**Perfekt**	**Präsens**	**Perfekt**
vend**o**	ho venduto	vend**a**	abbia venduto
vend**i**	hai venduto	vend**a**	abbia venduto
vend**e**	ha venduto	vend**a**	abbia venduto
vend**iamo**	abbiamo venduto	vend**iamo**	abbiamo venduto
vend**ete**	avete venduto	vend**iate**	abbiate venduto
vend**ono**	hanno venduto	vend**ano**	abbiano venduto
Imperfekt	**Plusquamperfekt**	**Imperfekt**	**Plusquamperfekt**
vend**evo**	avevo venduto	vend**essi**	avessi venduto
vend**evi**	avevi venduto	vend**essi**	avessi venduto
vend**eva**	aveva venduto	vend**esse**	avesse venduto
vend**evamo**	avevamo venduto	vend**essimo**	avessimo venduto
vend**evate**	avevate venduto	vend**este**	aveste venduto
vend**evano**	avevano venduto	vend**essero**	avessero venduto

Futur I	**Konditional I**	**Passato remoto**
vend**erò**	vend**erei**	vend**ei**
vend**erai**	vend**eresti**	vend**esti**
vend**erà**	vend**erebbe**	vend**è**
vend**eremo**	vend**eremmo**	vend**emmo**
vend**erete**	vend**ereste**	vend**este**
vend**eranno**	vend**erebbero**	vend**erono**

Verben auf -ire

dormire

Indikativ		Konjunktiv	
Präsens	**Perfekt**	**Präsens**	**Perfekt**
dorm**o**	ho dormito	dorm**a**	abbia dormito
dorm**i**	hai dormito	dorm**a**	abbia dormito
dorm**e**	ha dormito	dorm**a**	abbia dormito
dorm**iamo**	abbiamo dormito	dorm**iamo**	abbiamo dormito
dorm**ite**	avete dormito	dorm**iate**	abbiate dormito
dorm**ono**	hanno dormito	dorm**ano**	abbiano dormito
Imperfekt	**Plusquamperfekt**	**Imperfekt**	**Plusquamperfekt**
dormi**vo**	avevo dormito	dorm**issi**	avessi dormito
dorm**ivi**	avevi dormito	dorm**issi**	avessi dormito
dorm**iva**	aveva dormito	dorm**isse**	avesse dormito
dorm**ivamo**	avevamo dormito	dorm**issimo**	avessimo dormito
dorm**ivate**	avevate dormito	dorm**iste**	aveste dormito
dorm**ivano**	avevano dormito	dorm**issero**	avessero dormito

Futur I	**Konditional I**	**Passato remoto**
dorm**irò**	dorm**irei**	dorm**ii**
dorm**irai**	dorm**iresti**	dorm**isti**
dorm**irà**	dorm**irebbe**	dorm**ì**
dorm**iremo**	dorm**iremmo**	dorm**immo**
dorm**irete**	dorm**ireste**	dorm**iste**
dorm**iranno**	dorm**irebbero**	dorm**irono**

Verben auf -ire mit der Stammerweiterung -isc-

finire

Indikativ
Präsens
fin**isc**o
fin**isc**i
fin**isc**e
finiamo
finite
fin**isc**ono

Besonderheiten bei der Zeitenbildung

1. Präsens Indikativ

Siehe Liste!

2. Präsens Konjunktiv

Unregelmäßige Verben bilden ihren Konjunktiv meist vom Stamm der 1. Person Singular Präsens Indikativ, z. B. venire → veng**o** → veng**a**. Ausnahmen siehe Liste!

3. Imperfekt

Unregelmäßig ist die Imperfektbildung des Hilfsverbs „essere"

Indikativ	**Konjunktiv**
ero	fossi
eri	fossi
era	fosse
eravamo	fossimo
eravate	foste
erano	fossero

Merke:
Verben mit verkürztem Infinitiv rekonstruieren den ursprünglichen lateinischen Stamm:

fare	→ facere	– facevo...
dire	→ dicere	– dicevo...
porre	→ ponere	– ponevo...

4. Zusammengesetzte Zeiten

Mit **avere** werden konjugiert: die transitiven Verben, z. B. *mangiare, portare*

Mit **essere** werden konjugiert:
a) die meisten Verben der Bewegung und des Zustands, z. B. *andare, restare, piacere*
b) die reflexiven oder rückbezüglich gebrauchten Verben, z. B. *sbagliarsi, lavarsi*

Das Partizip Perfekt der mit **avere** konjugierten Verben richtet sich in Geschlecht und Zahl nach einem vorausgehenden Akkusativobjekt.
Bei li, la und le ist die Veränderlichkeit zwingend, ansonsten fakultativ:
li abbiamo vist**i**,
ci hanno vist**o**/vist**i**
Das Partizip Perfekt der mit **essere** konjugierten Verben richtet sich nach dem Subjekt:
Maria è arrivat**a** ieri.

5. Passato remoto

Das „passato remoto" ist die im Italienischen erhaltene Form des lateinischen Perfekts und hat im Deutschen keine Entsprechung. Die regelmäßigen Verben aller drei Kategorien bilden ihr „passato remoto" gleich (siehe Konjugationsliste), wobei die Verben auf -ere eine Sekundärform aufweisen.

vendere	
vend**ei**	[vend**etti**]
vend**esti**	
vend**è**	[vend**ette**]
vend**emmo**	
vend**este**	
vend**erono**	[vend**ettero**]

Während die Verben auf -are und -ire durchweg regelmäßig sind, bilden die meisten Verben auf -ere die 1. und 3. Person Singular sowie die 3. Person Plural mit einem eigenen Perfektstamm. Die übrigen Formen sind regelmäßig, die Endungen der unregelmäßigen Formen sind bei allen Verben gleich.

regelmäßig	unregelmäßig
vendere	**avere**
vend**ei**	ebb**i**
vend**esti**	av**esti**
vend**è**	ebb**e**
vend**emmo**	av**emmo**
vend**este**	av**este**
vend**erono**	ebb**ero**

durchgehend unregelmäßig sind:

essere	**stare**	**dare**
fui	stetti	detti [diedi]
fosti	stesti	desti
fu	stette	dette [diede]
fummo	stemmo	demmo
foste	steste	deste
furono	stettero	dettero [diedero]

6. Futurbildung

a) Das Endungs-a der Verben auf -are wird in ein e umgewandelt.
arrivare – arriverò

b) Das lange e entfällt, während das kurze e sowie das Endungs-i erhalten bleiben:
avere – avrò
prendere – prenderò
finire – finirò

Unregelmäßige Verben siehe Liste!

7. Partizipialbildung

Infinitivendung	**Partizipialendung**
-are	-ato
mangiare	mangiato
-ire	-ito
finire	finito
-ere wird meistens zu	-uto
avere	avuto

Die Endungen vieler Verben auf -ere sind unregelmäßig.

8. Imperativformen

	tu	lei	noi	voi	loro
avere	abbi	abbia	abbiamo	abbiate	abbiano
essere	sii	sia	siamo	siate	siano
portare	porta	porti	portiamo	portate	portino
vendere	vendi	venda	vendiamo	vendete	vendano
dormire	dormi	dorma	dormiamo	dormite	dormano
finire	finisci	finisca	finiamo	finite	finiscano

Die Verneinung des Imperativs der 2. Person Singular erfolgt mit Hilfe des Infinitivs:
Dormi bene! – **Non dormire** adesso!

9. Besonderheiten der Schreibweise

Alle Verben der Endung **-are**, deren Stamm auf c oder g endet, fügen vor *hellen Vokalen* (i, e) zur Erhaltung der Aussprache ein h ein:
pagare – pag**h**iamo, pag**h**i, pag**h**erò
mancare – manc**h**iamo, manc**h**i, manc**h**erò

Bei Verben auf **-ciare** und **-giare** hat das i keinen eigenen Lautwert; es entfällt vor i und e der Endung.
cominciare – cominci, cominciamo, comincerò
mangiare – mangi, mangiamo, mangerò
Bei einigen Verben, z. B. *inviare* und *sciare* ist das i im Singular Präsens und in der 3. Person Plural Präsens betont. Das betonte i bleibt vor i der Endung erhalten.
sicare – scii, sciamo, sciino

Schema zur unregelmäßigen Konjugation

Infinitiv	Präsens		P. remoto	Part. Perf.	Futur I
	Indik.	Konj.			
accadere			accadde		
accendere			accesi	acceso	
accorgersi			mi accorsi	accorto	
aggiungere			aggiunsi	aggiunto	
ammettere			ammisi	ammesso	
andare	vado	vada			andrò
	vai	vada			
	va	vada			
	andiamo	andiamo			
	andate	andiate			
	vanno	vadano			
apparire	appaio		apparvi	apparso	
	appari				
	appare				
	appariamo				
	apparite				
	appaiono				
appartenere	wie tenere				
appendere			appesi	appeso	
apprendere	wie prendere				
aprire				aperto	
arrendersi			mi arresi	arreso	
assistere				assistito	
assolvere			assolsi	assolto	
assumere			assunsi	assunto	
attendere			attesi	atteso	
avere	ho	abbia	ebbi	avuto	avrò
	hai	abbia			
	ha	abbia			
	abbiamo	abbiamo			
	avete	abbiate			
	hanno	abbiano			
bere	bevo		bevvi		berrò
cadere			caddi		cadrò
chiedere			chiesi	chiesto	
chiudere			chiusi	chiuso	
cogliere	colgo	colga	colsi	colto	
	cogli	colga			
	coglie	colga			
	cogliamo	cogliamo			
	cogliete	cogliate			
	colgono	colgano			
commuovere			commossi	commosso	
comprendere	wie prendere				
concedere			concessi	concesso	
concludere			conclusi	concluso	

Infinitiv	Präsens		P. remoto	Part. Perf.	Futur I
	Indik.	Konj.			
condurre	conduco conduci conduce conduciamo conducete conducono	conduca conduca conduca conduciamo conduciate conducano	condussi	condotto	condurrò
confondere			confusi	confuso	
conoscere			conobbi	conosciuto	
consistere	wie assistere				
contenere	wie tenere				
contraddire	wie dire				
convincere			convinsi	convinto	
coprire				coperto	
correggere			corressi	corretto	
correre			corsi	corso	
corrispon-dere	wie rispondere				
costringere	wie stringere				
cuocere			cossi	cotto	
dare	do dai dà diamo date danno	dia dia dia diamo diate diano	detti		darò
decidere			decisi	deciso	
descrivere	wie scrivere				
difendere			difesi	difeso	
dipingere			dipinsi	dipinto	
dire	dico dici dice diciamo dite dicono	dica dica dica diciamo diciate dicano	dissi	detto	
dirigere			diressi	diretto	
discutere			discussi	discusso	
disdire	wie dire				
dispiacere	wie piacere				
disporre	wie porre				
distinguere			distinsi	distinto	
distruggere			distrussi	distrutto	
dividere			divisi	diviso	

Infinitiv	Präsens		P. remoto	Part. Perf.	Futur I
	Indik.	Konj.			
dovere	debbo	debba			dovrò
	(devo)	(deva)			
	devi	debba			
		(deva)			
	deve	debba			
		(deva)			
	dobbiamo	dobbiamo			
	dovete	dobbiate			
	debbono	debbano			
	(devono)	(devano)			
eleggere			elessi	eletto	
escludere			esclusi	escluso	
esistere	wie assistere				
esplodere			esplosi	esploso	
esporre	wie porre				
esprimere			espressi	espresso	
essere	sono	sia	fui	stato	sarò
	sei	sia	fosti		
	è	sia	fu		
	siamo	siamo	fummo		
	siete	siate	foste		
	sono	siano	furono		
estendersi			mi estesi	esteso	
estrarre	wie trarre				
evadere			evasi	evaso	
fare	faccio	faccia	feci	fatto	
	fai	faccia			
	fa	faccia			
	facciamo	facciamo			
	fate	facciate			
	fanno	facciano			
fondere			fusi	fuso	
illudersi			mi illusi	illuso	
imporre	wie porre				
insistere	wie assistere				
intendere			intesi	inteso	
interrom-	wie rompere				
pere					
introdurre			introdussi	introdotto	introdurrò
invadere	wie evadere				
iscriversi			mi iscrissi	iscritto	
leggere			lessi	letto	
mettere			misi	messo	
mordere			morsi	morso	
morire	muoio	muoia		morto	morirò
	muori	muoia			(morrò)
	muore	muoia			
	moriamo	moriamo			
	morite	moriate			
	muoiono	muoiano			
muovere			mossi	mosso	
nascere			nacqui	nato	

Infinitiv	Präsens		P. remoto	Part. Perf.	Futur I
	Indik.	Konj.			
nascondere			nascosi	nascosto	
nuocere	nuoccio nuoci nuoce nociamo nocete nuocciono	nuoccia nuoccia nuoccia nociamo nociate nuocciano	nocqui	nociuto	
occorrere	wie correre				
offendere	wie diffen- dere				
offrire				offerto	
opporre	wie porre				
ottenere	wie tenere				
parere	paio pari pare paiamo parete paiono	paia paia paia paiamo paiate paiano	parvi	parso	parrò
pendere				peso	
perdere			persi	perso	
permettere	wie mettere				
piacere	piaccio piaci piace piacciamo piacete piacciono	piaccia piaccia piaccia piacciamo piacciate piacciano	piacqui	piaciuto	piacerò
piangere			piansi	pianto	
porgere			porsi	porto	
porre	pongo poni pone poniamo ponete pongono	ponga ponga ponga poniamo poniate pongano	posi	posto	porrò
possedere	wie sedere				
potere	posso puoi può possiamo potete possono	possa possa possa possiamo possiate possano			potrò
prendere			presi	preso	
prescrivere	wie scrivere				
pretendere	wie tendere				
prevalere	wie valere				
prevedere	wie vedere				
produrre	wie con- durre				
promettere	wie mettere				
promuovere	wie muovere				

Infinitiv	Präsens		P. remoto	Part. Perf.	Futur I
	Indik.	Konj.			
proporre	wie porre				
proteggere			protessi	protetto	
provvedere	wie vedere				
pungere			punsi	punto	
raccogliere	wie cogliere				
raggiungere			raggiunsi	raggiunto	
rendere			resi	reso	
resistere	wie assistere				
respingere	wie spingere				
richiedere	wie chiedere				
ridere			risi	riso	
ridurre	wie con-				
	durre				
rimanere			riamsi	rimasto	rimarrò
rimettere	wie mettere				
riscuotere	wie scuotere				
risolvere	wie assolvere				
risorgere			risorsi	risorto	
rispondere			risposi	risposto	
ritenere	wie tenere				
riuscire	wie uscire				
rivolgere			rivolsi	rivolto	
rompere			ruppi	rotto	
salire	salgo	salga			
	sali	salga			
	sale	salga			
	saliamo	saliamo			
	salite	saliate			
	salgono	salgano			
sapere	so	sappia	seppi		saprò
	sai	sappia			
	sa	sappia			
	sappiamo	sappiamo			
	sapete	sappiate			
	sanno	sappiano			
scegliere	scelgo	scelga	scelsi	scelto	
	scegli	scelga			
	sceglie	scelga			
	scegliamo	scegliamo			
	scegliete	scegliate			
	scelgono	scelgano			
scendere			scesi	sceso	
sciogliere	wie cogliere				
scommet-	wie mettere				
tere					
sconfiggere			sconfissi	sconfitto	
sconvolgere	wie rivolgere				
scoprire				scoperto	
scorrere	wie correre				
scrivere			scrissi	scritto	
scuotere			scossi	scosso	

Infinitiv	Präsens		P. remoto	Part. Perf.	Futur I
	Indik.	Konj.			
sedersi	mi siedo ti siedi si siede ci sediamo vi sedete si siedono	mi sieda ti sieda si sieda ci sediamo vi sediate si siedano			
smettere	wie mettere				
soddisfare	soddisfo (soddisfac- cio) soddisfi (soddisfai) soddisfa soddisfiamo soddisfate soddisfano	soddisfi soddisfi soddisfi soddisfiamo soddisfiate soddisfino	soddisfeci	soddisfatto	soddisferò
soffrire				sofferto	
sommergere			sommersi	sommerso	
sorgere			sorsi	sorto	
sorprendere	wie prendere				
sorridere	wie ridere				
sospendere	wie pendere				
sostenere	wie tenere				
sottoporre	wie porre				
sottrarre	wie trarre				
spegnere			spensi	spento	
spendere			spesi	speso	
spingere			spinsi	spinto	
sporgersi			mi sporsi	sporto	
stare	sto stai sta stiamo state stanno	stia stia stia stiamo stiate stiano	stetti		starò
stendere	wie tendere				
storcere			storsi	storto	
stringere			strinsi	stretto	
supporre	wie porre				
svenire	wie venire				
svolgere	wie rivolgere				
tacere	taccio taci tace tacciamo tacete tacciono	taccia taccia taccia tacciamo tacciate tacciano	tacqui	taciuto	tacerò
tendere			tesi	teso	

Infinitiv	Präsens		P. remoto	Part. Perf.	Futur I
	Indik.	Konj.			
tenere	tengo tieni tiene teniamo tenete tengono	tenga tenga tenga teniamo teniate tengano	tenni		terrò
tingere			tinsi	tinto	
togliere	wie cogliere				
tradurre	wie con- durre				
trarre	traggo trai trae traiamo traete traggono	tragga tragga tragga traiamo traiate traggano	trassi	tratto	trarrò
trascorrere	wie correre				
trasmettere	wie mettere				
trattenere	wie tenere				
uscire	esco esci esce usciamo uscite escono	esca esca esca usciamo usciate escano			
valere	valgo vali vale valiamo valete valgono	valga valga valga valiamo valiate valgano	valsi	valso	varrò
vedere			vidi	visto	vedrò
venire	vengo vieni viene veniamo venite vengono	venga venga venga veniamo veniate vengano	venni	venuto	
vincere			vinsi	vinto	
vivere			vissi	vissuto	vivrò
volere	voglio vuoi vuole vogliamo volete vogliono	voglia voglia voglia vogliamo vogliate vogliano	volli		vorrò

Register aller italienischen Stichwörter

Alle im Grundwortschatz enthaltenen Wörter erscheinen als **halbfette Stichwörter,** alle Aufbauwortschatz-Einträge in normaler Schrift.

A

B

E

F

G

H

I

M

N

O

P

S

T

Y

Z